Städte fotografieren

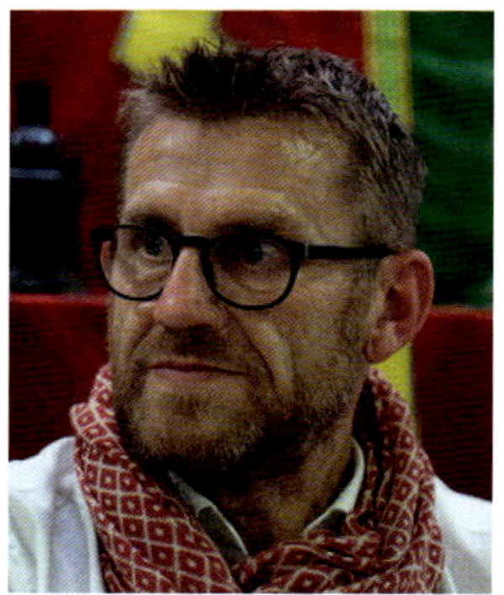

Éric Forey ist ein viel veröffentlichter Fotograf aus Frankreich und Autor mehrerer Bücher über Stadtfotografie. Für seine Arbeiten wurden ihm bereits mehrere Preise verliehen, darunter der Prix Ilford in der Kategorie »Schwarzweiß«. Neben seiner Arbeit als Fotograf spricht Forey auf Konferenzen und gibt Fotografie-Workshops für Unternehmen und öffentliche Bildungsträger. Mehr über ihn und seine Arbeit erfahren Sie auf seiner (französischsprachigen) Website *ericforey.com*.

Éric Forey

Städte fotografieren

Von der richtigen Planung bis zur kreativen Umsetzung

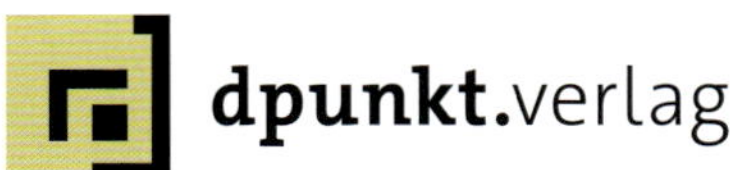

Éric Forey

Lektorat: Boris Karnikowski
Übersetzung: Susanne Ochs
Copy-Editing: Sofie Lichtenstein
Layout und Satz: Veronika Schnabel
Herstellung: Stefanie Weidner, Frank Heidt
Umschlaggestaltung: Helmut Kraus, *www.exclam.de*
Druck und Bindung: mediaprint solutions GmbH, 33100 Paderborn

Bibliografische Information der Deutschen Nationalbibliothek
Die Deutsche Nationalbibliothek verzeichnet diese Publikation in der Deutschen Nationalbibliografie; detaillierte bibliografische Daten sind im Internet über *http://dnb.d-nb.de* abrufbar.

ISBN:
Print 978-3-86490-821-7
PDF 978-3-96910-338-8
ePub 978-3-96910-339-5
mobi 978-3-96910-340-1

1. Auflage 2021

Wieblinger Weg 17
69123 Heidelberg

Original French title: Les secrets du city trip photo

Original ISBN: 978-2-212-67976-2

Hinweis:
Der Umwelt zuliebe verzichten wir auf die Einschweißfolie.

Schreiben Sie uns:
Falls Sie Anregungen, Wünsche und Kommentare haben, lassen Sie es uns wissen: *hallo@dpunkt.de.*

5 4 3 2 1 0

Inhaltsverzeichnis

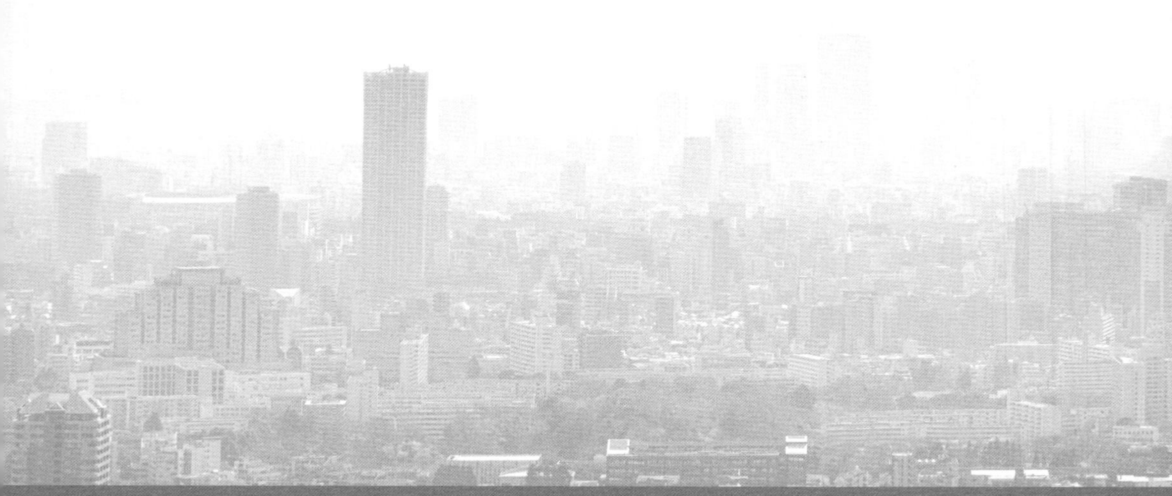

Auf dieser Reise besuchte ich zum ersten Mal Tokio.
Die Stadt lag hier noch im Morgennebel.

Reiseplanung: Ja oder Nein?

Eine Grundsatzfrage vorweg: Wie wichtig ist die Planung einer Städtereise? Soll man sich akribisch darauf vorbereiten oder einfach alles auf sich zukommen lassen? Prinzipiell bin ich der Meinung, dass jede Stadterkundung mit der Kamera ein gewisses Maß an Vorbereitung erfordert, ganz egal, wie lange man unterwegs ist.

Mit sorgfältiger Vorbereitung

Pro

Das Zeitmanagement lässt sich insbesondere auf Kurzreisen gut optimieren. Wenn Sie die Sehenswürdigkeiten, die Sie fotografieren möchten, im Vorfeld recherchieren, können Sie Ihre Route vorab planen und vor Ort einen Schauplatz nach dem anderen besuchen, ohne hektisch kreuz und quer durch die Stadt zu laufen. Außerdem wissen Sie schon im Voraus, ob Sie mit öffentlichen Verkehrsmitteln fahren oder zu Fuß gehen müssen, und können vermeiden, vor verschlossenen Türen zu stehen, weil Sie die Öffnungszeiten Ihres Aufnahmeortes nicht kannten. Falls die Eintrittskarten im Internet erhältlich sind, kommen Sie sogar um die Warteschlange herum. Bei diesen Vorbereitungen können Sie in aller Ruhe auswählen, was und wo Sie fotografieren möchten, und Prioritäten setzen – vor Ort ist die Zeit oft knapp, und man muss sich zwischen unterschiedlichen Optionen entscheiden.

Fotogene Schauplätze finden

Das erste Kapitel enthält Tipps zur Suche nach fotogenen – bekannten und weniger bekannten – Aufnahmeorten.

Bereitet man eine Reise gut vor, findet man manchmal auch fotogene Schauplätze, die abseits der normalen touristischen Pfade oder weiter entfernt vom Stadtzentrum liegen, und kann die notwendige Ausrüstung zusammenstellen (Kamera, Filter). Außerdem weiß man bereits, welche Viertel zu gefährlich sind. Bei der Planung eines Aufenthalts in Los Angeles hatte ich mich über das Viertel Skid Row informiert. Dort gibt es Tausende von Obdachlosen, und Gewalt und Drogenkonsum sind an der Tagesordnung. Wenn man nicht gerade eine Reportage über die Lage in diesem Viertel machen möchte, dann sollte man sich nicht unnötig in Gefahr bringen und den Stadtteil meiden. Bei der Recherche konnte ich die Grenzen von Skid Row jedoch in aller Ruhe ausloten. Beispielsweise fand ich heraus, dass es in den Straßen der angrenzenden Viertel jede Menge Street Art gab, die ich mir in aller Ruhe anschauen und fotografieren konnte.

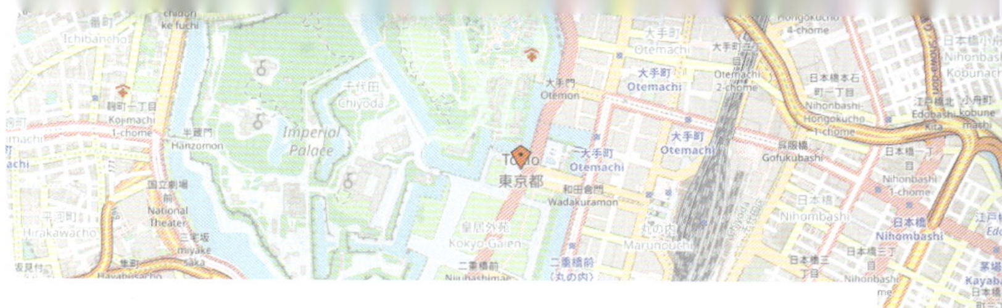

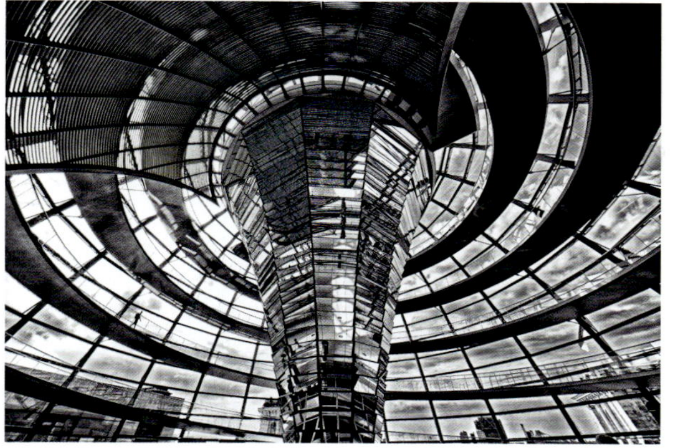

Wenn man die vom Architekten Norman Foster entworfene Reichstagskuppel in Berlin besichtigen möchte, braucht man eine Reservierung. Das erledigt man am besten ein paar Wochen im Voraus.

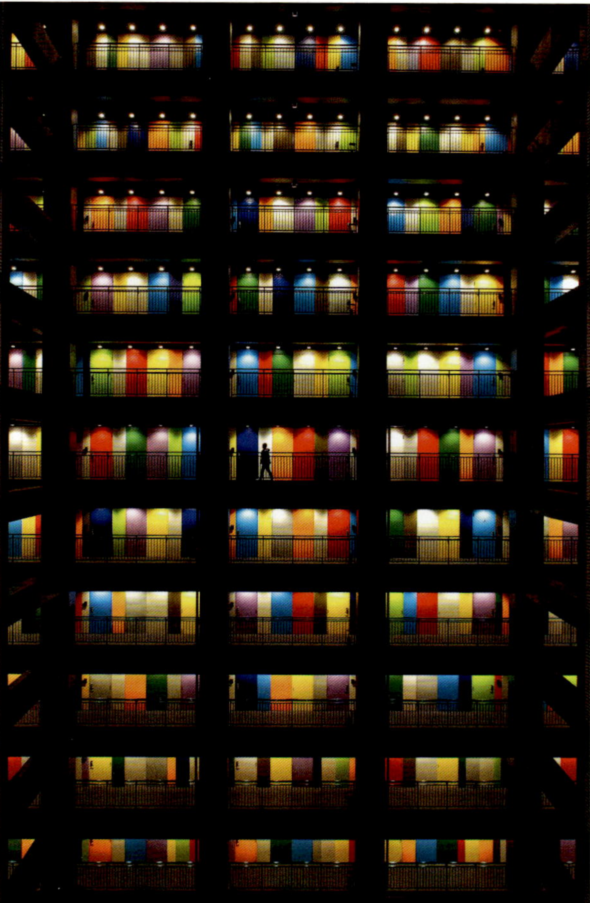

Dieses Foto entstand im Innenhof eines Bürogebäudes auf der künstlich angelegten Insel Odaiba in Tokio. Diesen Ort hätte ich ohne sorgfältige Recherche niemals gefunden.

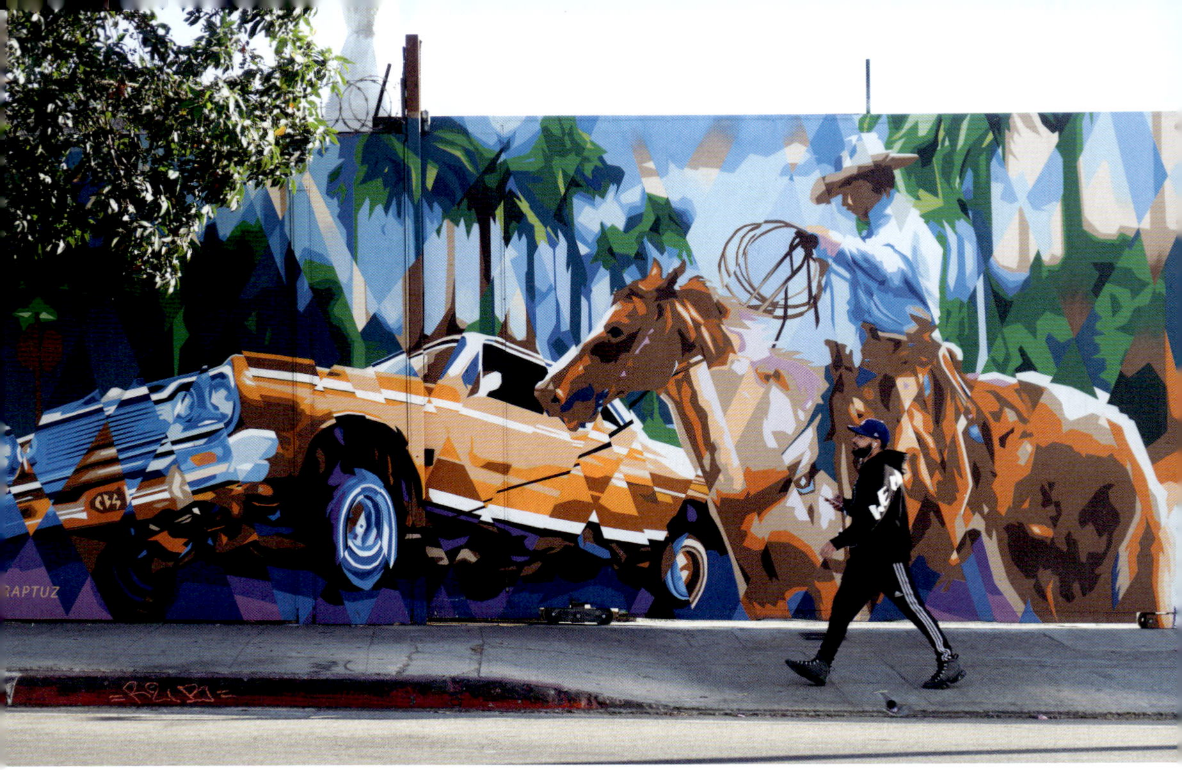

Je kürzer der Aufenthalt, desto wichtiger ist die Planung: Wenn man nur drei Stunden Zeit hat, sollte man sich nicht verirren oder herausfinden müssen, wie man von A nach B kommt.

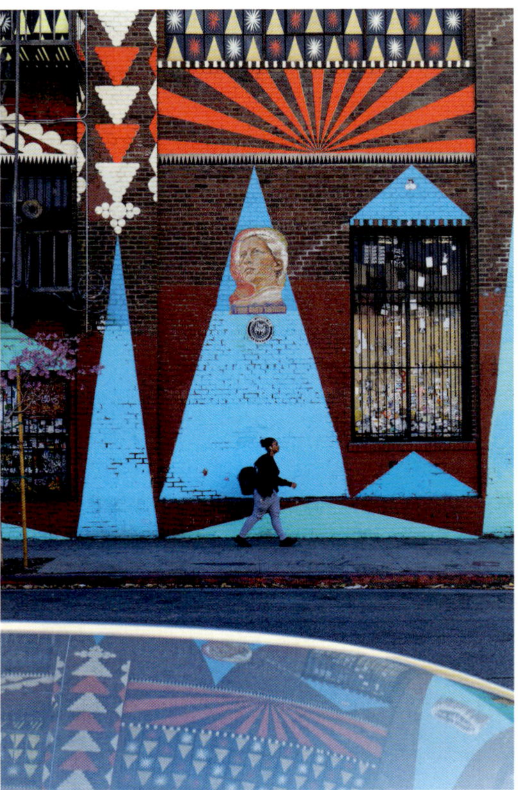

Die berühmten Murals (Wandmalereien) von Los Angeles, hier in unmittelbarer Nähe zum Stadtteil Skid Row.

Bei einem Aufenthalt in Évian-les-Bains blieben mir genau drei Stunden für einen Ausflug nach Lausanne. Auf einem Stadtplan hatte ich bereits potenzielle Aufnahmeorte eingezeichnet (in Kapitel 1 wird diese Recherche ausführlich beschrieben). Die technische Hochschule von Lausanne interessierte mich am meisten, war aber am weitesten von meinem Ankunftsort entfernt. Ich hatte jedoch schon herausgefunden, dass die Fahrt dorthin mit der Métro ab Hauptbahnhof Lausanne nur etwa 20 Minuten dauert. Vor Ort verlor ich also keine Zeit. Natürlich hätte ich mich ohne dieses Wissen nicht so weit von den touristischen Pfaden entfernt!

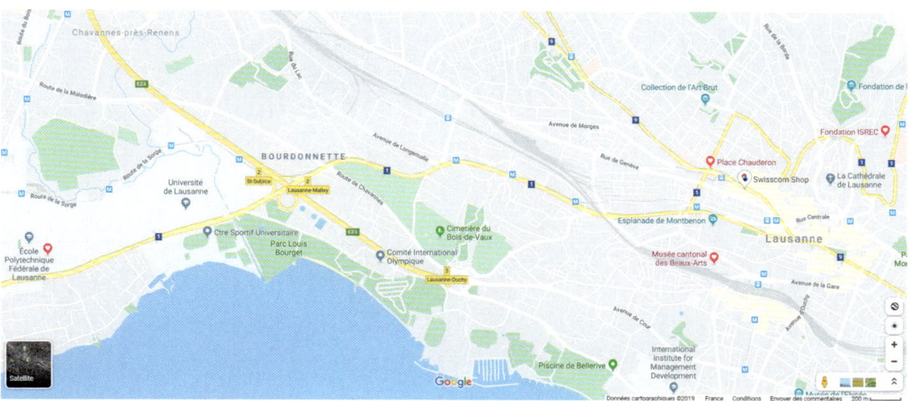

Meine Vorbereitungen auf den Aufenthalt in Lausanne

Last, but not least macht die Vorbereitung einfach Spaß, denn Vorfreude ist ja bekanntlich die schönste Freude. Mit der Planung fängt der Urlaub irgendwie schon an. Ganz sicher wird eine gute Vorbereitung zum Erfolg Ihrer Reise beitragen.

Anmerkung zur deutschen Übersetzung

Zum Erscheinungstermin dieses Buches war noch nicht absehbar, wie lange die Corona-Pandemie zu Einschränkungen im städtischen Leben weltweit führen würde. Eine gute Vorbereitung Ihrer Reise ist damit noch wichtiger geworden. Informieren Sie sich unbedingt vorab auf den Touristik-Websites, wie sie große Städte in der Regel betreiben. »advisory«, »corona« und die englischsprachige Schreibweise Ihres Reiseziels sind dabei gute Suchbegriffe.

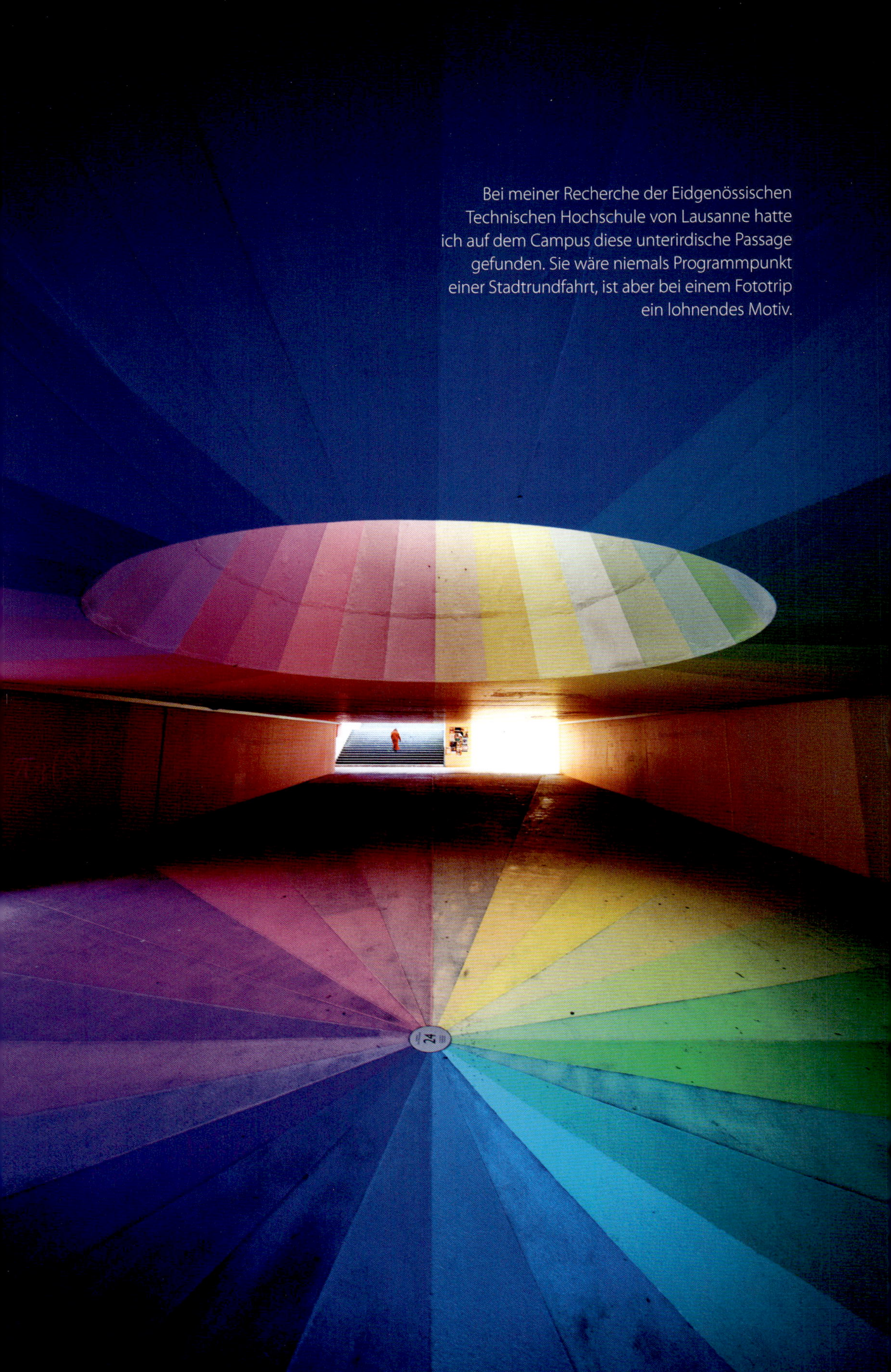

Bei meiner Recherche der Eidgenössischen Technischen Hochschule von Lausanne hatte ich auf dem Campus diese unterirdische Passage gefunden. Sie wäre niemals Programmpunkt einer Stadtrundfahrt, ist aber bei einem Fototrip ein lohnendes Motiv.

Kontra

Eine zu akribische Planung einer Städtereise birgt aber auch gewisse Risiken:

- Vielleicht ist der selbstgewählte Zeitplan zu straff, sodass die Reise – die ja doch ein Urlaub bleiben soll – in Stress ausartet (wenn auch nur für ein paar Stunden).
- Vielleicht klebt man mit der Nase am Stadtplan oder hängt zu sehr am eigenen Projekt fest und verliert seine Spontaneität oder Neugierde.
- Vielleicht nimmt man sich nicht genug Zeit für die eigentlichen Fotos, weil das Programm zu vollgepackt ist.

Vielleicht ist man am Ende sogar enttäuscht, weil man nicht alle Programmpunkte abhaken konnte – ohne die Planung hätten diese Programmpunkte allerdings überhaupt nicht existiert.

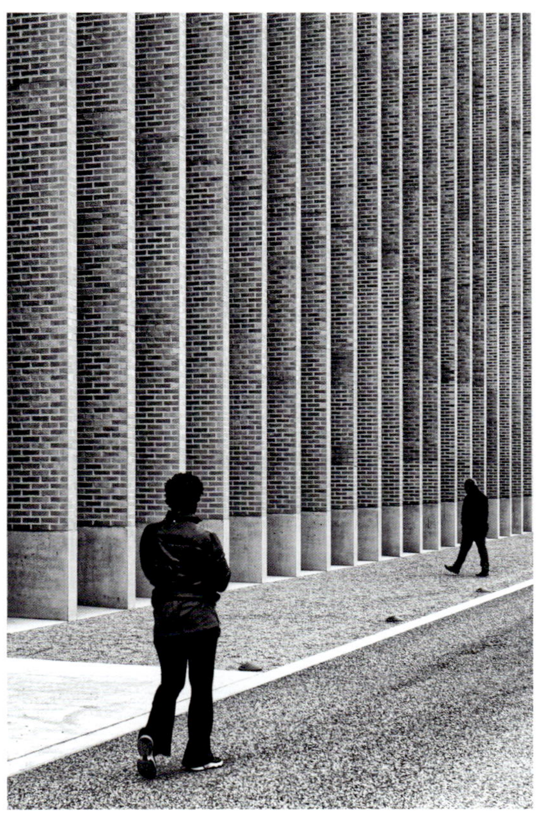

Ich hatte in Lausanne auch einen Besuch des neuen Musée cantonal des Beaux-Arts eingeplant. Allerdings kam ich 20 Minuten vor Rückfahrt meiner Fähre nach Évian dort an und musste auch noch 15 Minuten bis zum Hafen zurücklaufen ... deshalb sprangen nur drei oder vier relativ langweilige Fotos dabei heraus.

Spontan drauflos

Pro

Eine unvorbereitete, spontane Reise lässt viel Spielraum für Kreativität und Improvisation und kann sehr spannend sein. Ich selbst lasse mich gerne von einem Ort inspirieren, wenn ich ihn zum ersten Mal sehe. Durch die Vorbereitung geht zwar nichts von der Schönheit eines Motivs verloren, aber wie groß ist doch die Freude, wenn man unverhofft über einen großartigen Schauplatz stolpert!

Versteckte kleine Viertel entdecken, nach unerwarteten Details Ausschau halten, sich überraschen lassen – selbst von weltberühmten Sehenswürdigkeiten. Sich Zeit für die Atmosphäre eines Schauplatzes nehmen, mit wachem Blick und offenem Geist durch eine Stadt bummeln und die Eindrücke im Bild festhalten – diese Art der Stadterkundung kann intensive Glücksgefühle auslösen.

Wenn man nicht mehr weiß, wo man gerade ist, kehrt man sicherlich mit Fotos nach Hause zurück, die man nicht zuvor schon hundert Mal gesehen hat. Lässt man den Stadtplan in der Tasche, beobachtet man die Umgebung sorgfältiger und nimmt kleinste Details und Situationen wahr, die man sonst übersehen hätte. Ohne auf die Uhr schauen zu müssen, kann man die Lebendigkeit, Architektur und Beleuchtung eines Schauplatzes in aller Ruhe spüren und auskosten.

Ich war einer Einladung gefolgt, in Namur einen Vortrag über das Fotografieren in der Stadt zu halten. Plötzlich kam mir in den Sinn, spontan für drei Tage nach Brüssel zu fahren. Natürlich ging ich fast schlafwandlerisch zuerst zu den berühmten Sehenswürdigkeiten (Galerie de la Reine, Manneken Pis). Der Großteil der Bilder dieser Serie gibt jedoch die Stimmung wieder, die ich auf meinen ruhigen Spaziergängen einfing. Nur wenige dieser Fotos sind zeitaufwändig eingefangene »Postkartenansichten« – die meisten sind Schnappschüsse. Mit diesem Ansatz wollte ich versuchen, die Lebendigkeit dieser Stadt wiederzugeben. Viele Fotos dieser Serie wären nie entstanden, wäre ich einem Plan gefolgt.

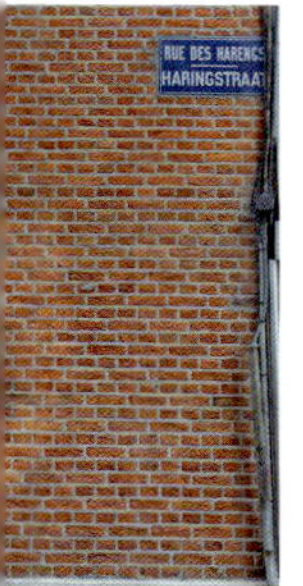
RUE DES HARENGS
HARINGSTRAAT

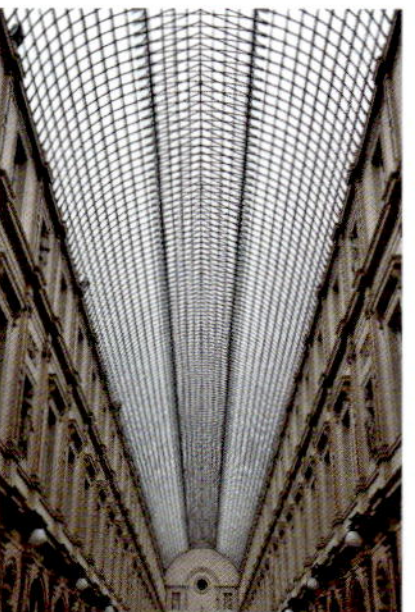

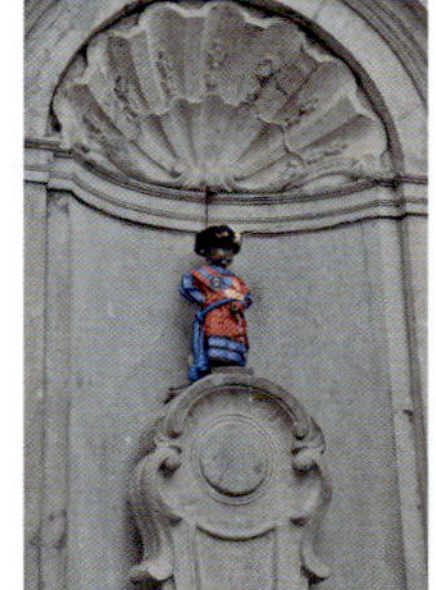

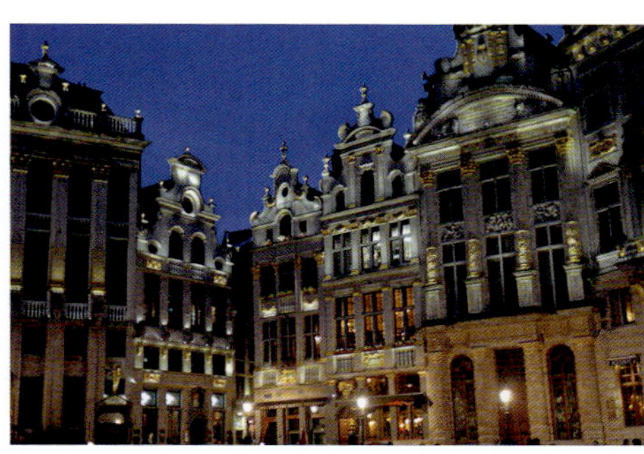

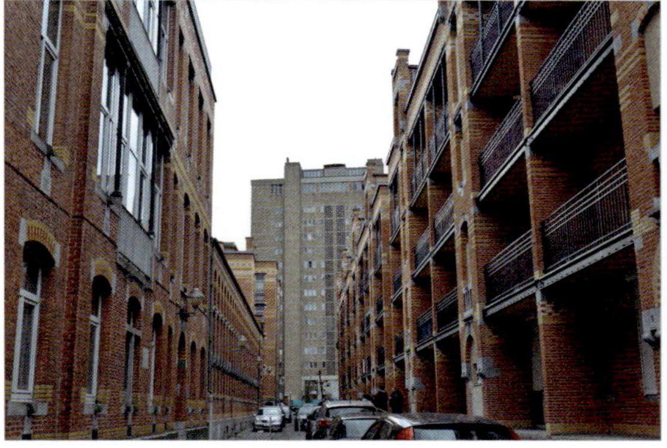

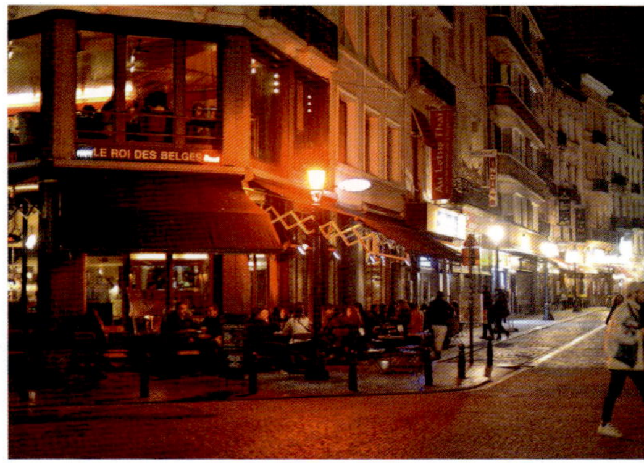
LE ROI DES BELGES

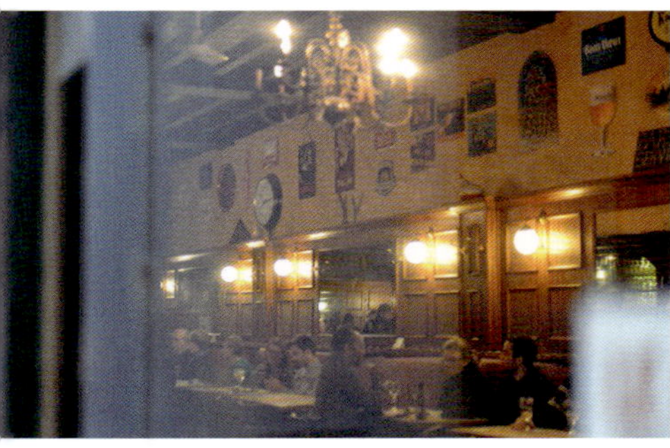

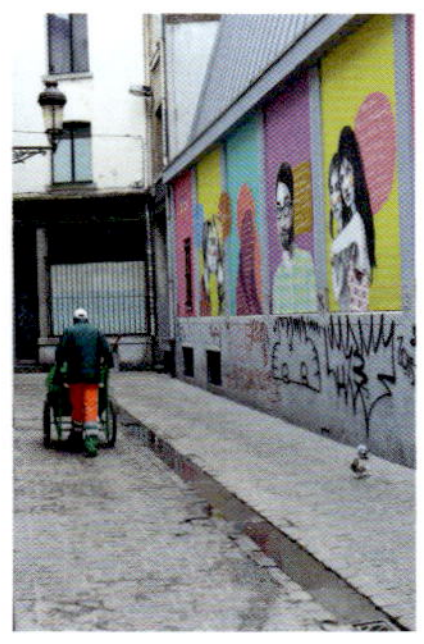

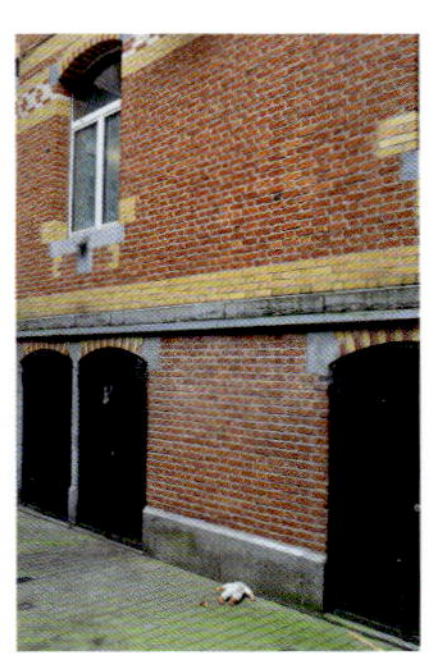

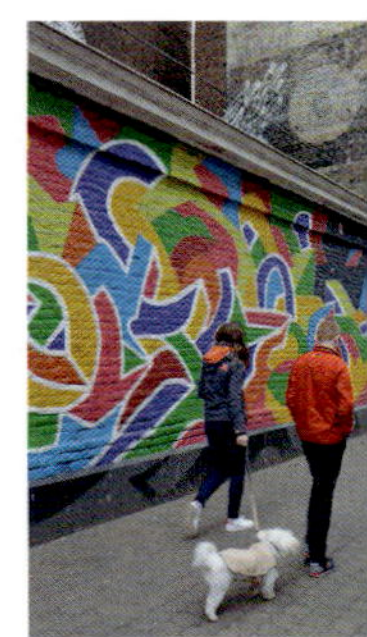

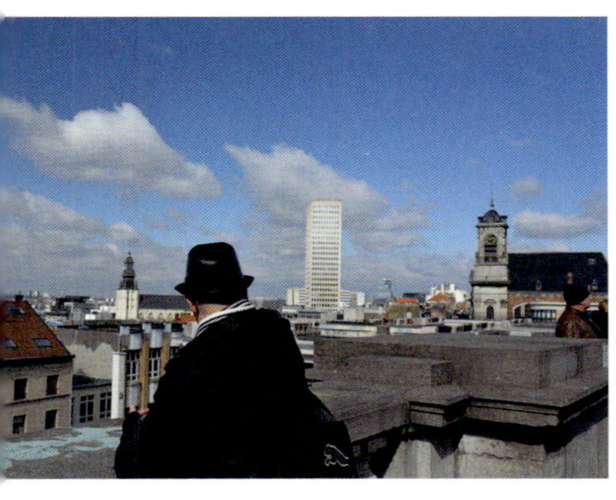

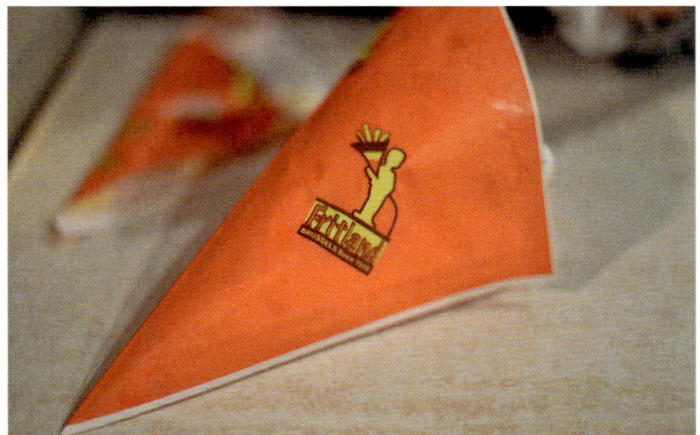
Fritland

Nächtlicher Spaziergang

Die Nacht ist meiner Ansicht nach besonders gut für einen Stadtbummel geeignet. Man lässt sich entweder ohne Plan und Ziel von den Lichtern und Geräuschen, dem Gelächter und der Menschenmenge leiten oder genießt die Ruhe an den jetzt fast menschenleeren Sehenswürdigkeiten. So kann man die Atmosphäre einer Stadt fühlen und wirkungsvoll auf einzigartigen Bildern wiedergeben.

Kontra

Ein solcher spontaner Ansatz hat den entscheidenden Nachteil, dass man möglicherweise viele Schauplätzen übersieht, die man bei der Recherche im Vorfeld sicherlich entdeckt hätte. An anderen Orten kommt man dagegen eventuell mehrmals vorbei. Vielleicht verbringt man seine Zeit auch in einem eher langweiligen Viertel, während es direkt nebenan eine fotografische Goldgrube gegeben hätte.

Für spontane Aufnahmen braucht man Zeit, und gerade davon hat man bei einem Städtetrip meist zu wenig. Außerdem muss man entspannt und offen genug sein, um die Umgebung in aller Ruhe zu beobachten. Es liegt bei jedem selbst: Wenn man diesen Ansatz spannend findet, wird man sich irgendwann die Zeit dafür nehmen.

Die richtige Mischung

Das Fazit dieser Einführung liegt auf der Hand: Man sollte die Reise gut vorbereiten und gleichzeitig spontan bleiben! Denn beides lässt sich durchaus miteinander vereinbaren. Damit sich Planung und Spontaneität nicht in die Quere kommen, muss man im Hinterkopf behalten, dass jeder Ort, über den man sich im Vorfeld informiert hat, noch viel mehr zu bieten hat, wenn man erst einmal dort ist. Packen Sie den Stadtplan oder den Reiseführer gelegentlich einmal weg und bummeln Sie durch die Stadt, geleitet von Farben, Licht und Passanten. Mit einem modernen Smartphone haben Sie sicherlich kein Problem, Ihr Hotel oder den nächsten Aufnahmeort zu finden.

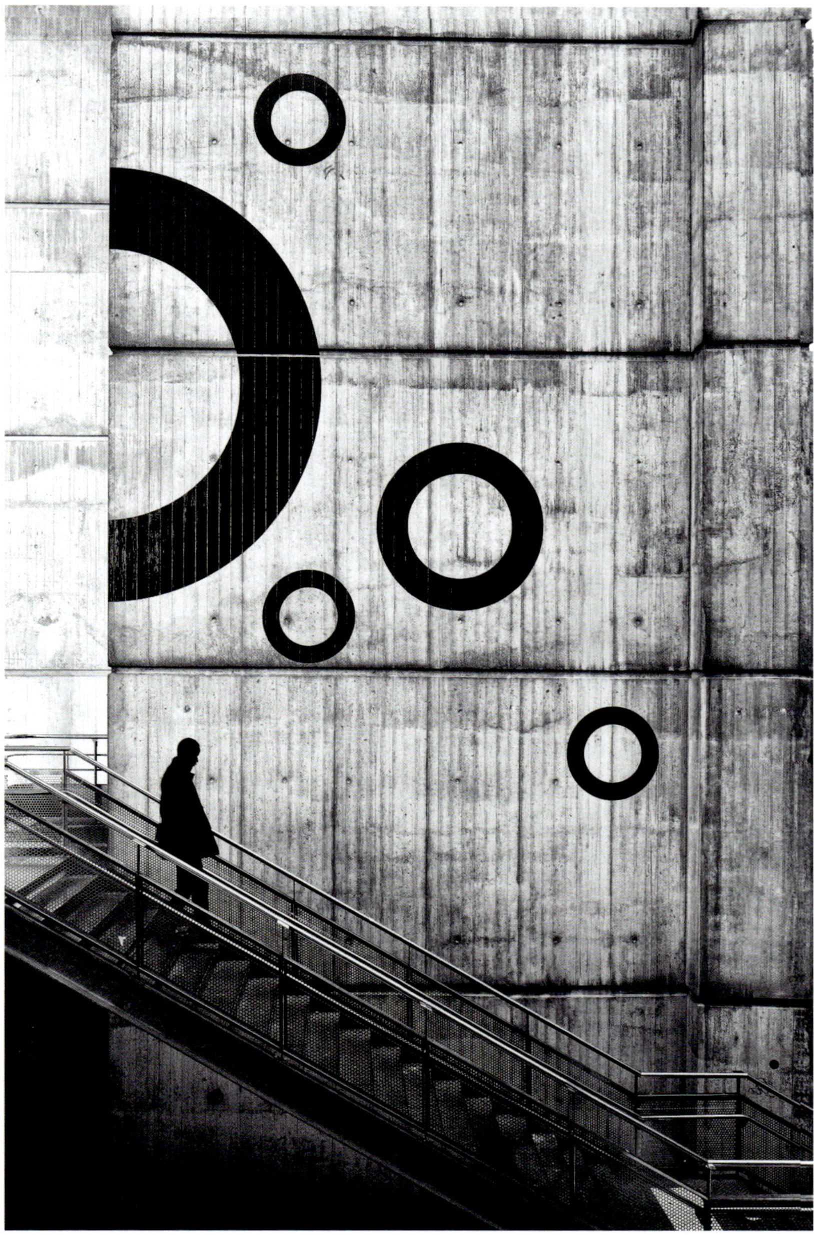

Als ich in Lille umherwanderte, entdeckte ich diese Wandgestaltung in einem ansonsten uninteressanten Viertel. Der Fotograf in mir wollte in dieser Passage sofort zur Tat schreiten. Das Potenzial dieser Szene entfaltete sich aber erst, als ein Passant auf der Bildfläche erschien. Und ich musste nur ein paar Minuten warten, bis es soweit war.

Hetzen Sie aber nicht nur von A nach B. Widerstehen Sie dieser Versuchung und bleiben Sie stattdessen eine Weile an einem Ort. Das ist vielleicht die schwierigste Übung.

Erfahrungsgemäß beanspruchen manche Orte einfach etwas Zeit. Warten Sie also lieber ab oder laufen Sie ein bisschen herum, anstatt gleich zum nächsten Ort zu rennen und am Ende vielleicht ohne irgendein Bild dazustehen.

Außerdem sollten Sie sich auf einem Städtetrip den Gedanken verkneifen, dass Sie ja später wiederkommen können, denn das ist meist nur bei längeren Aufenthalten möglich. Schließlich warten an jeder Straßenecke neue Eindrücke. Ich selbst habe 2018 in Los Angeles diese bittere Erfahrung gemacht. Zufällig war ich auf ein Gebäude (siehe unten) gestoßen, das ich als Motiv einer grafischen Aufnahmen besonders vielversprechend fand. Vor der Reise hatte ich recherchiert, dass sich nur ein paar hundert Meter entfernt ein fotogener Schauplatz befand. Aufgrund der schwierigen Lichtverhältnisse an diesem Morgen war jedoch an eine Aufnahme zunächst nicht zu denken. Dann allerdings war das Licht plötzlich ideal: Ich beschloss, den recherchierten Schauplatz zunächst zu fotografieren und später zu diesem

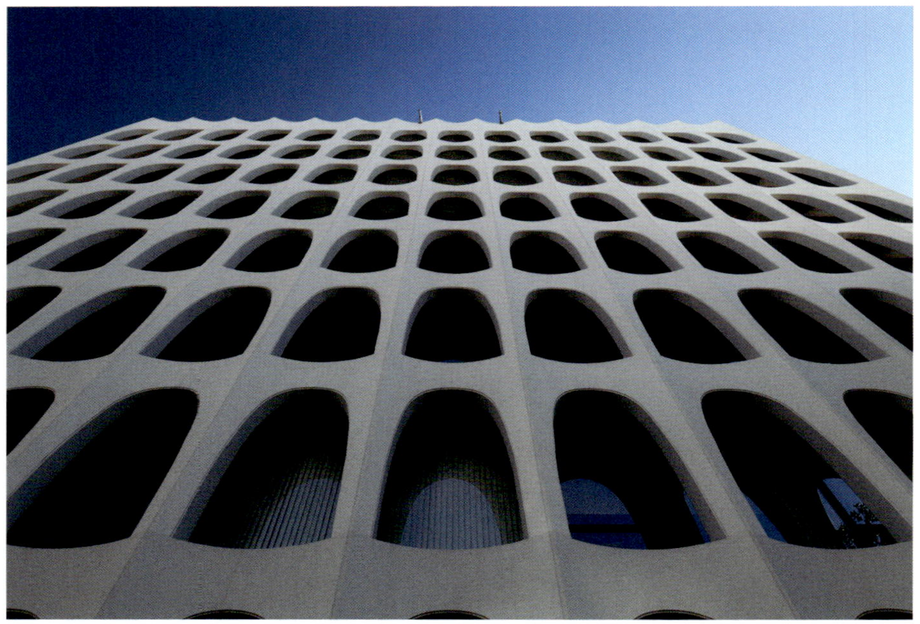

Die Fotos dieses Gebäudes, das ich quasi »en passant« aufgenommen habe, werde ich wohl höchstens als Gedächtnisstütze nutzen können, falls es mich noch einmal nach Los Angeles verschlägt. Aber die Welt ist groß ...

Gebäude zurückzukehren, von dem ich nur ein schnelles Erinnerungsfoto machte. Leider habe ich das dann doch nicht mehr geschafft. Erst zu Hause in Frankreich fiel mir beim Sichten der Fotos ein, dass ich ja an diesen Ort zurückkehren wollte.

Außerdem müssen Sie verschiedene Faktoren bedenken: Bei Ihrer Tagesplanung sollten Sie beispielsweise eventuelle Fahrtzeiten und die ungefähre Dauer von Besichtigungen abschätzen. Ich habe anfangs mein Programm leider zu vollgestopft.

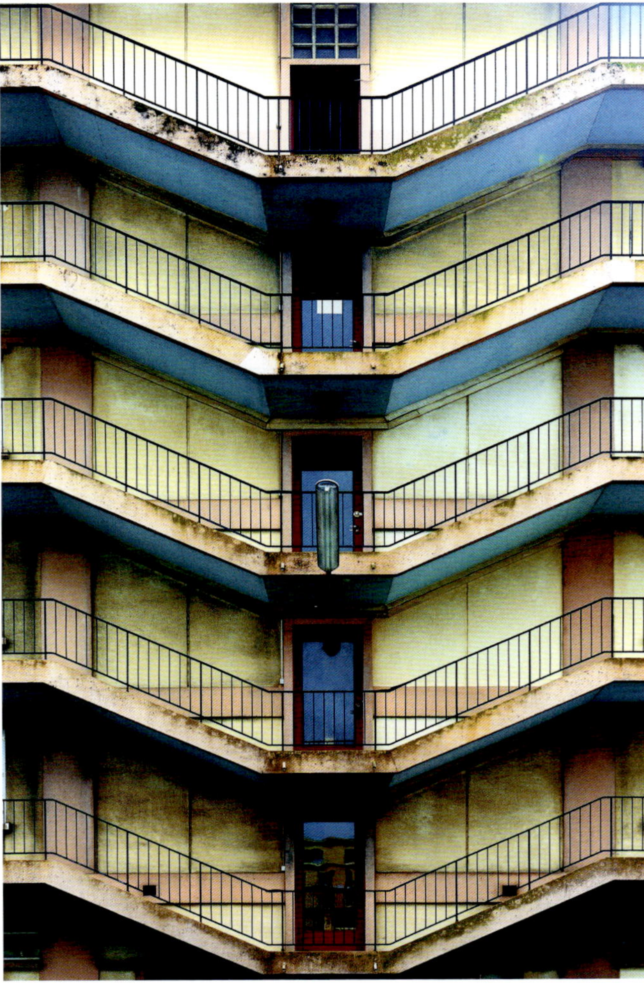

Ich hatte meinen Kurztrip nach Le Havre sehr gut vorbereitet, mir aber trotzdem Zeit für spontane Aufnahmen gelassen. Diese Treppe in einem Innenhof hätte ich niemals entdeckt, wenn mein Zeitplan zu straff gewesen wäre.

Dabei herausgekommen sind eher mittelmäßige Ergebnisse, sowohl fotografisch (ich war ständig gehetzt und dachte immer schon an den nächsten Aufnahmeort) als auch persönlich, denn Eile und Zeitpläne, die eingehalten werden müssen, sind unerträglich – für Ihre Mitreisenden und für Sie selbst, können Sie Ihre Reise doch gar nicht richtig genießen. Die Zeit läuft immer gegen Sie.

In einem Sonderfall empfehle ich jedoch, die Vorbereitung auf ein Minimum zu reduzieren: bei Reisen in sehr berühmte Städte. Ich selbst wohne in Lyon, sodass jede Fahrt nach Paris für mich ein Städtetrip ist. Mittlerweile versuche ich, mich voll und ganz auf ein einziges Viertel zu konzentrieren. Ich bin so oft in Paris gewesen, dass ich die klassischen Sehenswürdigkeiten schon abgeklappert habe und nun in aller Ruhe und ohne Plan durch einen bestimmten Stadtteil schlendern kann.

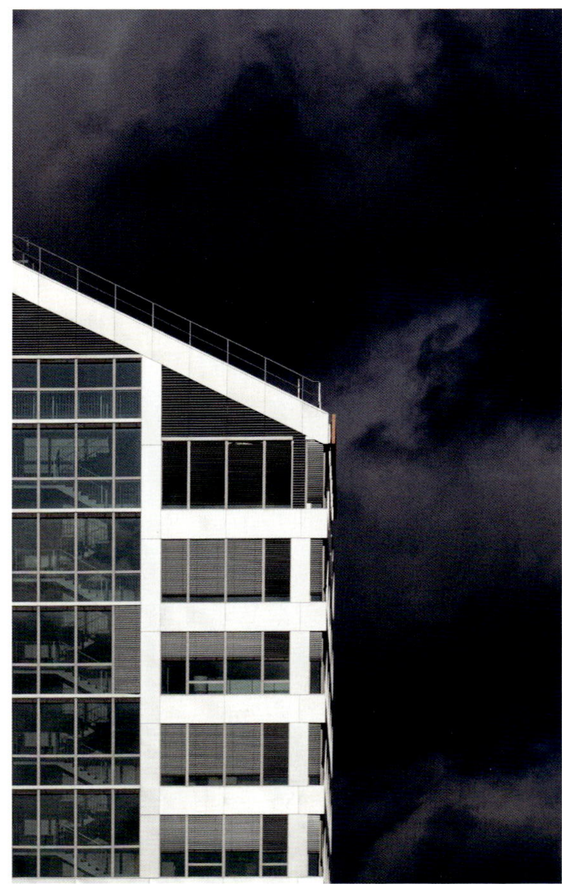

2019 nahm ich mir vor dem Besuch des Salon de la Photo in Paris zwei Stunden Zeit fürs Fotografieren. Meine einzige Vorbereitung war die Auswahl des Viertels Batignolles. Ich wusste, dass dort umfangreiche bauliche Veränderungen im Gange waren. Aber ich hatte nichts recherchiert, weder Routen noch Gebäude. Daher ließ ich mich frei und ohne Druck vom Licht und von den Formen leiten, die ich dort sah. Sicherlich sind mir Motive entgangen, aber darauf kam es nicht an. Ich habe das Fotografieren genossen und einige gelungene Aufnahmen gemacht, beispielsweise die hier gezeigten Fotos.

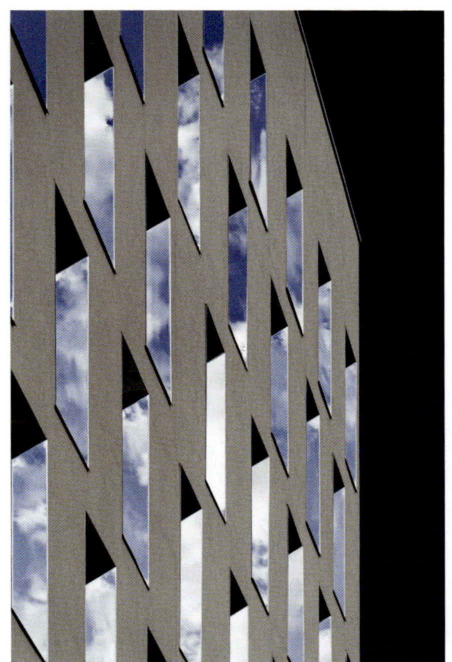

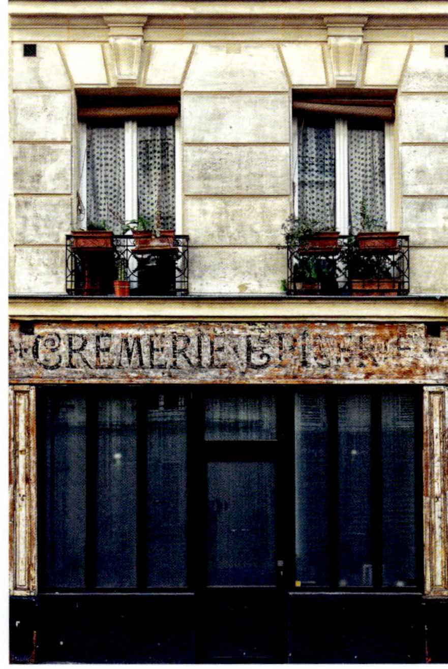
CREMERIE

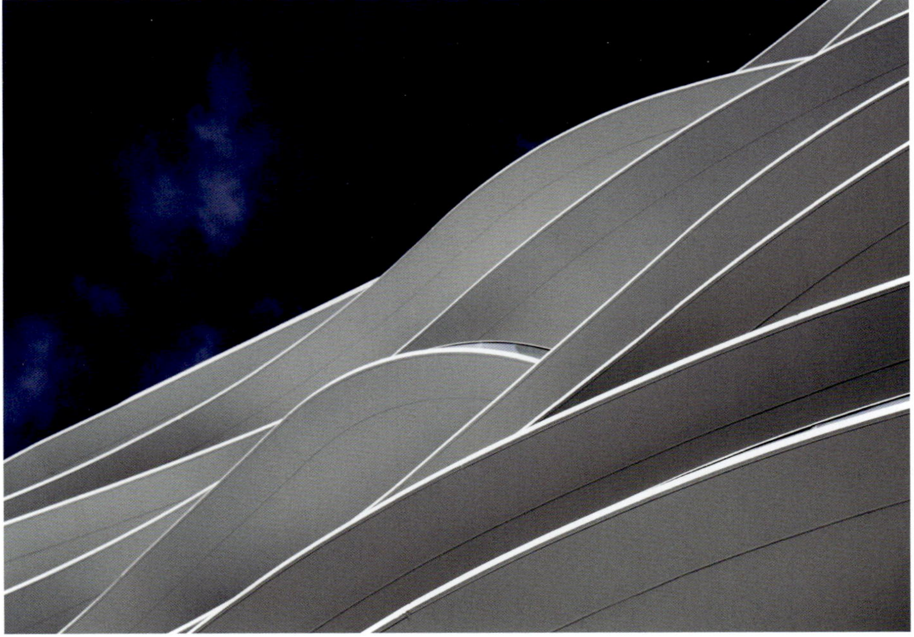

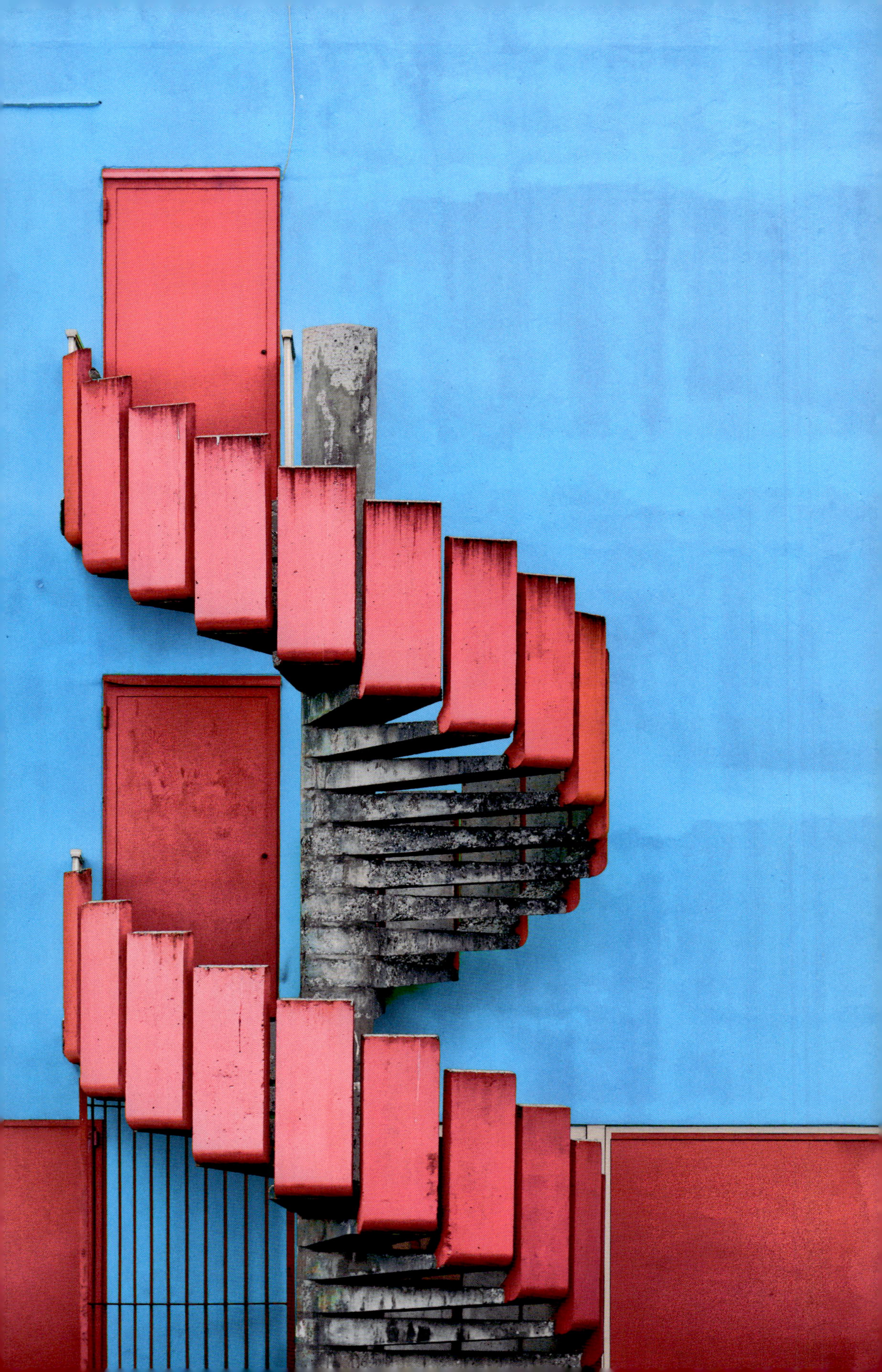

1

Vor der Reise

Unabhängig von Ziel und Zweck einer Reise ist immer ein gewisses Maß an Vorbereitung nötig. Diese Planung macht Spaß und trägt sogar zum Erfolg der Reise bei.

Ein fotografischer Städtetrip bringt allerdings einige Besonderheiten mit sich. In diesem ersten Kapitel geht es um die Organisation der Reise, um nützliche Hilfsmittel vor Ort, um die Fotoausrüstung an sich und um Speichermedien, die Sie mitnehmen können.

1.1 Erste Recherchen

Reiseführer

Es mag ein wenig »oldschool« erscheinen, aber zur Vorbereitung meiner Reisen schmökere ich gerne in herkömmlichen Reiseführern auf Papier, zumal es heutzutage für fast jede Destination und Stadt mehrere Versionen davon gibt. Meiner Ansicht nach haben Reiseführer diverse Vorteile: So werden sie etwa von Experten geschrieben, die den jeweiligen Ort gut kennen. Des Weiteren enthalten sie wenig Werbung und strukturierte und übersichtliche Informationen, sodass man schnell findet, wonach man sucht, und den Überblick behält. Zur Vorbereitung meiner Reise nach Los Angeles habe ich mir die Reiseführer von Lonely Planet und National Geographic angeschafft. Beide waren hilfreich, aber natürlich habe ich nur eines der beiden Bücher mitgenommen.

Solche Reiseführer bieten umfassende Informationen, manchmal auch über weniger bekannte Schauplätze. Durch das Wissen über die Geschichte einer Stadt und ihre geografischen und kulturellen Eigenheiten können Sie Ihr Reiseziel viel besser verstehen, und dieses Verständnis wirkt sich direkt oder indirekt auf Ihren fotografischen Ansatz aus und verbessert die Qualität Ihrer Bilder.

Internet und soziale Netzwerke

Mit der Vorbereitung meiner zweiwöchigen Reise nach Tokio hatte ich bereits ein Jahr vorher begonnen. Eine einfache Suche nach dem Namen »Tokio« im Internet hätte nichts gebracht außer einer Flut von Informationen ohne kulturelle, fotografische oder touristische Bedeutung. Da die Architektur bei Städtereisen und in der Fotografie von Städten ein zentrales Thema ist, gab ich zunächst in mehreren Suchmaschinen die beiden Wörter »Tokyo« und »architecture« ein. Je nach Website wurden mir unterschiedliche Lösungen und Möglichkeiten zur Verfeinerung und Erweiterung der Suche angeboten, jeweils mit den entsprechenden Nachteilen.

Google

Eine erste Recherche der Wörter »Tokyo« + »architecture« mit der Bildersuchmaschine von Google liefert Tausende von Ergebnissen. Die Qualität der angezeigten Fotos schwankt, doch kann man vorteilhafterweise zahlreiche Informationen zu allen möglichen Themen sammeln, insbesondere Blogs zu speziellen Themen oder Adressen von hilfreichen Websites.

Die Recherche zu bestimmten Schauplätzen lässt sich fast unbegrenzt ausdehnen. Das Gebäude Nakagin Capsule Tower erscheint beispielsweise mehrmals auf der ersten Seite der Ergebnisse meiner Suche in Google Bilder. Eine ausführlichere Recherche liefert Informationen über Geschichte und Standort des Gebäudes. Man erfährt, dass der Wolkenkratzer nicht öffentlich zugänglich ist, und kann Ideen zu möglichen Blickwinkeln sammeln.

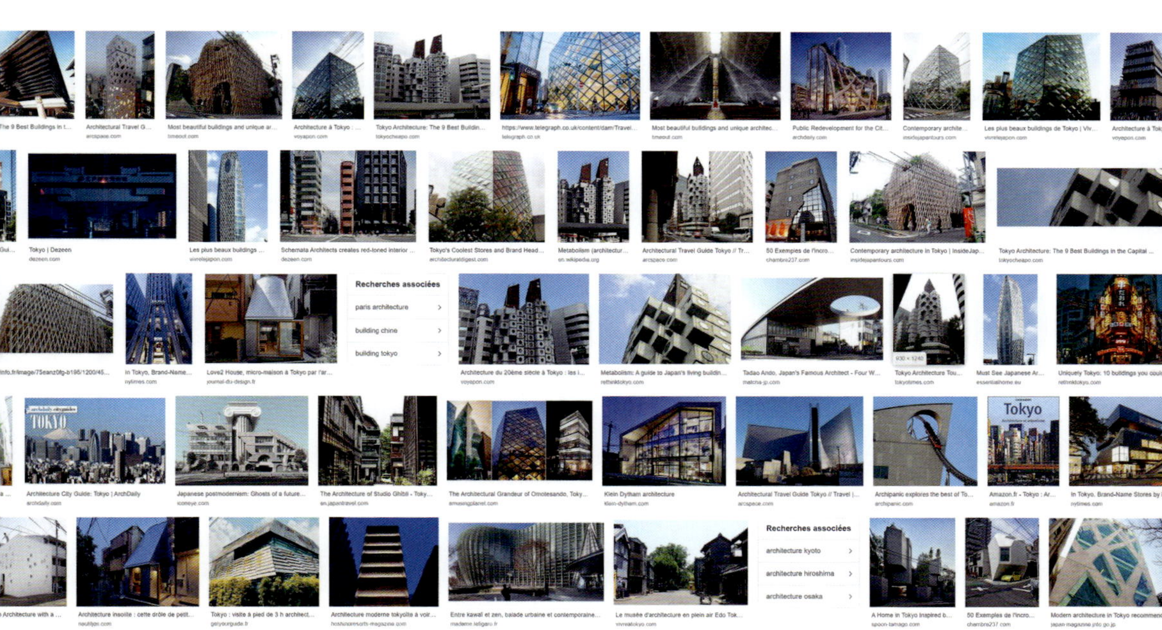

Erste Ergebnisseite einer Suche in Google Bilder nach »Tokyo« + »architecture«. Viele verschiedene Gebäude werden angezeigt, die aber nicht unbedingt für Fotografen oder Touristen interessant sind.

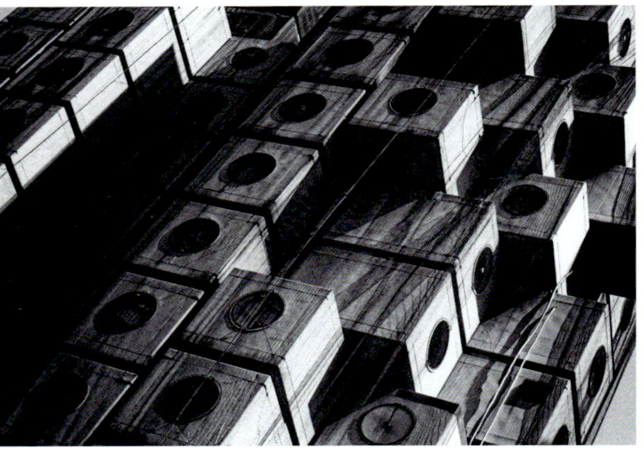

Das Gebäude Nakagin Capsule Tower in Tokio Architekt: Kisho Kurokawa.

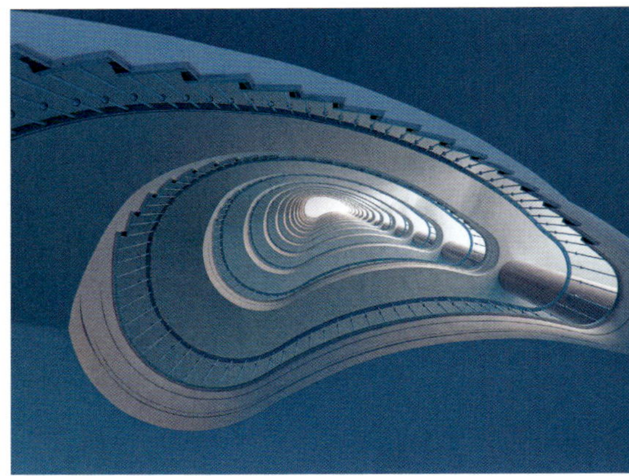

Ich habe lange nach einem geeigneten Gebäude gesucht, bis ich diese Treppe in Berlin fand. Eine erweiterte Suche ist natürlich nicht geeignet, sobald man Dutzende oder gar Hunderte von Sehenswürdigkeiten recherchieren möchte.

Während dieser ersten Nachforschungen durch das Internet zu surfen, macht Spaß, und vielleicht entdeckt man dabei sogar Schauplätze, die etwas weniger bekannt, womöglich sogar Geheimtipps sind. Der Nachteil dieser Art von Recherche ist natürlich die unendliche Flut von Informationen. Dadurch verliert man viel Zeit: Ehe man sich's versieht, sitzt man die ganze Nacht vor dem Computer und kommt vielleicht sogar von der ursprünglichen Suche ab. Eine Google-Recherche zu einer Stadt wie Tokio mit 10 Millionen Einwohnern und einer Fläche von Tausenden von Quadratkilometern ergibt eine überwältigende Datenflut, die vom menschlichen Gehirn gar nicht verarbeitet werden kann.

Die Verwendung von Google Bilder bietet auch die Möglichkeit, die ermittelten Schauplätze mithilfe der Einzelbildsuche auf anderen Websites zu finden. Diese Methode funktioniert aber nicht immer und dauert manchmal sehr lange.

Google Street View

Fotografen mit einem Hang zur akribischen Planung schwören auf Google Street View, kann man doch damit die Straßen einer Stadt schon vor der Reise virtuell erkunden und potenzielle Kamerastandorte und Einzelheiten der Umgebung auskundschaften.

Ich persönlich rate davon ab, denn man nimmt sich damit einen großen Teil der Entdeckerfreude, die doch ganz wesentlich ist: Sie regt die Kreativität an und ist für den Erfolg vieler Aufnahmen mitverantwortlich. Außerdem sind die Ansichten von Google Street View immer gleich, aufgenommen von der Straßenmitte aus. Häufig stellt sich die Sache aber ganz anders dar, sobald man nur ein oder zwei Schritte nach rechts oder links geht. Sie haben es vielleicht schon geahnt: Google Street View kommt bei meiner Reiseplanung nicht zum Einsatz.

Instagram

Um Instagram kommt man als Fotograf im Moment nicht herum. Im Gegensatz zu Google liegt der Schwerpunkt von Instagram allein auf Bildern. Dieses soziale Netzwerk ist daher bei der Recherche nach fotogenen Schauplätzen eine echte Goldgrube. Gesucht wird mithilfe von verlinkten Hashtags, Wörtern oder Wortkombinationen, die sich (im Regelfall) auf das veröffentlichte Foto beziehen.

Sucht man allerdings einfach nur nach dem Namen einer Stadt, wird man wie bei Google von einer Welle von Teenager-Selfies, Werbefotos oder Bildern von Speisen und Getränken aus den Küchen dieser Welt überrollt. Verfeinern Sie Ihre Hashtags: Suchen Sie nach modernen Gebäuden? Bahnhöfen? Street Art? Passen Sie Ihre Suchkriterien an Ihre gewünschten Motive an.

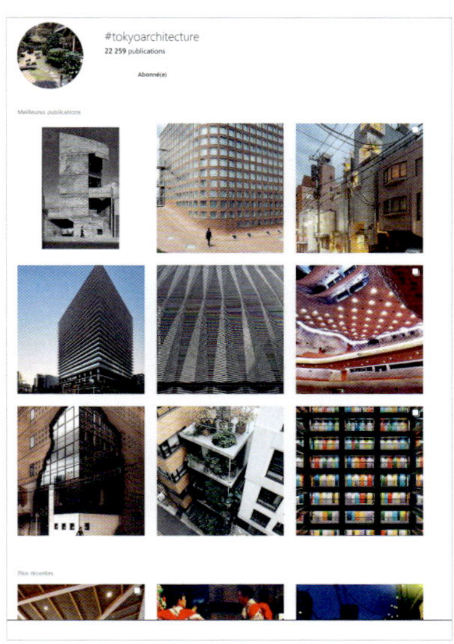

Erste Seite einer Instagram-Suche mit dem Hashtag #tokyoarchitecture.

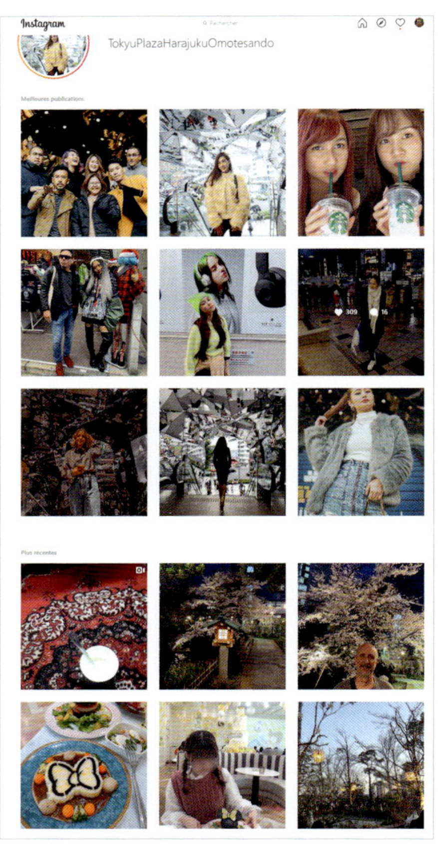

Bei meinen ersten Recherchen war mir aufgefallen, dass das Einkaufszentrum Tokyu Plaza Harajuku Omotesando immer wieder in den Ergebnissen aufgelistet wurde. Bei einer direkten Recherche (#TokyuPlazaHarajuku) wurden viele Bilder angezeigt, die für mein Projekt uninteressant waren.

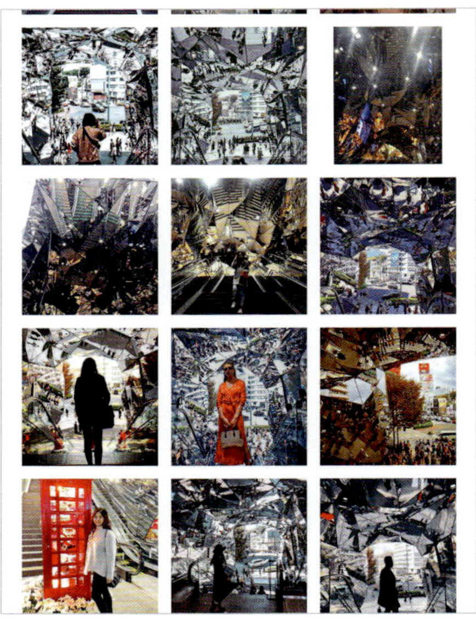

Auch die Hinzufügung von »architecture« (#TokyuPlazaHarajuku #architecture #architecturephotography) änderte nicht viel an diesen Ergebnissen. Die Herausforderung bestand nun darin, nach der Ankunft vor Ort nach einem anderen Ansatz zu suchen.

Während ich dies schreibe (Frühjahr 2020), bereite ich gerade eine Städtereise nach London vor, die im September stattfinden soll, also kurz nach Erscheinen des Buches (allerdings wusste ich da noch nicht, wie das Coronavirus meine Reiseplanung beeinflussen würde ...). Ich begann meine Recherche auf Instagram mit den Keywords »architecture« und »London« (es ist immer besser, erst einmal in der Landessprache zu suchen). Instagram schlug mir folgende Hashtag-Liste vor:

- #londonarchitecture
- #architecturelondon
- #londonarchitectureguide
- #londonarchitecturephotography

Die Ergebnisse enthielten zwar immer noch einige Selfies und ein paar andere uninteressante Bilder, aber aus der angezeigten Liste konnte ich problemlos die Schauplätze auswählen, die meinen kreativen Wünschen entsprachen.

Scrollen Sie unbedingt durch die Ergebnisse! Eine Handvoll Orte taucht nämlich immer wieder auf. Das sind die Schauplätze, wo jeder Influencer hinwill. Sie erzielen die größte Öffentlichkeitswirkung und werden in allen Blogs erwähnt. Natürlich sollte man nicht auf diese Orte verzichten (später werden wir sehen, wie man das Beste aus solchen Schauplätzen herausholt); allerdings besteht der Zweck der Vorbereitung vor allem darin, die ausgetretenen Pfade zu verlassen und fernab der sogenannten »Must-sees« nach den verborgenen Schätzen einer Stadt zu suchen. Dazu braucht man aber etwas mehr Geduld, tauchen diese Orte doch sicher nicht gleich in den ersten Suchergebnissen auf.

Der größte Nachteil von Instagram ist die Beschneidung der Kreativität. Die meisten Nutzer posten dort nämlich Bilder, die ihrer Ansicht nach die meisten »Likes« bekommen, was mit Erfolg gleichgesetzt wird. Zum Glück werden Städte viel weniger von »Instagrammern« heimgesucht als manche landschaftliche Sehenswürdigkeit, die dem Ansturm der Internet-Fotografen mittlerweile gar nicht mehr standhalten kann. Aber auch in den Städten sind die bei Instagrammern beliebten Plätze immer sehr gut besucht.

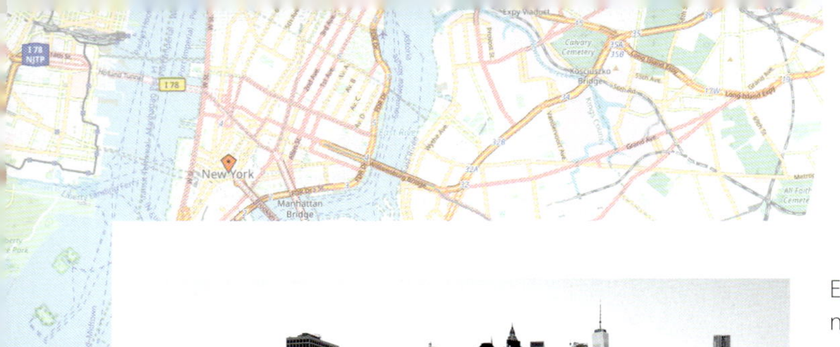

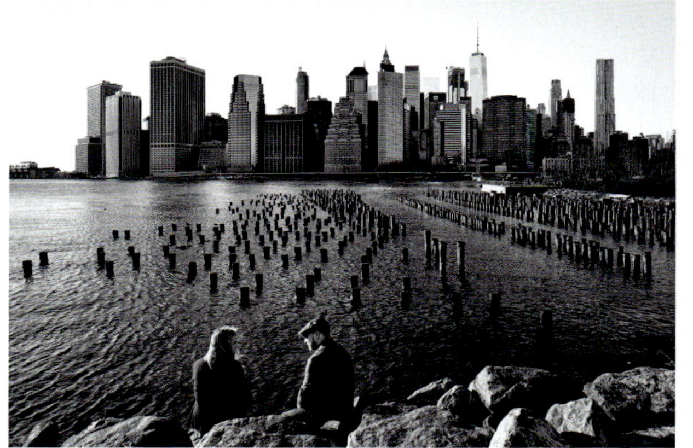

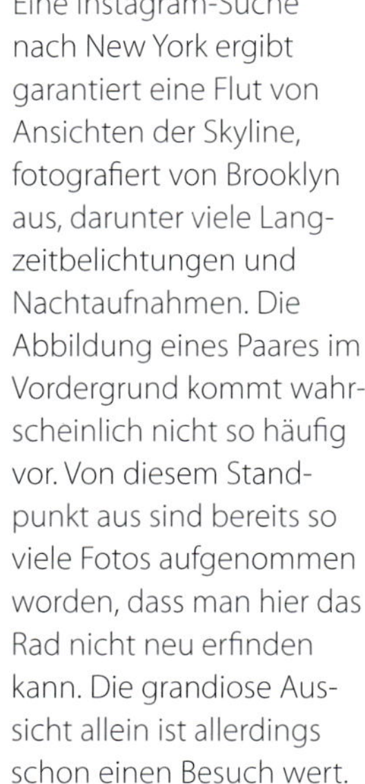

Eine Instagram-Suche nach New York ergibt garantiert eine Flut von Ansichten der Skyline, fotografiert von Brooklyn aus, darunter viele Langzeitbelichtungen und Nachtaufnahmen. Die Abbildung eines Paares im Vordergrund kommt wahrscheinlich nicht so häufig vor. Von diesem Standpunkt aus sind bereits so viele Fotos aufgenommen worden, dass man hier das Rad nicht neu erfinden kann. Die grandiose Aussicht allein ist allerdings schon einen Besuch wert.

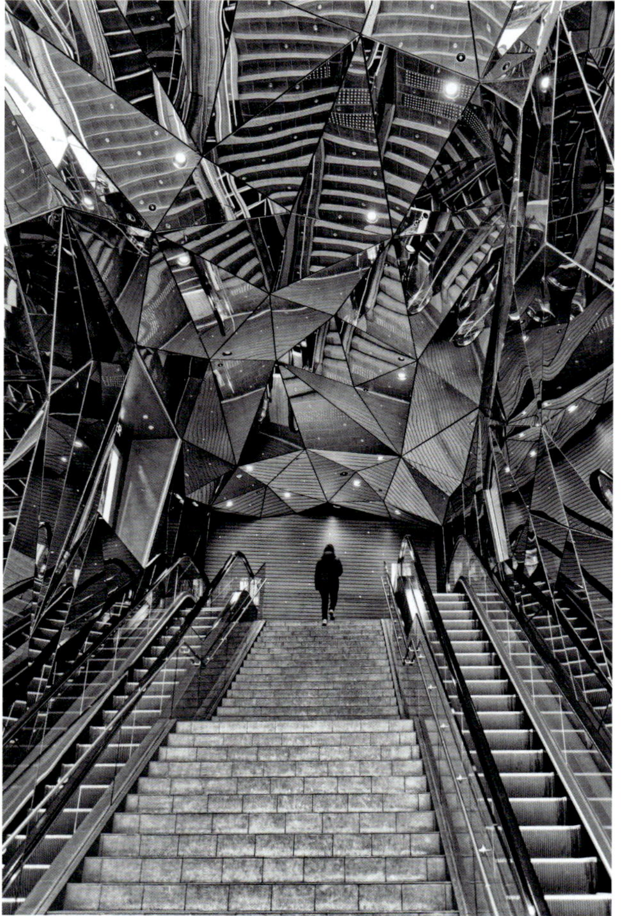

Vom Tokyu Plaza Harajuku Omotesando gibt es eine Flut von Bildern auf Instagram. Diese ungewöhnliche Ansicht entstand, als das Gebäude noch geschlossen hatte und deswegen menschenleer war. Ich fotografierte die Silhouette meiner Frau, die sich durch die Absperrung hindurch ins Innere gezwängt hatte.

Aber auf Instagram findet man auch Fotografen, die in der betreffenden Stadt wohnen. Es geht natürlich nicht darum, die Bilder dieser Fotografen nachzuahmen. Mithilfe ihrer Fotos werden Sie aber vielleicht Orte finden, die noch nicht so häufig abgelichtet worden sind. Ortsansässige Fotografen kennen sich besser in der Stadt aus und erkunden Ecken und Winkel ihrer Umgebung, die einem Ortsfremden niemals einfallen würden. Außerdem werden Sie talentierte neue Fotografen entdecken!

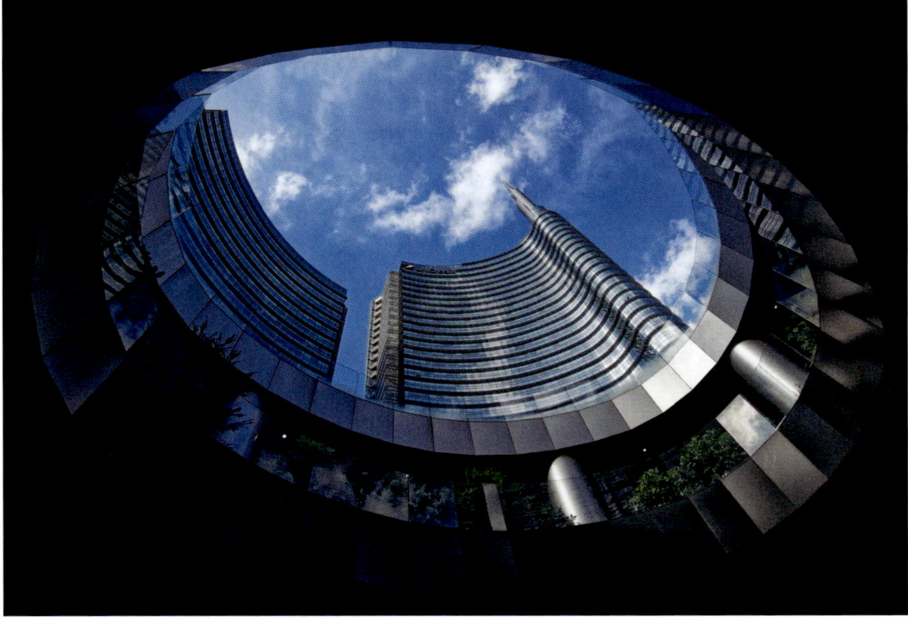

Auf Instagram habe ich diese Art von Blickwinkel in Mailand entdeckt. Vor Ort lief ich eine Weile herum, denn ich wollte nicht einfach nur von unten nach oben fotografieren.

Flickr

Flickr ist nicht ganz so angesagt wie Instagram, aber die Nutzer dieser Site sind etwas älter, was für die Vorbereitung einer Städtereise ein großer Vorteil ist. Lange Zeit war Flickr eine der aktivsten und wichtigsten Fotoplattformen im Internet: Dort findet man noch viele »Originale«, die nicht einfach nachgestellte Kopien sind. Ich persönlich finde dort mehr ungewöhnliche Orte und kreative Ansichten als anderswo, ganz zu schweigen von der riesigen Datenbank. Die Recherche wird ähnlich wie auf den anderen Sites mithilfe von Schlagworten durchgeführt.

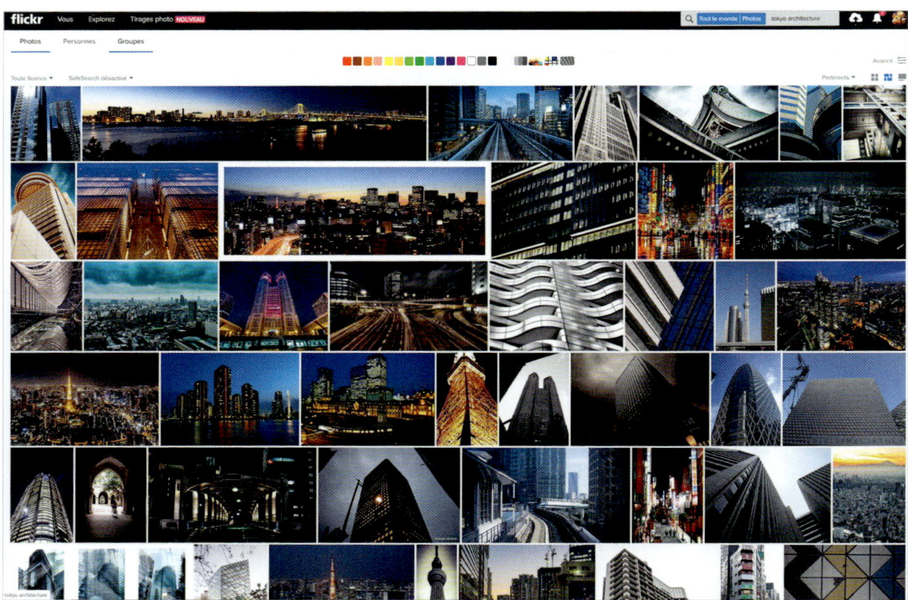

Erste Ergebnisse der Wörter »Tokyo« + »architecture« auf Flickr.

Bei meiner Recherche auf Flickr habe ich dieses erstaunliche Gebäude in einem Vorort von Toulouse entdeckt.

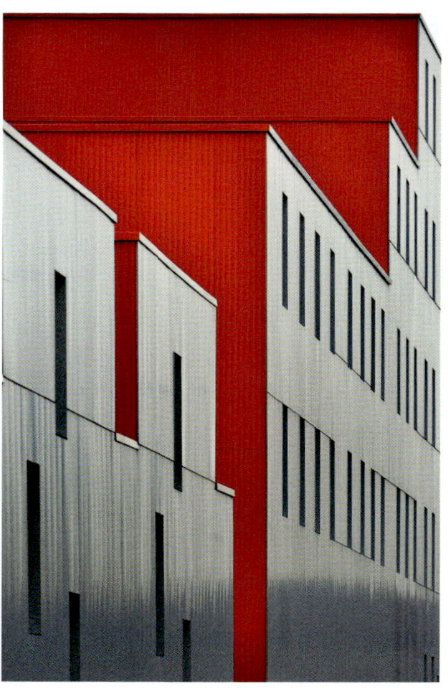

500px

Die Plattform *500px.com* verdient besondere Erwähnung, denn dort findet man andere Fotos als einfache Urlaubsschnappschüsse. Die Beliebtheit der Fotos, die weit oben in den Suchergebnissen auftauchen, resultiert aus der Abstimmung der Internetnutzer, und die durchschnittliche Qualität dieser Ergebnisse ist recht hoch. Die Plattform funktioniert ganz anders als Instagram: Auf 500px ist das Foto wichtiger als der Social-Media-Erfolg des Fotografen und dessen eventueller Status als Influencer. Als Nachteil fällt auf, dass die Bilder etwas glatt wirken und bestimmte Arten von Fotos fast automatisch in der Ergebnisliste weit nach oben rutschen, z. B. Nachtaufnahmen oder Langzeitbelichtungen von Gebäuden in Schwarzweiß. Außerdem sind die Farben meist sehr gesättigt. Alles in allem wirken die Fotos schön, aber irgendwie unpersönlich. Auch für die Recherche auf dieser Plattform braucht man Zeit, aber ich habe dort einige »Schätzchen« gefunden, die ich nirgendwo sonst gesehen habe.

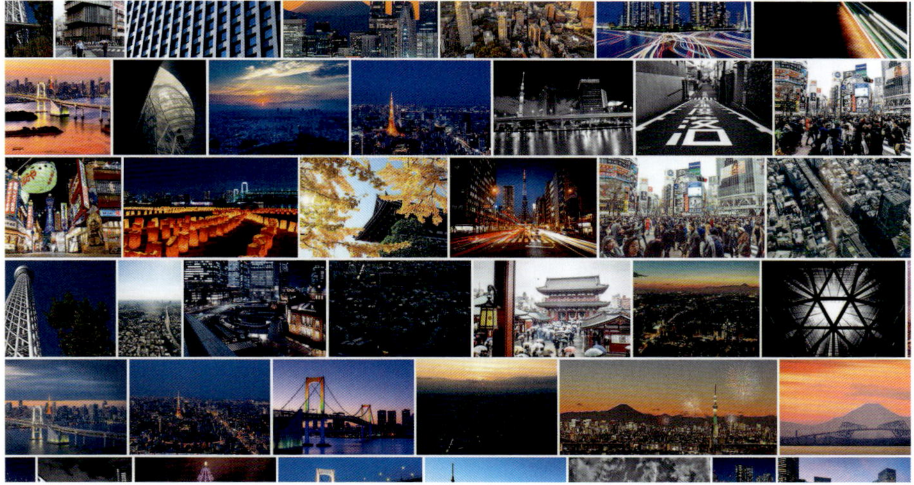

Erste Ergebnisse der Wörter »Tokyo« + »architecture« auf 500px.

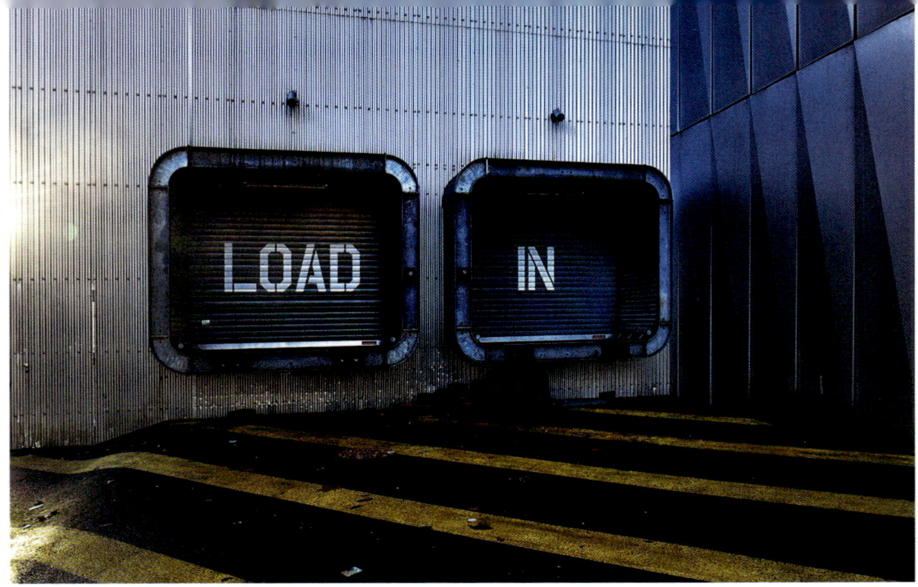

Bei einer Recherche auf 500px habe ich diesen Ort in Nantes entdeckt.

Pinterest

Pinterest ist ein Schmelztiegel der Ideen, manchmal sogar etwas zu viel für meinen Geschmack. Aber die Ergebnisse einer Recherche auf dieser Site sind oft originell. Man braucht allerdings etwas Geduld, bis man die geografische Lage der angezeigten Orte herausgefunden hat. Obwohl diese Art der Recherche zeitaufwändig ist, nutze ich Pinterest immer häufiger.

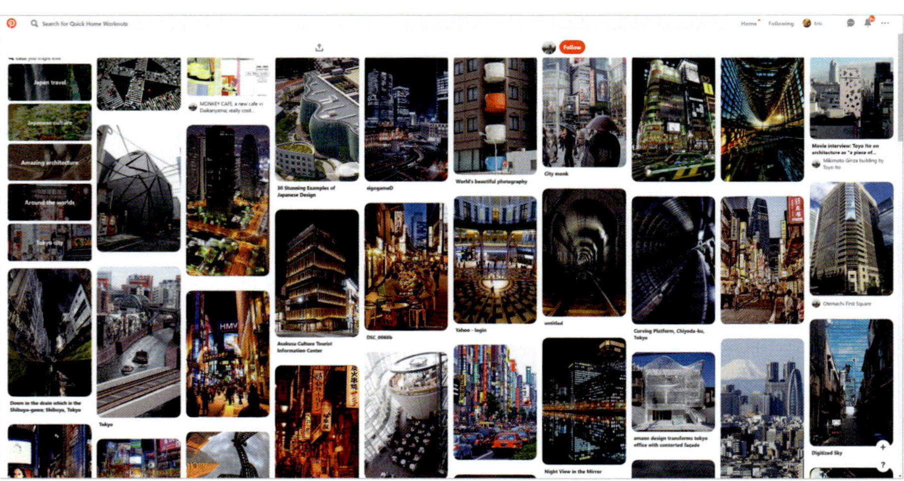

Erste Ergebnisse der Wörter »Tokyo« + »architecture« auf Pinterest.

Sonstige Websites

Im Laufe Ihrer Recherchen stoßen Sie vielleicht auf spezielle Websites zu bestimmten Städten oder Bauwerken, die entweder von »offizieller« Stelle oder Enthusiasten erstellt wurden. Die umfangreichen Informationen auf diesen Seiten stammen von Leuten, die sich gut vor Ort auskennen und auch weniger bekannte Schauplätze beschreiben.

Das Hauptproblem mit diesen Websites ist allerdings der Zeitaufwand: Man kommt dort gerne vom »Hundertsten ins Tausendste« und versinkt in einer wahren Informationsflut. Trotzdem ist die Recherche auf solchen Websites sinnvoll, wenn die Reise mehr als zwei oder drei Tage dauert.

Ich selbst nutze auch manchmal die Website *locationscout.net*, die gute Landkarten und Fotos von schönen Ansichten der jeweiligen Stadt bietet, auch wenn die Bilder weder außergewöhnlich noch originell sind. Außerdem sammle ich häufig Informationen auf der Website *archi-guide.com* – eine wahre Goldgrube für Architekturfans! Diese Seite ist allerdings nicht speziell auf die Fotografie ausgerichtet. Man braucht also Zeit, um sich darauf zurechtzufinden. Aber je nach Interessengebiet und Zielsetzung finden Sie sicherlich noch viele weitere hilfreiche Websites im Netz.

Fazit

Eine gute Vorbereitung mit Internetrecherche ist unerlässlich. Konzentrieren Sie sich dabei nur auf diejenigen Orte und Sehenswürdigkeiten, die Sie gerne fotografieren und besuchen möchten. Ansonsten wird die Menge der Informationen schnell erdrückend. Meiner Meinung nach fängt die Reise mit der Recherche schon an. Man sollte sie daher nicht als lästige Pflicht sehen. Natürlich muss diese Vorbereitung im richtigen Verhältnis zur Reisedauer stehen: Meinen Halbtagestrip nach Lille habe ich nicht genauso aufwändig vorbereitet wie meine zweiwöchige Reise nach Tokio!

1.2 Hilfsmittel zur Orientierung

Herkömmliches Kartenmaterial auf Papier

Auch im digitalen Zeitalter spricht nach wie vor einiges für Kartenmaterial auf Papier. Bei den Vorbereitungen kann man sich mithilfe dieser Stadtpläne einen guten Überblick über die ganze Stadt verschaffen, denn sie sind oft viel größer als ein Bildschirm und zeigen die Lage der verschiedenen Stadtviertel und ihre Anbindung an die öffentlichen Verkehrsmittel. In der Regel sind auf diesen übersichtlichen Plänen auch die touristischen Sehenswürdigkeiten eingezeichnet.

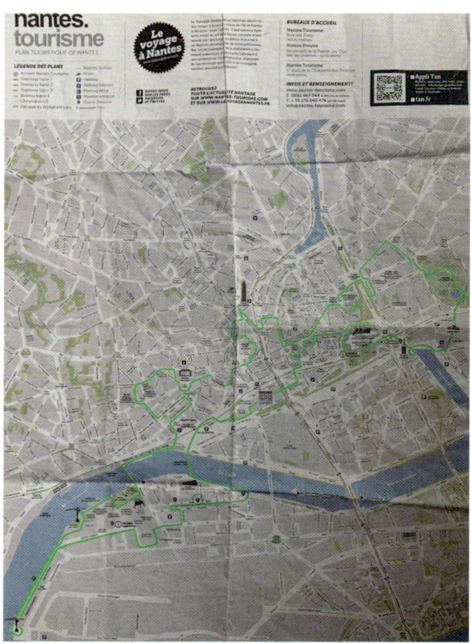

Stadtplan des Fremdverkehrsamtes von Nantes. Die wichtigsten Verkehrsadern sind hervorgehoben, was die schnelle Orientierung erleichtert. Grün markiert ist auch ein empfohlener touristischer Rundgang, der als Ausgangspunkt für eine Tagesplanung dienen kann – oft lohnt es sich jedoch auch, die ausgetretenen Pfade zu verlassen.

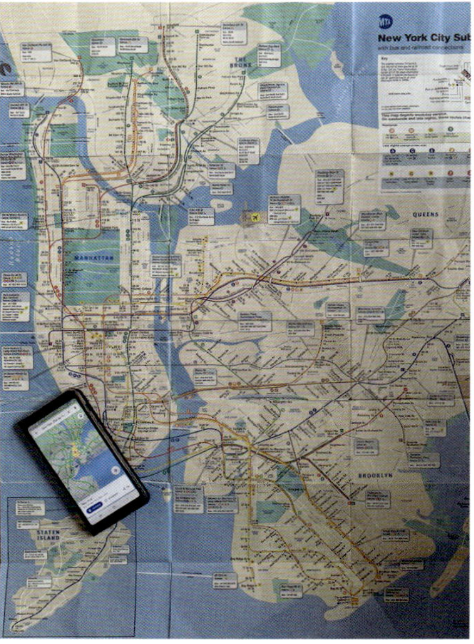

Hier sieht man, dass ein Plan der New Yorker U-Bahn auf Papier viel übersichtlicher ist als ein Plan auf dem Smartphone. Bei der Vorbereitung der Reise oder zur Fortbewegung vor Ort hat der analoge Plan klare Vorteile.

Auch die besonders übersichtlichen und gut strukturierten Linienpläne des öffentlichen Nahverkehrs leisten bei der Reisevorbereitung gute Dienste. Wo kann man sie bekommen?

- Sie liegen manchen Reiseführern in einem praktischen Taschenformat bei.
- Sie können sich bei Ihrer Ankunft vor Ort an die Touristeninformation wenden (recherchieren Sie die Adresse im Internet).

Diese Touristeninformationen schicken auch gerne Stadtpläne zu, die zwar nicht sonderlich detailreich sind und Werbung enthalten, aber immer noch einen guten Überblick geben.

Vor Ort haben Sie bei einer Städtereise sicherlich oft die Möglichkeit, ins Internet zu gehen, beispielsweise um Ihren Standort zu bestimmen oder die nächste Bushaltestelle zu finden. Stadtpläne auf Papier spielen jedoch ihren Trumpf aus, wenn Sie kein Internet haben (in der U-Bahn beispielsweise). Gehen Sie nie ohne einen Plan des öffentlichen Nahverkehrs aus dem Haus: Er wiegt nichts, nimmt keinen Platz weg und geht nicht kaputt, wenn er herunterfällt. Außerdem weckt ein Plan auf Papier in bestimmten Stadtteilen mit gesellschaftlichen Spannungen weniger Interesse als ein Smartphone ...

Der Schwachpunkt des Stadtplans auf Papier ist seine Handhabung vor Ort: Die Größe, die noch bei der Vorbereitung ein Plus war, wird jetzt zum Nachteil. Man muss den Plan mit zwei Händen halten, auseinander- und zusammenfalten, wieder in die Tasche stecken, stehen bleiben, um darauf zu schauen, das Ganze möglicherweise bei starkem Wind. Für den Fall, dass Ihr Plan den Tag nicht überlebt, sollten Sie unbedingt noch eine andere Informationsquelle dabeihaben.

Google Maps (oder Entsprechendes)

Bei der Vorbereitung und zur Orientierung vor Ort ist Google Maps meiner Meinung nach unverzichtbar. Natürlich gibt es Alternativen, die Ihren Vorstellungen oder Erwartungen vielleicht besser gerecht werden. Allerdings kenne ich diese Programme nicht genau. Deshalb möchte ich sie nur kurz erwähnen:

- Qwant Maps
- maps.me
- Bing Maps
- OpenStreetMap

Vor Ort lässt sich Google Maps durch folgende Dienste ersetzen oder ergänzen:

- Citymapper (für alle Fahrten mit dem öffentlichen Nahverkehr)
- Waze (für Fahrten mit dem Auto)
- Navmii (für Fußgänger und Autofahrer)
- OsMand (Offline-Navigations-App)

Aber jetzt zu Google Maps. Auf der Website und mit der Smartphone-App kann man nach Adressen oder Sehenswürdigkeiten suchen und den eigenen Standort bestimmen. Die App lässt sich dann vor Ort on- und offline zur Navigation nutzen. Dieser von Google entwickelte Dienst ist kostenlos (mit den damit einhergehenden Vor- und Nachteilen), aber man braucht ein Benutzerkonto.

Bei der Vorbereitung erstelle ich mit Google Maps eigene Karten, in denen ich die recherchierten Orte eintrage: Hotels, Restaurants und vor allem die Schauplätze, die ich fotografieren möchte. Gehen Sie folgendermaßen vor:

1. Rufen Sie Google Maps auf.
2. Melden Sie sich mit Ihrem Google-Konto an (oder erstellen Sie eines).

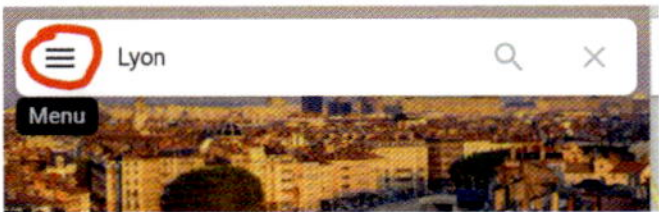

3. Klicken Sie das Menü an (drei kleine horizontale Balken übereinander).

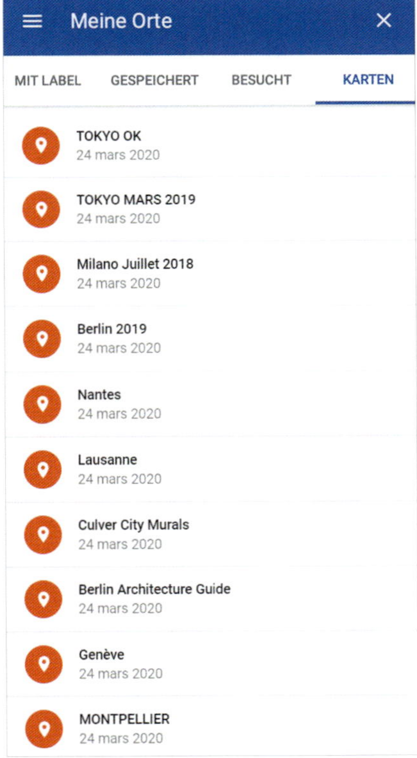

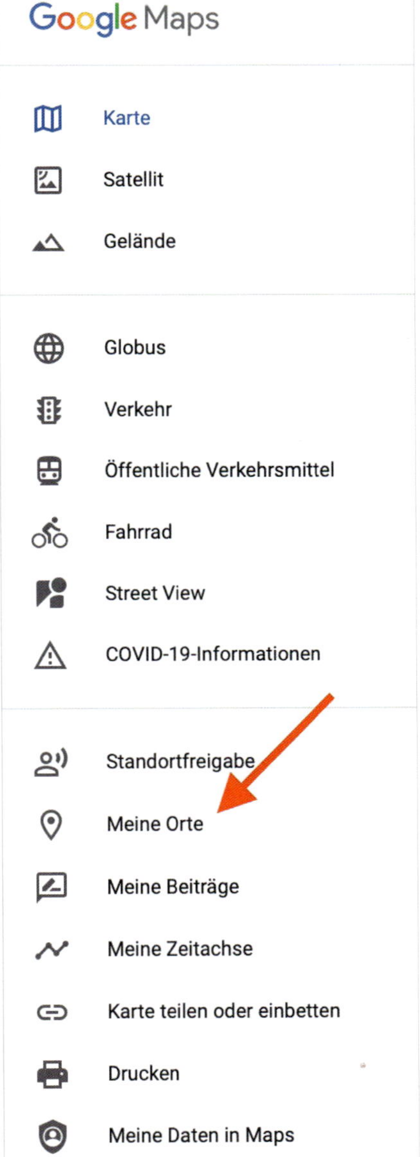

4. Klicken Sie auf »Meine Orte«.

5. Klicken Sie auf »Karten«. Alle eventuell zu einem früheren Zeitpunkt erstellten Karten sind dort abrufbar.

6. Erstellen Sie eine neue Karte, indem Sie ganz unten »Karte erstellen« anklicken, und benennen Sie die Karte nach der Stadt, die Sie besuchen wollen.

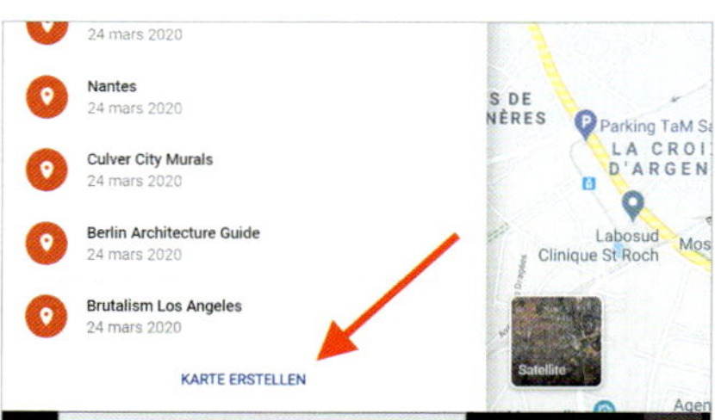

7. Zoomen Sie die Stadt nahe heran.

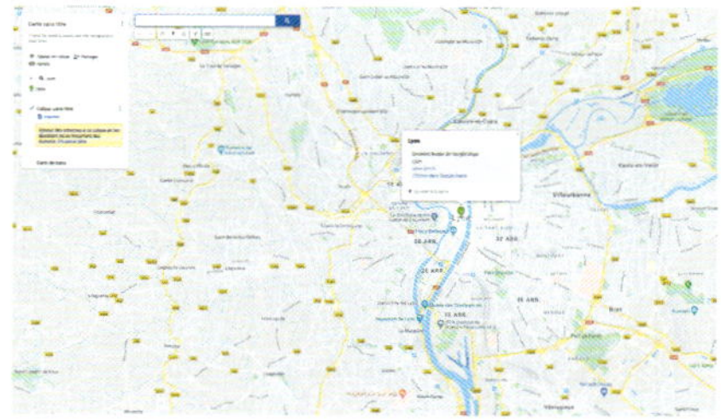

Beispiel für die Planung einer Reise nach Lyon.

© Google Maps 2020

8. Setzen Sie Ihre erste Markierung: Geben Sie den Namen (z. B. »Empire State Building, New York«) oder die Adresse des Ortes ein und klicken Sie auf »Zur Karte hinzufügen«. Wählen Sie ein Symbol und eine Farbe dafür aus.

9. Markieren Sie dann einen zweiten Punkt auf der Karte usw.

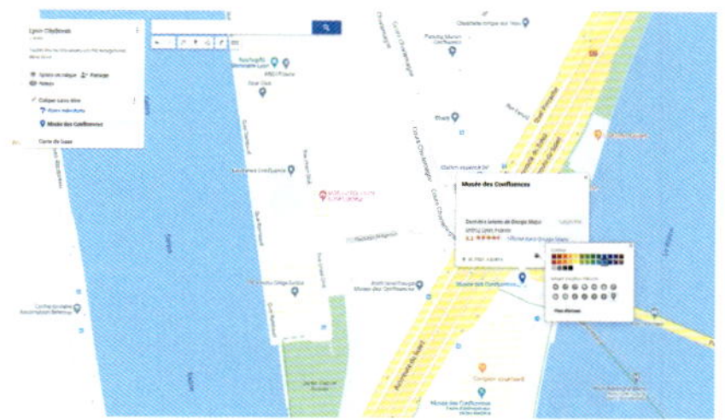

Hier suche ich nach dem Musée des Confluences, einer der wichtigsten Sehenswürdigkeiten von Lyon.

© Google Maps 2020

Am besten erstellen Sie Ihre Karte gleich zu Beginn Ihrer Vorbereitungen und tragen Ihre recherchierten Orte nach und nach ein (Sie können sie später immer noch löschen). Ansonsten wird die Sache schnell anstrengend. Aber Achtung: Die Karten sind sehr schnell voll. Wie Sie Ihre Orte sortieren, liegt ganz bei Ihnen. Ich für meinen Teil versuche, sie nach Tagen zu ordnen, und kennzeichne mit unterschiedlichen Farben, ob es sich um Museen, Fotostopps oder Sonstiges handelt. Diese Arbeitsweise ist aber nicht in Stein gemeißelt: Ich passe meinen Ansatz an die jeweilige Stadt und meine kreativen Absichten an.

Je häufiger Sie mit diesem (oder einem anderen) Tool arbeiten, desto mehr Möglichkeiten werden Sie entdecken!

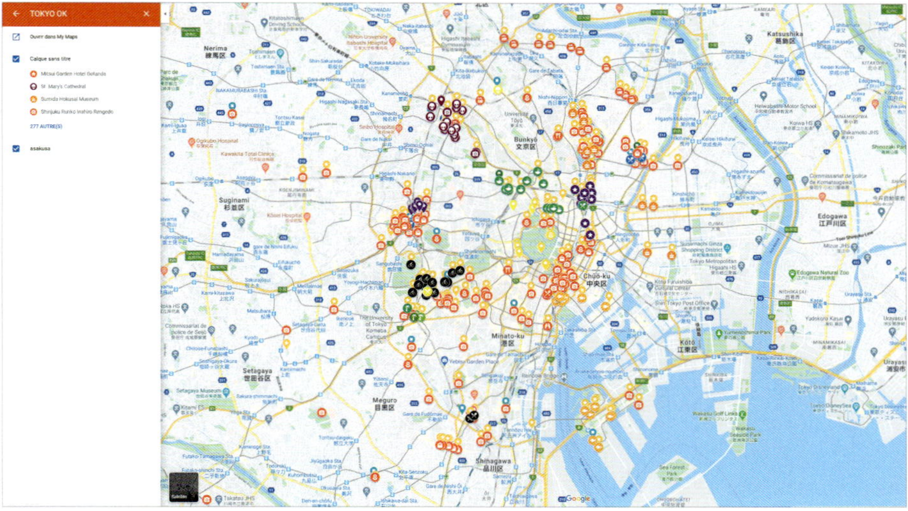

Mit dem Eintragen der gefundenen Schauplätze ist man schnell überfordert, wenn man sie nicht parallel zur Recherche nacheinander in die Karte eingibt. Auf meiner Google Map zu Tokio sieht man, wie viele Orte sich bei einer längeren Reise (in diesem Fall 14 Tage) ansammeln können.

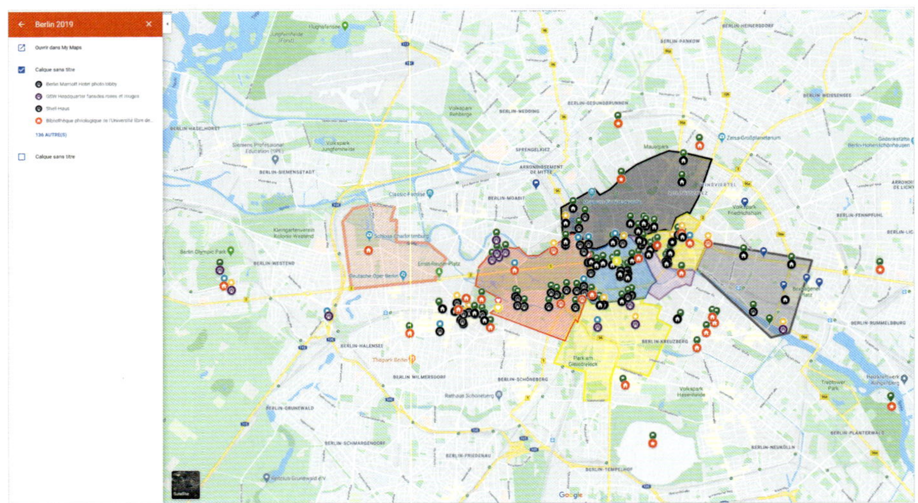

Auf dieser Karte von Berlin habe ich die verschiedenen Stadtteile markiert, die ich besuchen wollte. Für jeden Stadtteil hatte ich dann etwa einen Tag lang Zeit.

Mit Ebenen lässt sich die Karte übersichtlich nach Themen gliedern (indem Sie beispielsweise nur die Ebene »Restaurants« anzeigen lassen). Dort finden Sie auch fertige, von anderen Nutzern erstellte Karten, die auf jeden Fall bei Ihrer Vorbereitung eine große Hilfe sein können.

Beispiel einer Karte von Los Angeles mit Bauwerken des Brutalismus. Sie könnten sie zur Planung und Optimierung Ihrer Fahrtstrecken nutzen.

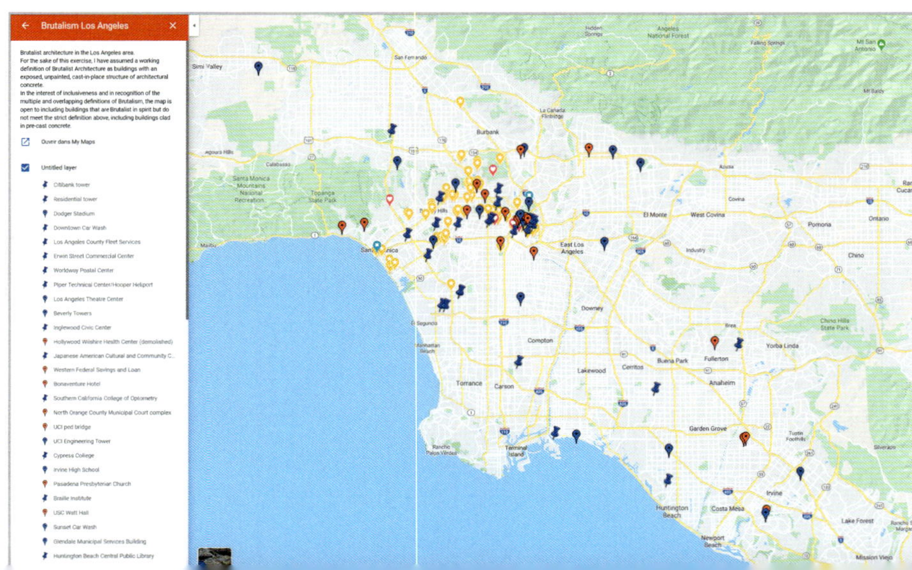

1.3 Von A nach B kommen

Damit Sie vor Ort möglichst wenig Zeit verlieren, sollten Sie im Vorfeld natürlich die grundlegenden Dinge wie Unterkunft und Fortbewegung organisiert haben.

Recherchieren Sie beispielsweise, wie Sie vom Bahnhof oder Flughafen zu Ihrer Unterbringung kommen, wo Sie Fahrscheine kaufen können und welche Angebote zur Auswahl stehen (Einzelfahrscheine, Mehrfahrtenkarten, Wochenend-Ticket etc.). An allen internationalen Flughäfen und Fernbahnhöfen gibt es Verkaufsstellen. Manchmal kann man die Tickets aber auch schon vorher im Internet erwerben. Natürlich kommt jedes vorhandene Verkehrsmittel infrage – die Entscheidung hängt ganz davon ab, was Ihnen am angenehmsten ist und wie viel Zeit Sie haben.

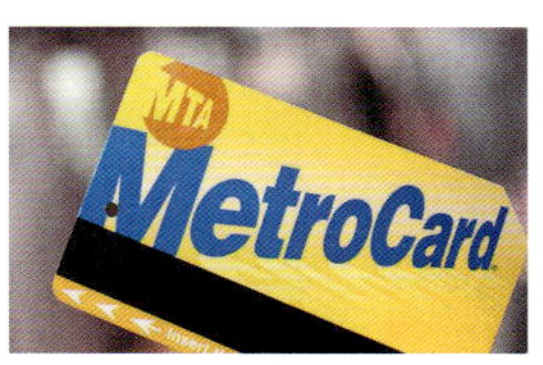

Die Angebote für Fahrscheine des öffentlichen Nahverkehrs, wie hier die berühmte New Yorker MetroCard, sollte man sich genauer anschauen, denn das kann sich lohnen.

Mit der U-Bahn gelangen Sie beispielsweise schnell von A nach B, können aber die Stadt nicht sehen. Andere Verkehrsmittel sind langsamer unterwegs, haben aber viel mehr Charme, z. B. die Straßenbahnen von Mailand und Lissabon.

Falls Sie ein Auto mieten möchten, bringen Sie im Vorfeld den Standort der Autovermietung und die Papiere in Erfahrung, die Sie dabeihaben müssen. Ihr Plan sollte nicht an einem fehlenden Dokument scheitern. Erkundigen Sie sich, ob Sie in Ihrem Reiseland einen internationalen Führerschein brauchen (in den USA ist z. B. keiner notwendig) und beantragen Sie ihn rechtzeitig, denn die Ausstellung kann schon mal länger dauern (Anträge stellen Sie bei der Fahrerlaubnisbehörde oder bei Ihrem lokalen Bürgeramt.)

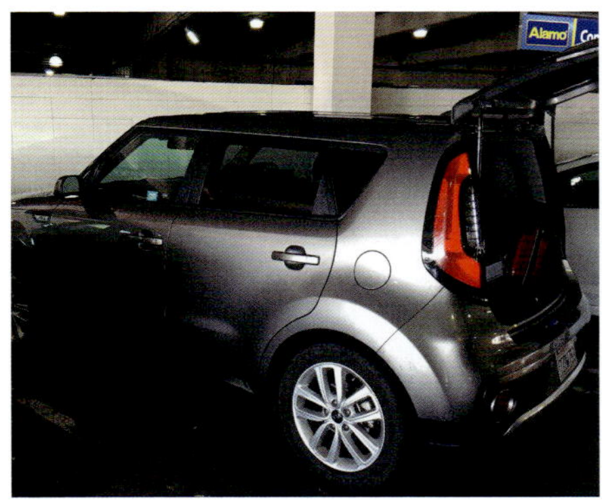

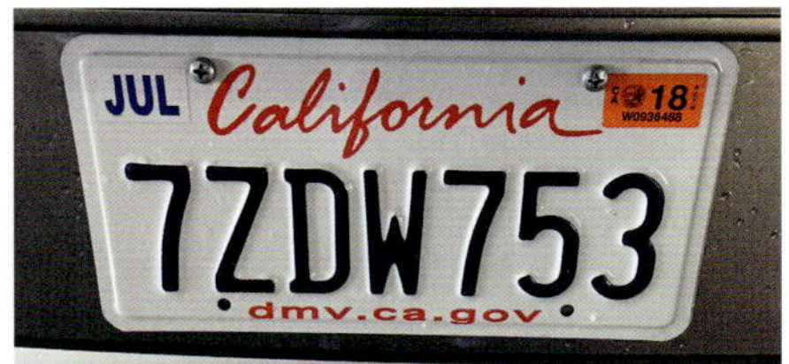

In manchen Städten ist es schwierig, mit öffentlichen Verkehrsmitteln von A nach B zu kommen. In Los Angeles beispielsweise sollten Sie nicht auf einen Mietwagen verzichten.

Außerdem sollten Sie vor der Abreise die Zusammenarbeit oder die Roaming-Vereinbarungen zwischen Ihrem Mobilfunkanbieter und den Telefongesellschaften vor Ort prüfen und eventuell das notwendige Zubehör für Ihr Mobiltelefon und den Internetzugang beschaffen. Das kann beispielsweise eine SIM-Karte oder, wie in Japan, ein »Pocket WiFi« sein, mit dem Sie vor Ort ins Internet gehen können.

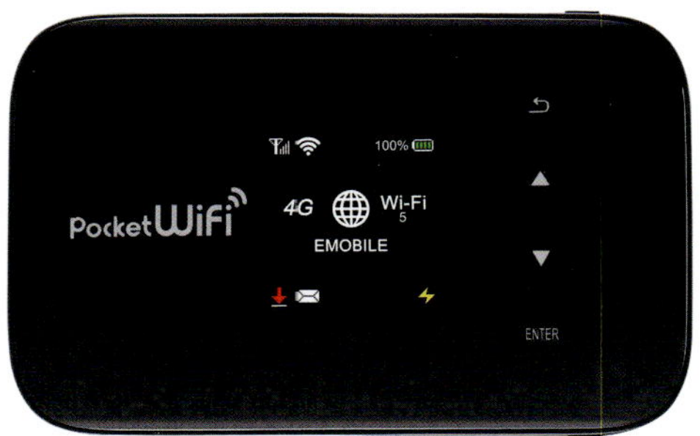

Pocket WiFi

Pocket WiFi

Bei einer Städtereise kann man auf eine gute Netzabdeckung, Roaming-Vereinbarungen und zahlreiche WiFi-Zugangspunkte hoffen. Allerdings ist das nicht überall auf der Welt garantiert. Sie müssen sich in diesem Fall andere Lösungen überlegen. Beispielsweise sind zur Herstellung der Internetverbindung portable WLAN-Router erhältlich: Mit so einem »Pocket WiFi« können Sie überall online gehen, selbst in der U-Bahn! In Tokio war dieses Gerät unverzichtbar für mich. Es kostet relativ wenig, ist nicht viel größer als ein Smartphone und wiegt nicht viel. Die Anschaffung lohnt sich also wirklich.

Weitere Hilfsmittel

Andere Tools, die bei der Vorbereitung helfen, sind Apps wie Sun Seeker o. Ä., die über die Uhrzeit von Sonnenauf- und -untergang und über den Sonnenstand am jeweiligen Kalendertag informieren. Ich finde diese Apps in der Naturfotografie sinnvoll. Innerhalb von bebauten Umgebungen sind sie aber nur beschränkt einsetzbar. Um eine Reise sehr genau zu planen, können Sie diese App jedoch ergänzend zu Ihren anderen Tools, beispielsweise Google Street View, nutzen. Für mich wäre das nichts, aber wenn Sie bei der Vorbereitung wirklich nichts dem Zufall überlassen möchten, können Sie solche Apps nutzen.

Außerdem sind spezielle und meist kostenpflichtige Apps für Großstädte mit Schwerpunkt Sightseeing, Geschichte oder Navigation erhältlich. Davon gibt es so viele, dass ich dazu keine Empfehlung abgeben kann. Häufig sind diese Apps eher uninteressant. Manchmal allerdings findet man darunter auch ein seltenes Schätzchen (kostenlos oder kostenpflichtig).

1.4 Die Fotoausrüstung

Es ist keine neue Erkenntnis, dass nicht die Fotoausrüstung für ein gutes Bild verantwortlich ist, sondern das Auge des Fotografen. Trotzdem muss dieses Thema natürlich zur Sprache kommen, wenn auch nur kurz und immer praxisbezogen. Ja: Der Fotograf bleibt immer der entscheidende Faktor, und die beste Kamera ist immer die, die er in der jeweiligen Situation gerade griffbereit hat.

Kameras und Objektive

Smartphones

Alle Kameratypen kommen für das Fotografieren von Städten infrage. Natürlich ist es logistisch ungleich schwieriger, eine Großformatkamera durch die Stadt zu transportieren, aber auch das wäre möglich ...

Smartphones sind in vielen fotografischen Situationen die Kameras der Wahl, insbesondere wenn man unauffällig fotografieren möchte oder keine Spiegelreflexkamera verwenden will, um etwa nicht die Aufmerksamkeit von Verkehrspolizisten oder Wachleuten auf sich zu ziehen.

Das Smartphone passt außerdem in eine Hosentasche und ist allzeit griffbereit. Besonders gute Dienste leistet es daher in überraschenden Situationen, weil man die große Kamera gar nicht so schnell aus der Fototasche holen könnte. Für Smartphones gibt es außerdem eine Fülle von Apps für Bildbearbeitung und Effekte, von der Wiedergabe in Schwarzweiß bis hin zur schnellen kleinen Bildmontage.

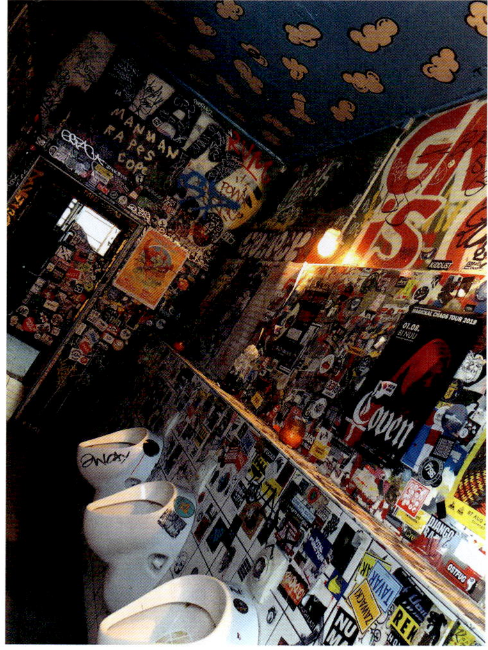

Wenn man die große, schwere Kamera nicht dabeihat, kann das Smartphone einspringen. Mit dem Handy bleibt man außerdem unauffällig.

Foto mit iPhone 8 Plus

In der U-Bahn fällt man mit einer großen Kamera häufig unangenehm auf. Mit einem Smartphone erregt man weniger Aufsehen.

Foto mit iPhone 6

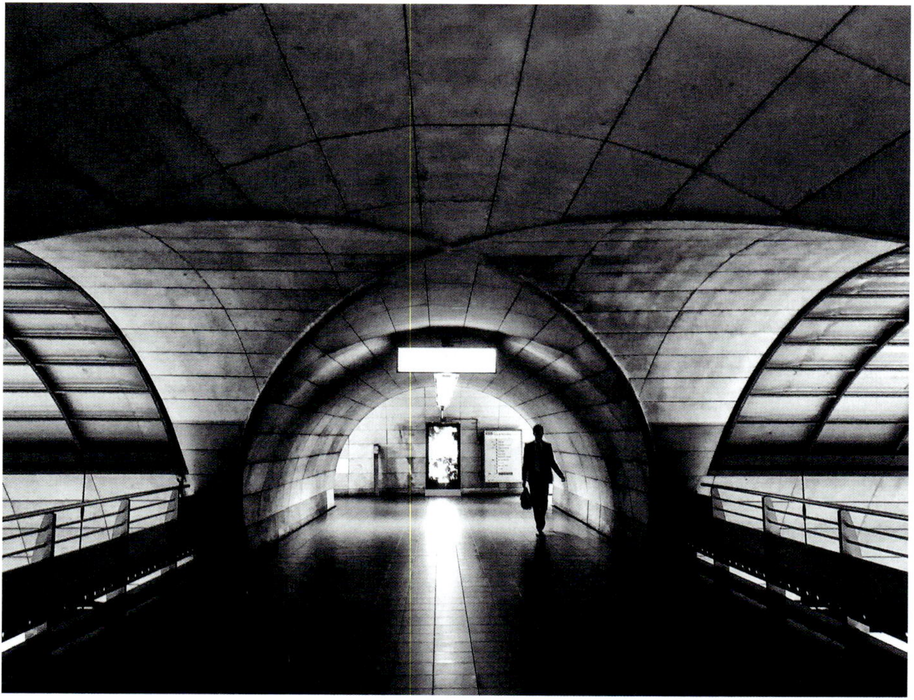

Es ist zwar möglich, eine Stadt einzig und allein mit einem Smartphone zu fotografieren, doch schränkt man sich damit natürlich etwas ein:

- Keine flexiblen Brennweiten und Probleme bei schwierigen Lichtverhältnissen.
- Fotografische und optische Qualitätseinbußen im Vergleich zu spiegellosen Kameras und DSLRs; allerdings holen die Smartphones auf.

Für einen Großteil der gängigen Motive reicht ein Smartphone jedoch voll und ganz aus. Ganz gleich, wie lange Ihre Reise dauert: Ihr Smartphone sollten Sie auf jeden Fall dabeihaben.

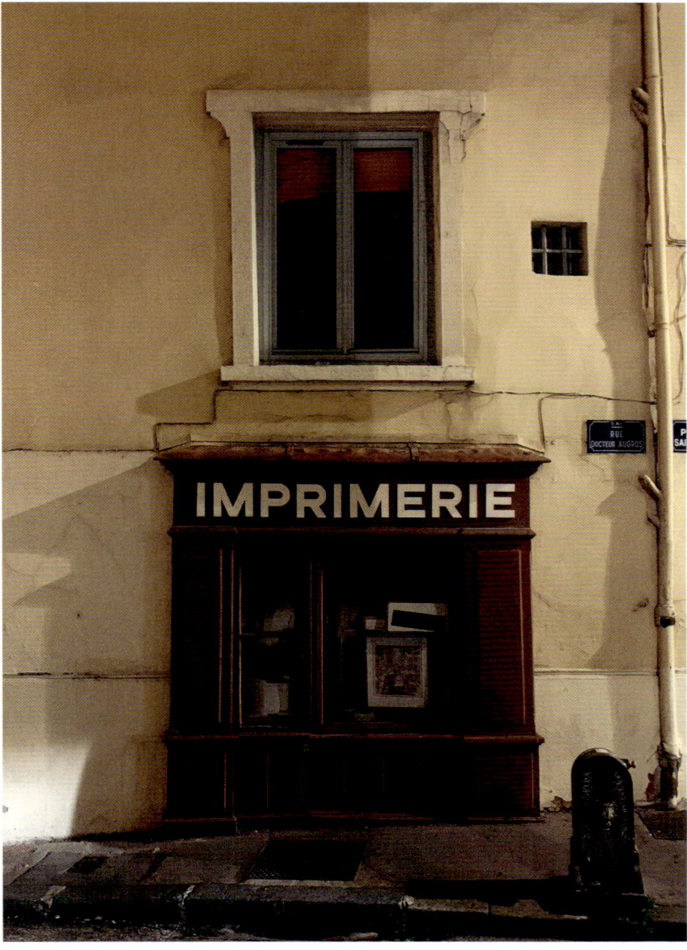

Mit dem Smartphone kann man auch nachts fotografieren.

Foto mit iPhone XR

In manchen Museen sind DSLRs oder spiegellose Kameras verboten. Vielleicht will man auch einfach bei einem längeren Besuch keine sperrige Kamera mit sich herumschleppen. Eine Lösung ist das Fotografieren mit dem Smartphone.

Foto mit iPhone 8 Plus

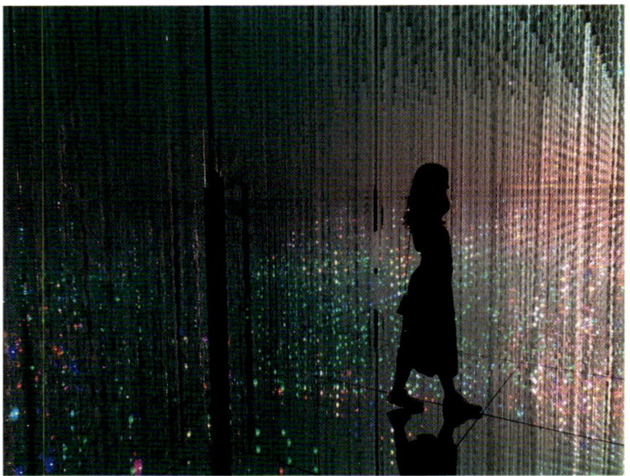

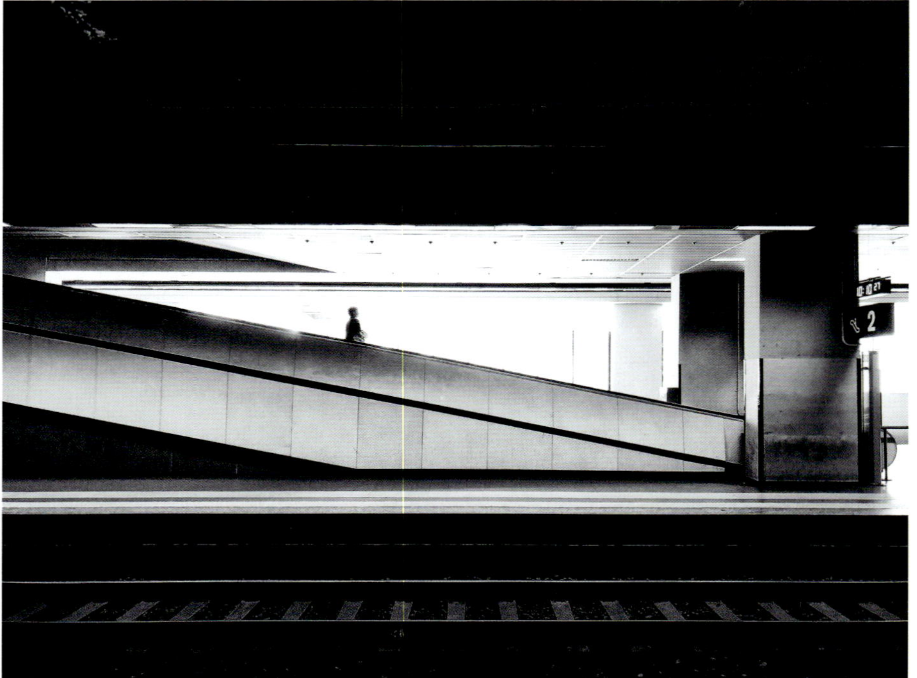

Ich wartete am Flughafen von Mailand auf den Zug, mit dem ich ins Hotel fahren wollte. Meine gesamte Ausrüstung war verstaut – mit dem Smartphone konnte ich trotzdem diese Szene fotografieren, die an ein Bild aus einem Kinofilm erinnert.

Foto mit iPhone 8 Plus

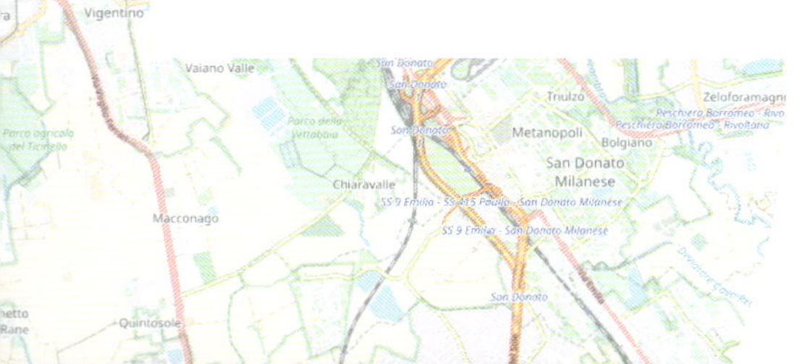

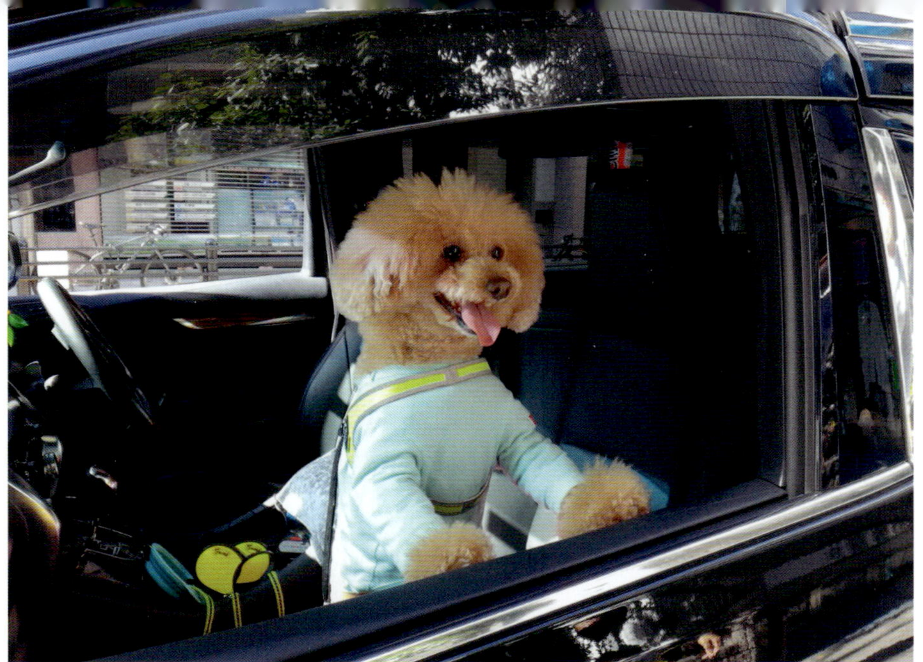

Ein Smartphone hat man immer zur Hand. Die kleinen, einfachen Szenen des Lebens lassen sich damit gut einfangen.

Foto mit iPhone 8 plus

DSLRs und Spiegellose

Diese Kameras entsprechen höchsten Anforderungen. Dank ihrer vielfältigen Automatikfunktionen kann man sich in Ruhe auf das Motiv konzentrieren, ohne sich um die Einstellungen kümmern zu müssen. Alternativ lassen sich die Einstellungen aber auch manuell vornehmen, was eine Anpassung an alle Aufnahmesituationen ermöglicht. Für diese Kameras gibt es außerdem ein riesiges Sortiment an Objektiven – vom Ultraweitwinkel- bis zum Teleobjektiv ist alles dabei –, sodass keine Wünsche offenbleiben.

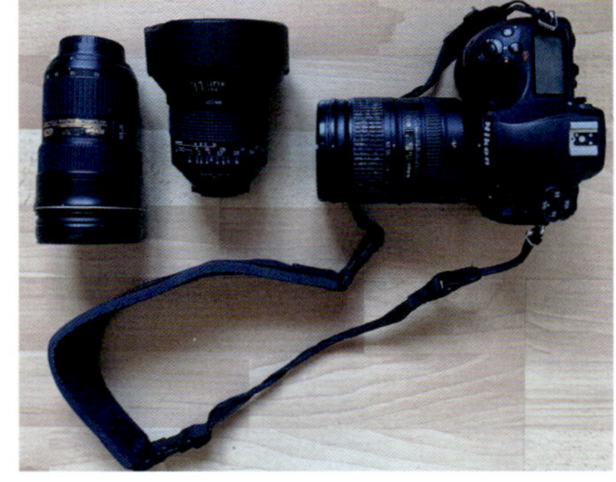

Meine leichte Ausrüstung

Als ambitionierter Fotograf mit gezielten kreativen Vorstellungen kommen Sie um eine solche Kamera nicht herum. Bei meinen Workshops zur Städtefotografie wird regelmäßig die Frage gestellt: »Welche Objektive soll ich mitnehmen?« Und meine Standardantwort lautet: »Nehmen Sie mit, was Sie haben und womit Sie am besten klarkommen!«

Eine Stadt fotografieren kann man mit allen möglichen Brennweiten, ganz gleich, ob Zoom oder Festbrennweite. Wenn Sie gut mit einer 24 mm-Festbrennweite umgehen können, dann nehmen Sie nur dieses eine Objektiv mit. Das bedeutet dann aber natürlich auch, dass Sie nicht alle Situationen abdecken können. Nur mit einem Zoom zu arbeiten, ist auch eine Möglichkeit.

Ich selbst habe mehrere Ansätze – sie sollten nicht als Nonplusultra verstanden werden, sind aber hilfreich, wenn Sie nicht weiterwissen oder Ihre Ausrüstung gerade erst anschaffen.

Bei Kurzreisen oder Fahrten in nahegelegene Städte

In dieser Situation reise ich häufig mit leichtem Gepäck. Im Zug ist es oft unpraktisch, wenn man zu viel oder zu sperriges Gepäck dabeihat. Im Flugzeug packe ich meine persönlichen Sachen und meine Fotoausrüstung immer ins Handgepäck und bin daher ziemlich eingeschränkt. Wenn Sie mit dem Auto fahren, sieht die Sache natürlich ganz anders aus.

- Ich nehme eine DSLR und mein wichtigstes Objektiv mit, ein lichtstarkes (f/2,8) 24–70 mm-Zoom, mit dem ich die meisten meiner Bilder aufnehme. Wenn Ihnen ein einziges Objektiv ausreicht und Sie keine besonderen Anforderungen haben, dann empfehle ich Ihnen diese Optik: Sie ist flexibel bei Architekturaufnahmen und in der Street Photography einsetzbar, denn ihre Brennweiten sind für viele Situationen geeignet. Aufgrund ihrer Lichtstärke kann man auch bei schwachem Licht fotografieren.

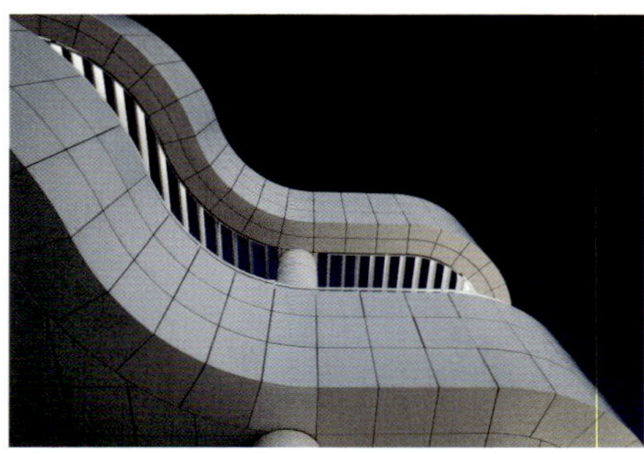

Mit einer Brennweite von 24 mm lassen sich Gebäude ansprechend wiedergeben.

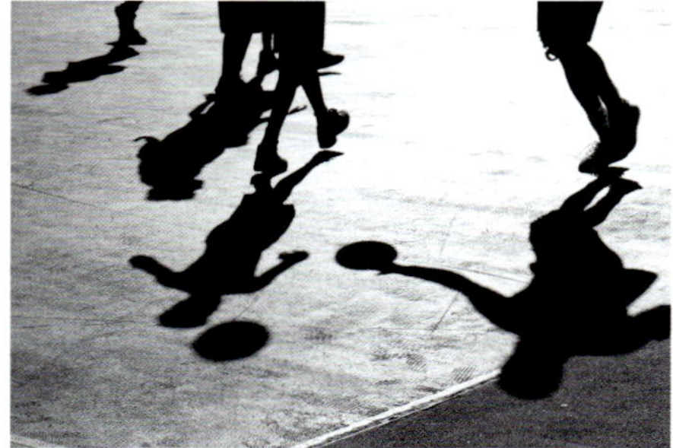

Mit einer Brennweite von 70 mm konnte ich diese Schatten in das bildbeherrschende Element der Komposition verwandeln.

- Außerdem nehme ich immer ein Zoom mit großem Brennweitenbereich (in diesem Fall 28–300 mm) mit, um auch den Telebereich abdecken zu können. Sicherlich ist die Qualität dieses Objektivtyps nicht überragend, aber die resultierenden Fotos sind selbst bei starker Vergrößerung absolut passabel. Wenn ich keine besondere Zielsetzung habe, ist meine SLR oft mit diesem Objektiv bestückt, denn damit bin ich für fast alle Situationen gut gerüstet. In der Teleeinstellung kann ich architektonische Details heranholen oder für eine flachere Perspektive sorgen. Müsste ich mich für ein einziges Objektiv entscheiden, würde meine Wahl auf dieses fallen.

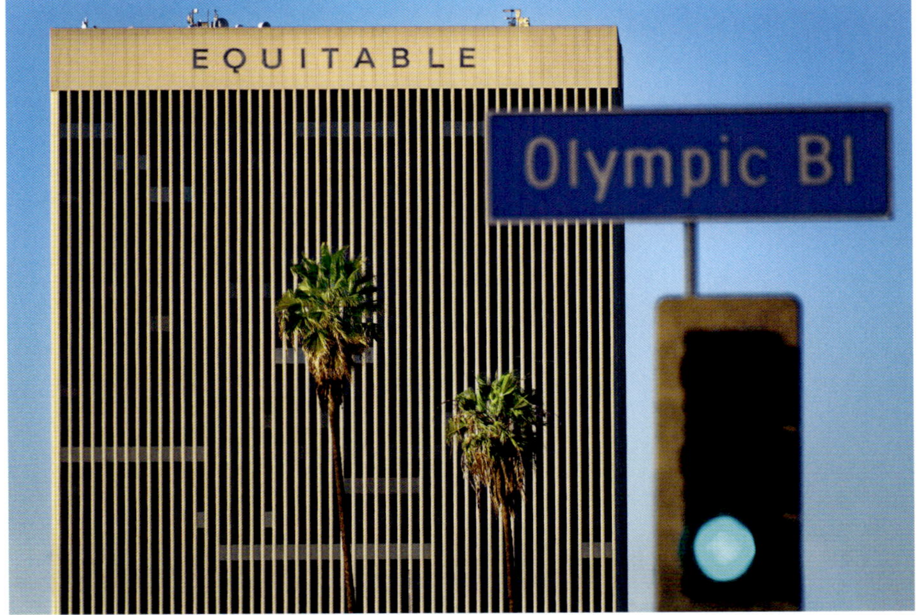

Mit einem 300 mm-Objektiv lassen sich die unterschiedlichen Bildebenen komprimieren.

- Und schließlich habe ich noch ein 11 mm-Weitwinkelobjektiv dabei. Diese Festbrennweite eignet sich für Extremsituationen und ungewöhnliche Ausschnitte. Sie ist mein persönliches Extra – müsste ich mit leichterem Gepäck reisen, würde ich dieses Objektiv als Erstes wieder auspacken.

Bei längeren Aufenthalten oder Fernreisen

In der Regel nehme ich mindestens eine Fototasche und einen Koffer mit. Dadurch habe ich genügend Platz für die Ausrüstung.

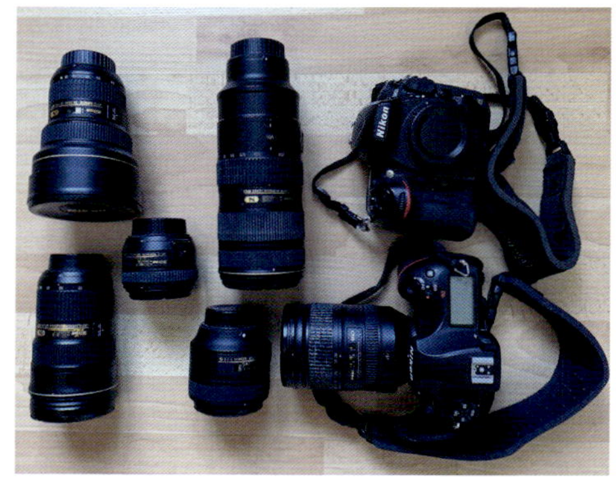

Meine schwere Ausrüstung

Hinzu kommen eine zweite DSLR (für den Fall, dass die erste ausfällt, und um das Objektiv nicht zu oft wechseln zu müssen), ein besseres Teleobjektiv, ein 70–200 mm-Objektiv f/2,8, ein lichtstarkes Ultraweitwinkelzoom (14–24 mm f/2,8), ein 50 mm f/1,4 und ein 85 mm f/1,8. Mit diesem Objektivsortiment im Gepäck bin ich wirklich für jede fotografische Situation gewappnet. In den nächsten Kapiteln werden wir uns mit den Anwendungsfällen der unterschiedlichen Optiken beschäftigen.

Diese Fotoausrüstung ist auf meine persönlichen Wünsche zugeschnitten und soll nicht als Empfehlung dienen. Denkbar ist auch das Fotografieren mit einem Smartphone, einer Kompaktkamera, einem einzigen Objektiv oder einer ganz anderen Kamera, die vielleicht an dieser Stelle gar nicht genannt wurde (z. B. mit einer analogen Mittelformatkamera). Ihre Fotoausrüstung sollte Ihrer gewohnten Arbeitsweise und Ihren kreativen Wünschen und Absichten entsprechen.

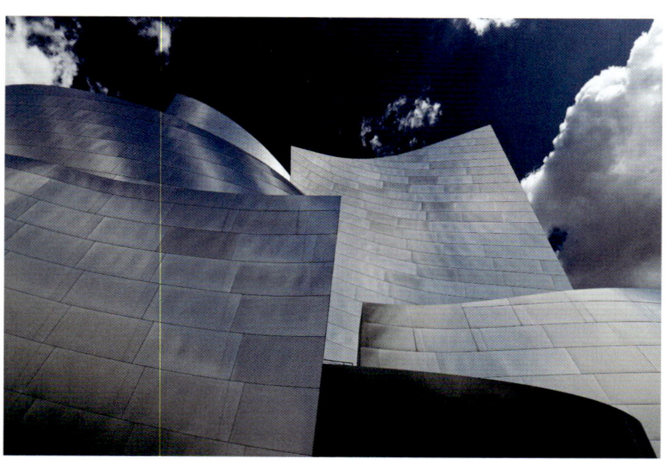

Mit einem 14 mm-Weitwinkelobjektiv erzielt man spektakuläre Ergebnisse.

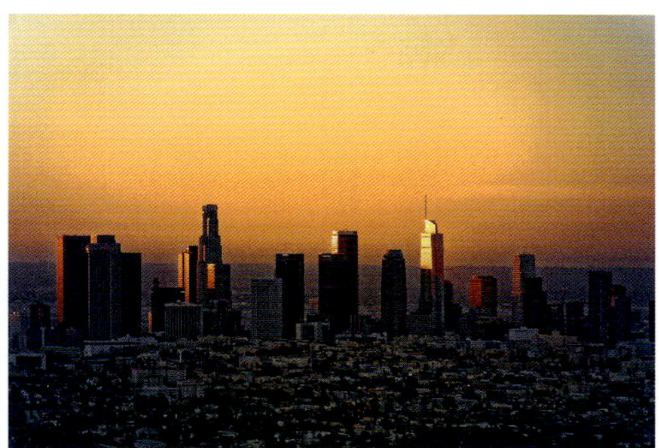

Ohne mein lichtstarkes (f/2,8) 200 mm-Tele hätte ich Los Angeles nicht aus dieser Entfernung und im schwachen Licht des Sonnenaufgangs fotografieren können.

Stative

Bei Nachtaufnahmen und Langzeitbelichtungen ist ein Stativ unerlässlich. Achtung: Die Mitnahme in einer Flugzeugkabine ist meist nicht erlaubt – ich selbst nehme nur dann ein Stativ mit, wenn ich es im Koffer verstauen kann, benutze es aber nur selten. Auf Städtereisen, bei denen auch Sightseeing auf dem Programm steht, wird ein Stativ häufig zur Last und schränkt eventuell sogar die Bewegungsfreiheit ein. Ich will Ihnen das Stativ auf keinen Fall ausreden, aber wenn Sie zu diesem Thema noch keine Meinung haben, würde ich eher davon abraten. Sie können stattdessen ein ganz kleines leichtes Ministativ wie ein Gorillapod einsetzen, wenn Sie für schwierige Situationen gerüstet sein wollen.

Eine weitere Alternative ist ein sogenanntes »Beanbag« oder »Bohnensäckchen«, ein Kamerakissen, auf das Sie die Kamera zur Stabilisierung stützen können – das ist nicht ganz dasselbe wie ein Stativ, aber immerhin. Ein solches Beanbag können Sie im Fotofachhandel kaufen oder problemlos aus einem kleinen Beutel in der Größe eines Waschlappens und Styroporkügelchen selbst herstellen. Es nimmt keinen Platz weg, wiegt nicht viel und rettet in manchen Fällen sogar die Aufnahme.

Filter

Bei Städtereisen äußerst nützlich sind Zirkularpolarisationsfilter, mit denen die in der Stadt allgegenwärtigen Spiegelungen entweder ganz beseitigt oder abgeschwächt werden können. Diese Filter wirken sich auch auf den Himmel und die Farben aus und sorgen je nach Licht und Tageszeit für eine dunklere Wiedergabe. Für mich ist ein Polfilter in der Stadt ein fast unverzichtbares Zubehör.

Das Glas von Schaufensterscheiben sieht mit und ohne Polfilter völlig anders aus, einmal durchsichtig und einmal verspiegelt.

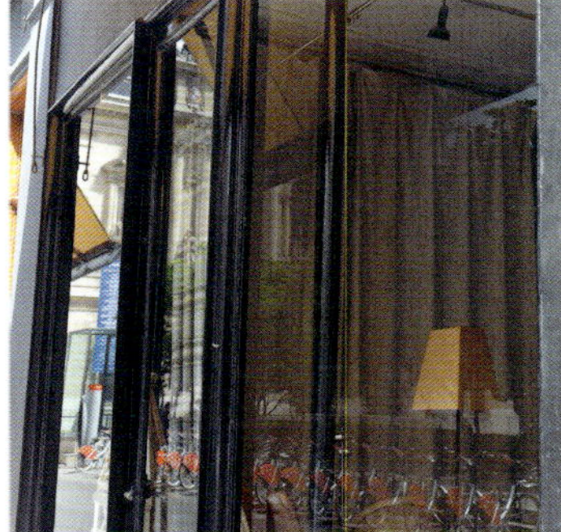

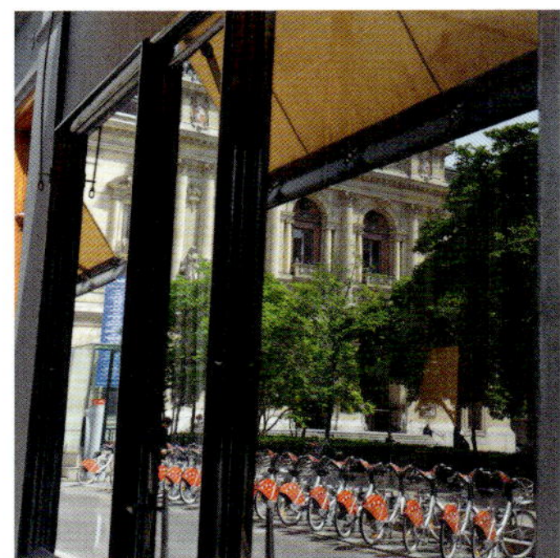

Fotos ohne und mit Auswirkung des Polfilters auf den Himmel und die Farben.

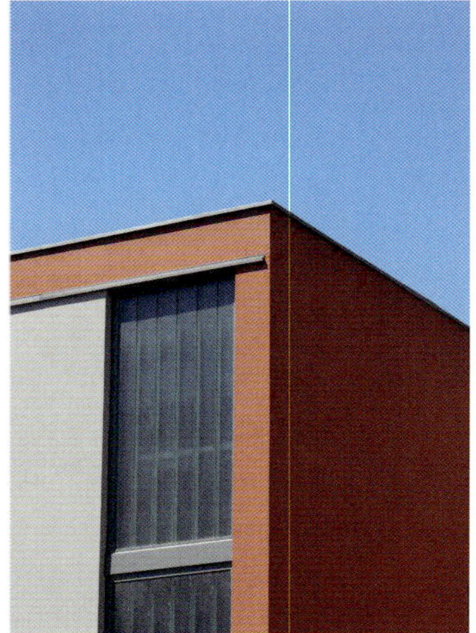

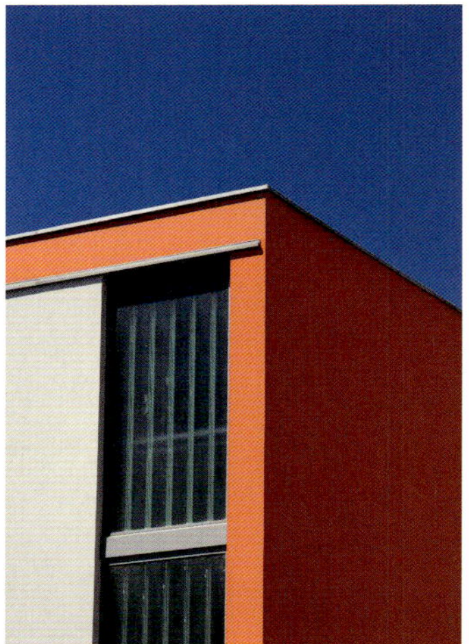

1.5 Computerausrüstung

Computer

Wenn Sie nicht darüber nachdenken müssen, wie viel Gepäck Sie mitnehmen dürfen, sollten Sie Ihren Laptop einpacken. Sie können die Fotos darauf speichern, aber auch schneller sichten und aussortieren als direkt auf dem Kameramonitor. Auch eine Analyse der Aufnahmen ist möglich, um vielleicht zum Aufnahmeort zurückzukehren und den einen oder anderen Aspekt zu verbessern – das habe ich auch schon gemacht. Außerdem kann man bereits mit der Nachbearbeitung bestimmter Bilder beginnen und die Fotos online abspeichern, falls gewünscht.

Auf Kurzreisen ist der Laptop jedoch nicht unbedingt vonnöten.

Externe Festplatte

Nach der Übertragung auf den Laptop können Sie die Bilder nun auch noch auf einer oder mehreren externen Festplatten speichern. So mache ich es in der Regel. Wenn die Aufnahmen auf diese Weise gesichert werden, kann man Bilder von der Speicherkarte löschen.

Das ist ein wichtiger Punkt, denn man nimmt (eigentlich immer) viel mehr Bilder auf als anfangs gedacht! In der heutigen Zeit ist Speicherkapazität sehr erschwinglich. Sie finden sicherlich eine angemessene Lösung. Ich selbst habe immer zwei kleine externe SSD-Festplatten mit jeweils 500 GB dabei. Das ist zwar eine etwas teurere Anschaffung, aber die Schnelligkeit und die Benutzerfreundlichkeit dieser kompakten Geräte ist das Geld wert.

Speicherkarten

Wenn Sie weder eine externe Festplatte noch einen Laptop mitnehmen möchten, dann sollten Sie sich einen Vorrat an Speicherkarten zur Sicherung Ihrer Fotos zulegen. Kaufen Sie lieber mehrere Karten mit mittlerer als wenige mit großer Speicherkapazität: Wenn dann eine Karte ausfällt oder verloren geht, halten Sie den Schaden in Grenzen.

Falls Sie sich jedoch für eine andere Speicherlösung entschieden haben, sollten Sie die Karten nur für die Aufnahme verwenden. Ich wiederhole mich: Speicherkarten sollten nur dann als Speichermedium dienen, wenn Sie gar keine andere Möglichkeit haben. Zugegeben: Die Karten sind klein und leicht, aber das Risiko des Verlusts oder der Beschädigung ist einfach zu hoch.

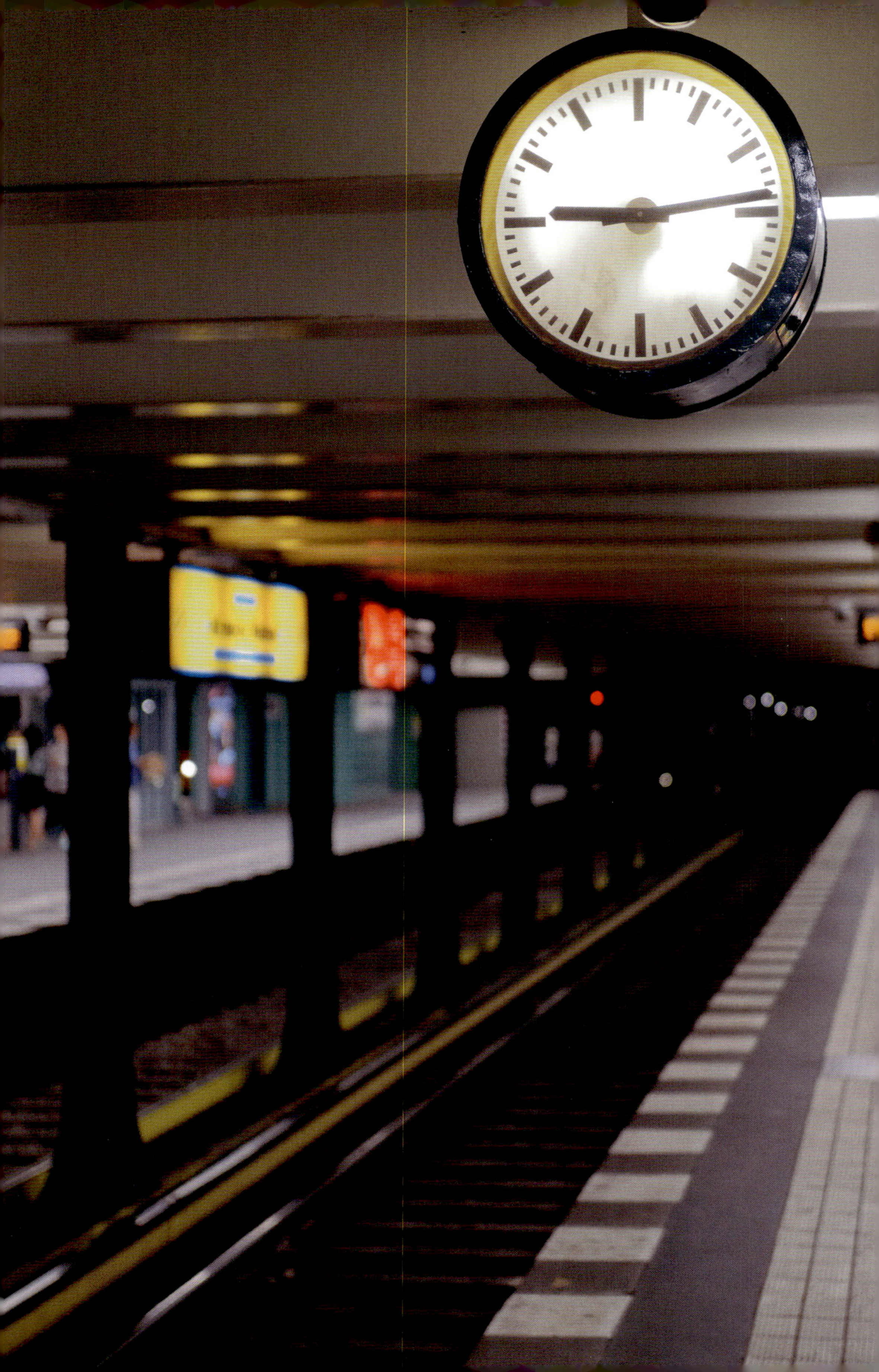

2

Organisation vor Ort

Nachdem Sie Ihren Städtetrip wochen- oder sogar monatelang geplant und sich darauf gefreut haben, sind Sie nun endlich für ein paar Stunden, eine Woche oder noch länger vor Ort. Sie können es kaum abwarten, die Stadt, die nun vor Ihnen liegt, zu erkunden und zu fotografieren.

Zu den eigentlichen Aufnahmen kommen wir später. In diesem Kapitel soll es zunächst um einige organisatorische Aspekte gehen, damit Ihr Fototrip ein voller Erfolg wird.

2.1 Endlich am Ziel

Außer auf Kurzreisen gehe ich immer zuerst in meine Unterkunft und stelle dort meine Sachen ab. Dann nehme ich mir meine Fotoausrüstung und mache mich auf den Weg. Da ich die Reise gut vorbereitet habe (siehe Kapitel 1), besorge ich mir gleich am Flughafen oder Bahnhof einen Linienplan der öffentlichen Verkehrsmittel (wenn ich ihn nicht schon im Internet gekauft habe) oder miete ein Auto.

Natürlich habe ich diese ersten Stunden (oder den ersten Tag bei längeren Aufenthalten) gut organisiert. Meist fotografiere ich zunächst die Sehenswürdigkeiten, denn wenn sie »sehenswürdig« sind, dann hat das zumeist seinen Grund. Im Anschluss daran nehme ich mir Zeit, um in aller Ruhe und ohne Ziel mit der Kamera durch die Straßen zu bummeln. Auf einem Stadtplan habe ich mir bereits die Orte markiert, die ich zuerst besuchen möchte – diese Gedächtnisstütze ist extrem wichtig, auch wenn ich mich nur einen halben Tag vor Ort aufhalte.

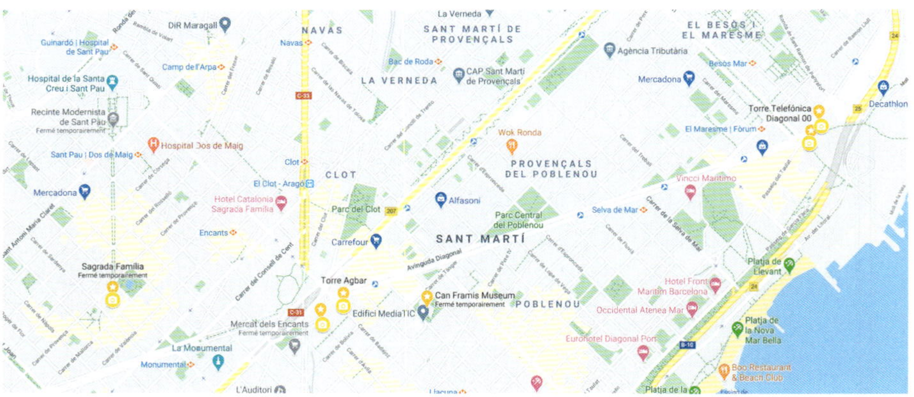

Das ehrgeizige, aber machbare Programm an meinem ersten halben Tag in Barcelona (mein Aufenthalt dauerte zweieinhalb Tage): Die gelben Kameras bezeichnen die Orte, die ich besuchen wollte. (Am Ende dauerte das Ganze aber doch etwas länger als geplant, weil ich zu Fuß unterwegs war.)

Die exakte Dauer der ersten Besichtigungen vorherzusagen, ist schwierig: Selbst wenn man die Entfernungen laut Stadtplan ungefähr abschätzen kann, kennt man das Tempo der Stadt noch nicht. Manchmal hat man das Programm des ersten Tages schon nach ein paar Stunden abgearbeitet, während man an anderen Tagen wiederum nur einen Teil schafft. In den ersten Stunden können Sie den weiteren Ablauf optimieren und Ihr Programm verfeinern. Solche Anpassungen nimmt man am besten in der ersten Mittagspause oder am ersten Abend vor.

2.2 Der Tagesablauf

Früh aufstehen

Grundsätzlich sollte man auf einer fotografischen Städtereise früh aufstehen, denn das hat viele Vorteile:

- Die Zeitumstellung wird ausgenutzt (oder die Folgen werden gemildert).
- Man geht auf Entdeckungstour durch eine noch schlafende und relativ menschenleere Stadt – die Stimmung, das Licht, die Geräusche und die Gerüche sind am frühen Morgen einzigartig, egal, wo man ist.
- Man kann in aller Ruhe fotografieren, ohne die Einwohner zu stören, und ungewöhnliche Aufnahmen von Menschen machen, die schon am frühen Morgen arbeiten.
- Da die Touristen noch im Bett liegen, bieten sich jetzt Aufnahmen von sonst überlaufenen Sehenswürdigkeiten an.
- Das Licht bei Sonnenaufgang wird ohne die Luftverschmutzung des Tages viel weniger gestreut als bei Sonnenuntergang. Die frühe Morgenstunde gehört daher zu den besten Zeiten für das Fotografieren von Stadtlandschaften.
- Mit fortschreitender Stunde verändern sich die Schatten – diese Schattenspiele lassen sich spektakulär ins Bild setzen.

Fotos, die am frühen Morgen entstehen, wirken meist sehr friedlich, weil die Stadt noch ruhig ist und auch Sie selbst noch nicht lange wach sind. Ihr fotografischer Ansatz wird daher anders sein als später am Tag. Sicherlich wollen Sie manchmal lieber liegen bleiben. Das unbeschreibliche Gefühl, die Stadt ganz für sich zu haben, wird jedoch auf Ihren Bildern zum Ausdruck kommen.

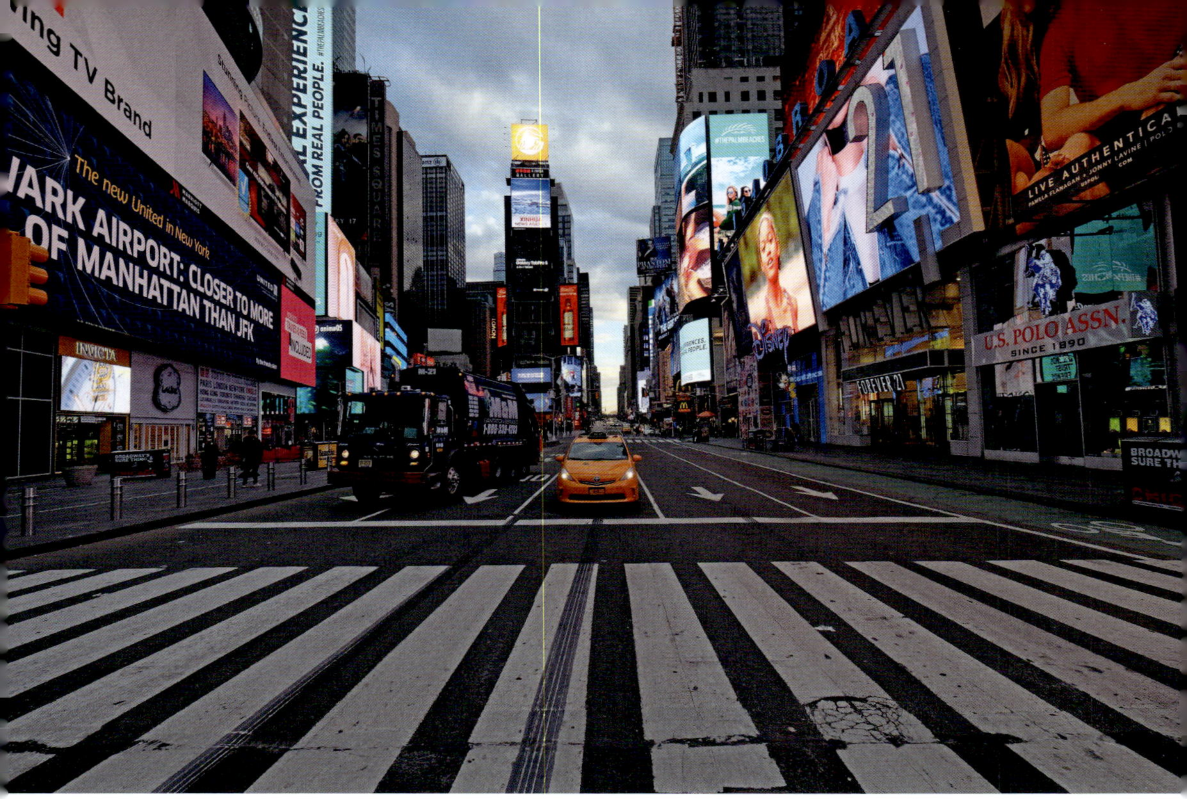

Frühmorgens am Time Square in New York, wo es zu anderen Zeiten nur so von Menschen wimmelt. Ein ganz besonderer Augenblick, den ich nie vergessen werde. Ich verwendete ein Ultraweitwinkelobjektiv und blendete ab, allerdings nur leicht, um die Schärfentiefe zu erhöhen und die Leuchtreklamen trotzdem noch mit einer relativ schnellen Belichtungszeit einzufrieren.

Fujifilm X-Pro2, XF 10–24 mm F4 R OIS, 10 mm (entspricht 15 mm KB), 1/150 s, f/6,4, 400 ISO

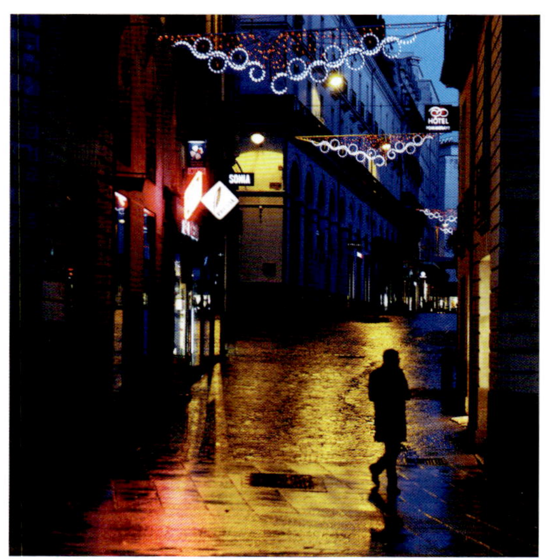

Nantes am Morgen, um die Weihnachtszeit herum. Dank der farbigen Lichtreflexe auf dem nassen Bürgersteig in Kombination mit der einsamen Silhouette konnte diese besondere Stimmung gegen Ende der Nacht perfekt wiedergegeben werden.

Nikon D800, 24–70 mm f/2,8, 60 mm, 1/60 s, f/2,8, 1600 ISO

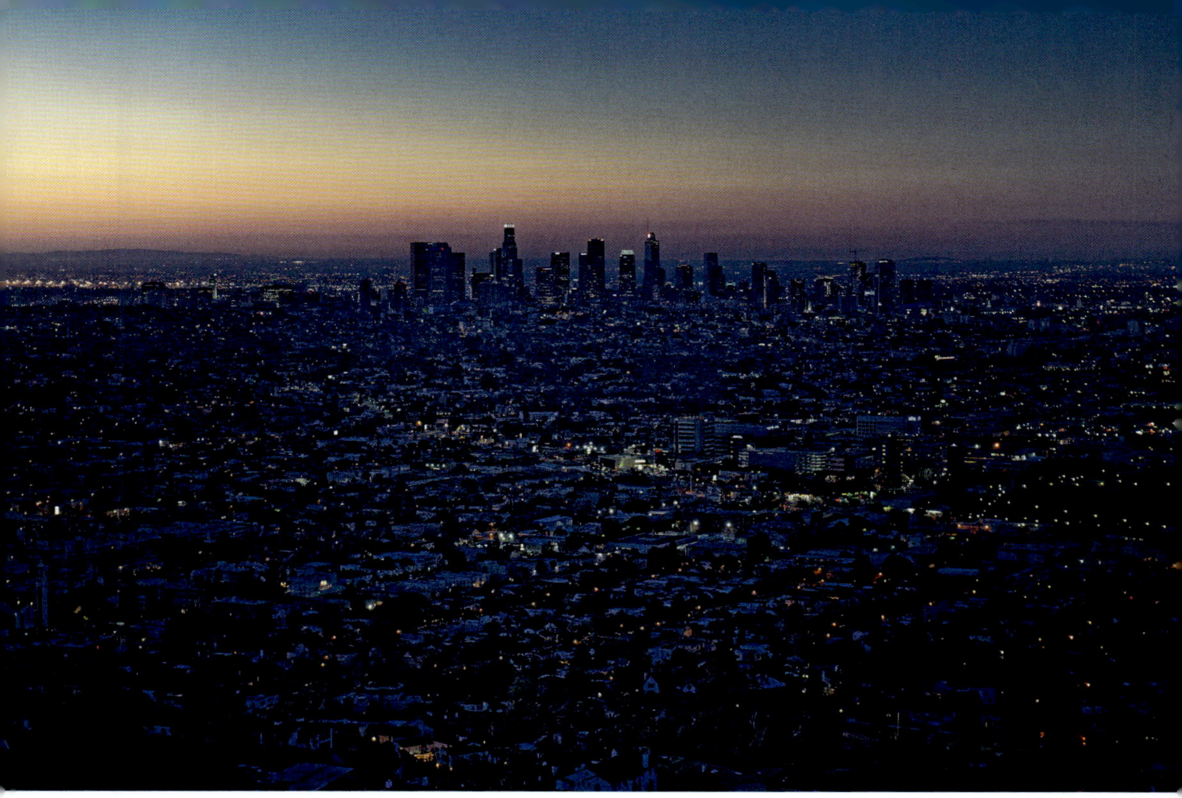

Ich war um 5 Uhr aufgestanden, um quer durch die unbekannte Stadt zu diesem berühmten und spektakulären Aussichtspunkt (Griffith Observatory) zu fahren. Aber die Mühe hat sich gelohnt: wenige Menschen, klare Luft (noch keine Luftverschmutzung), unter mir die noch schlafende Stadt und ein atemberaubendes Farbspektakel. Ohne Stativ musste ich eine sehr hohe Empfindlichkeit einstellen, damit die Belichtungszeit nicht zu lang wurde. Ich blendete außerdem etwas ab, um die Lichtpunkte nicht zu unscharf wiederzugeben.

Nikon D850, 24–70 mm f/2,8, 70 mm, 1/160 s, f/4,5, 6400 ISO

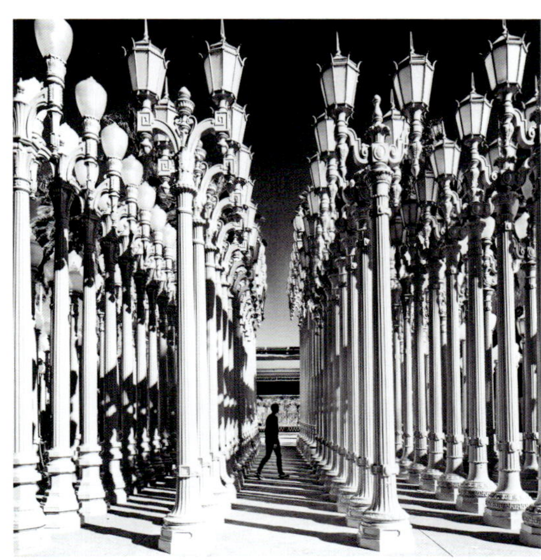

Urban Lights. Diese Kunstinstallation von Chris Burden in der Nähe des Museums LACMA in Los Angeles ist total überlaufen, aber sehr fotogen. Tagsüber oder nachts im Laternenlicht drängen sich hier die Menschenmassen. Dieses Foto entstand früh am Morgen, noch bevor die Museen und Geschäfte öffneten.

Nikon D850, 14–24 mm f/2,8, 14 mm, 1/250 s, f/8, 100 ISO

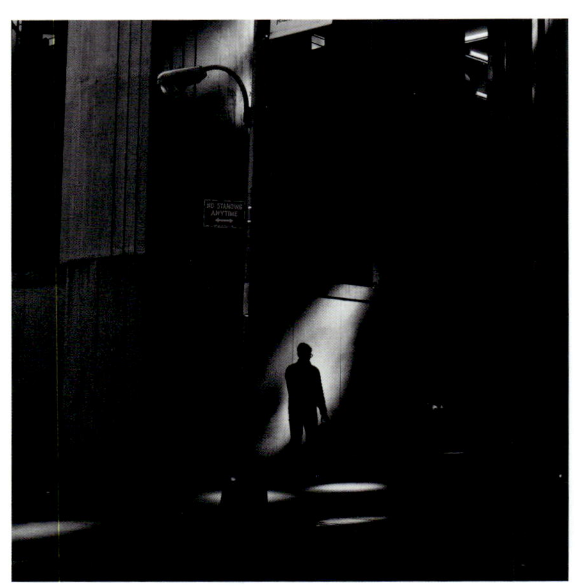

Dunkle Schatten und ein paar Lichtinseln erlaubten mir, die wenigen Menschen am frühen Morgen als Silhouetten wiederzugeben. In New York gibt es immer wieder mal solche Lichtverhältnisse. Indem ich bei mittenbetonter Integralmessung auf die hellen Bereiche belichtete, gelang mir eine gute Belichtung und eine gute Silhouette. In den Schatten blieb auch noch etwas Zeichnung erhalten.

Nikon D800, 28–300 mm, 50 mm, 1/100 s, f/5, 100 ISO

2.3 Spät heimkommen

In manchen Städten sind die »Großstadtlichter« eine Sehenswürdigkeit für sich. Fotografieren kann man sie, indem man entweder durch die lebendigen, pulsierenden Straßen flaniert (Neonschilder und andere Nachtschwärmer bieten schier unerschöpfliche Motive) oder die Stadt von oben in ihrer ganzen magischen Pracht ins Visier nimmt.

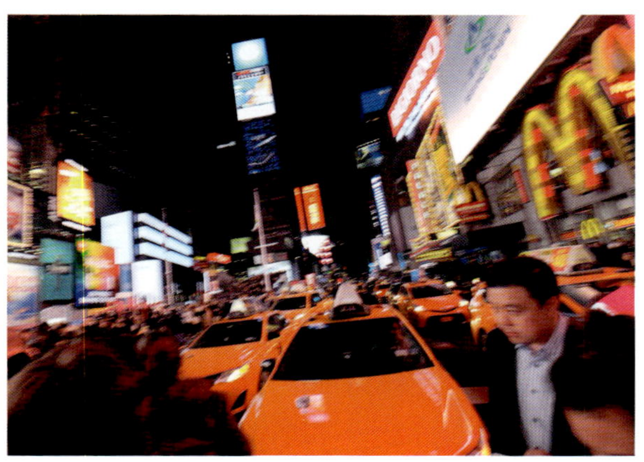

Die Atmosphäre auf diesem Bild ist das genaue Gegenteil von der Stimmung am frühen Morgen auf Seite 54. Ich nahm das Foto absichtlich im Gehen auf, denn mithilfe der Unschärfe wollte ich das Gewimmel und die unglaubliche Energie am nächtlichen Times Square zum Ausdruck bringen.

Fujifilm X-Pro2, XF 10–24 mm F4 R OIS, 10 mm (entspricht 15 mm KB), 1/40 s, f/4, 400 ISO

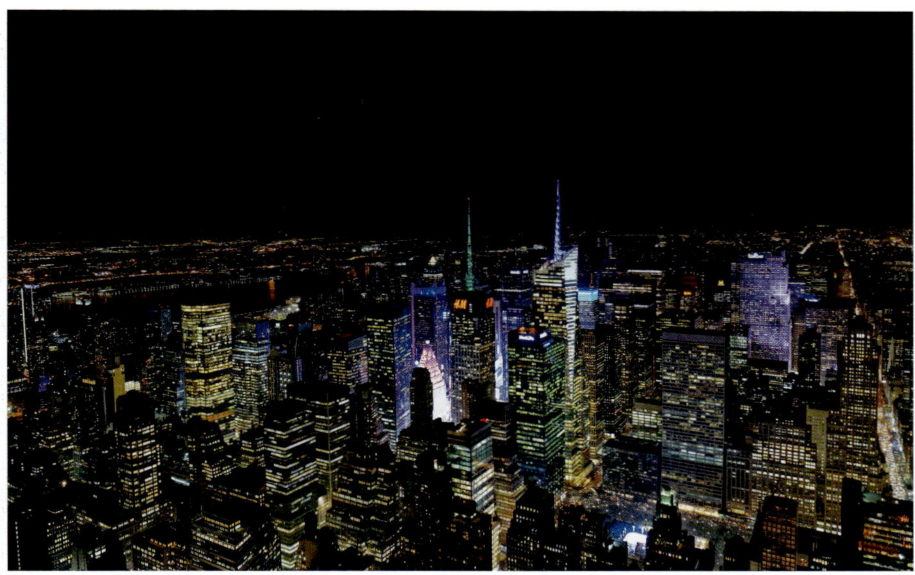

Eine konventionelle, aber immer wieder beeindruckende Ansicht von New York vom Empire State Building aus. Da es dort immer voll ist, sind Stative verboten. Um die Lichtpunkte scharf abzubilden, stellte ich trotzdem nicht die größte Blende (f/2,8) ein. Ich ging auch nicht höher als 1600 ISO. Das ist bei der Nikon D800 die maximale Empfindlichkeit, wenn man in dieser Situation das digitale Rauschen auf ein Minimum reduzieren will. Ich stützte die Kamera aufgrund der Belichtungszeit von 1/8 s auf dem Geländer ab, musste aber trotzdem fünf oder sechs Mal auslösen, bis ich ein wirklich scharfes Foto im Kasten hatte. Damit sich die Lichter gut vom dunklen Hintergrund abhoben, reduzierte ich die Belichtung um 2/3 Blendenstufe.

Nikon D800, 24–70 mm f/2,8, 24 mm, 1/8 s, f/4, 1600 ISO

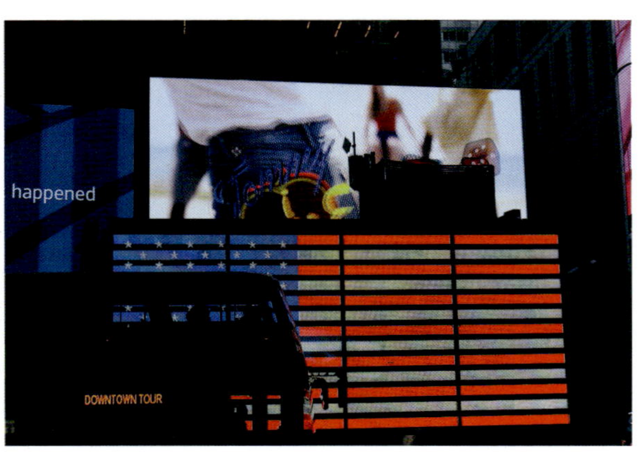

Erkunden Sie eine Stadt bei Nacht, indem Sie mithilfe der Beleuchtung Silhouetten erzeugen oder Szenen in einen größeren Kontext stellen.

Nikon D800, 28–300 mm, 60 mm, 1/60 s, f/7,1, 200 ISO

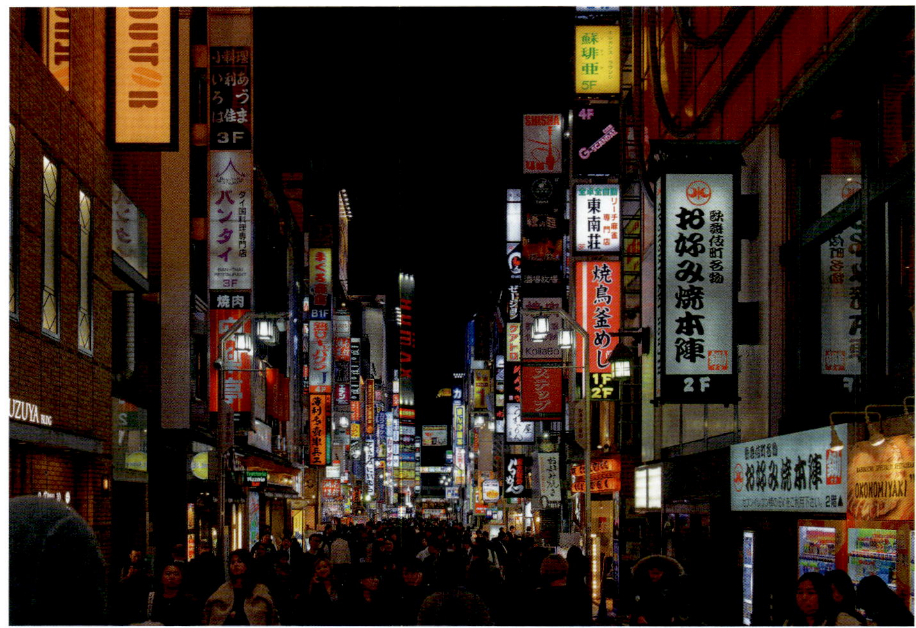

Manche Viertel von Tokio strotzen nachts nur so vor bunten Lichtern, Menschen, Lärm und Energie. Da die Menschen scharf abgebildet werden sollten, stellte ich eine relativ kurze Belichtungszeit und eine Blende ein, die für eine große Schärfentiefe sorgte. Das Umgebungslicht der Leuchtreklamen war unglaublich hell. Damit die nächtliche Stimmung erhalten blieb, musste ich um 2/3 Blendenstufe unterbelichten.

Nikon D850, 24–70 mm f/2,8, 35 mm, 1/80 s, f/6,3, 1600 ISO

Auch in der Großstadt ist das Farbenspiel des Sonnenauf- und Sonnenuntergangs ein lohnendes Motiv. Die schwankende Helligkeit und der Farbwechsel am Ende des Tages eignen sich besonders gut für Architekturaufnahmen. An nicht ganz so belebten Orten haben Sie die Möglichkeit, ähnlich ruhige Szenen einzufangen wie am frühen Morgen, nur mit einer ganz anderen Energie.

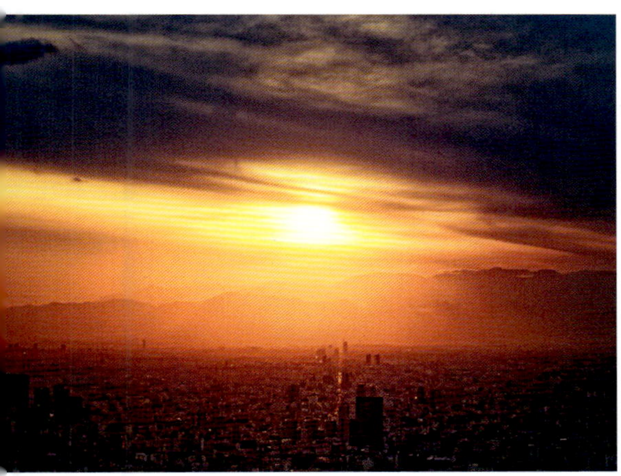

Manchmal fährt man besser schon vor Einbruch der Nacht zu einem hoch gelegenen Aussichtspunkt, wie hier in Tokio. Die Sonne war nach einem trüben Tag doch noch einmal durch die Wolken gebrochen und hatte eine besondere Atmosphäre erzeugt. Ganz anders ist die Stimmung, wenn die Lichter der Stadt angehen.

Nikon D850, 28–300 mm, 120 mm, 1/250 s, f/8, 1250 ISO

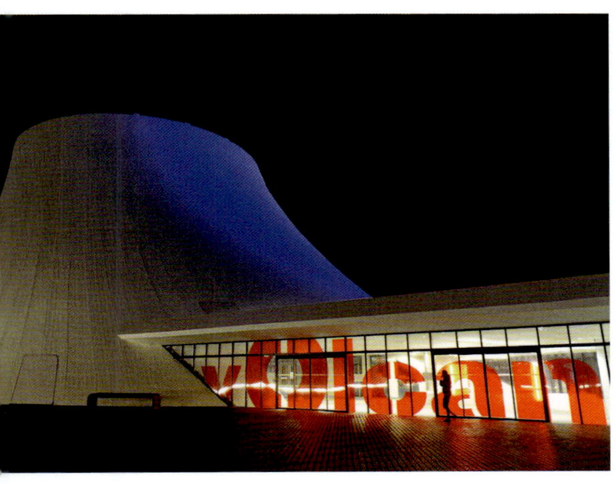

Im künstlichen Licht sehen Gebäude oft ganz anders aus. Das Gebäude Le Volcan (Architekt: Oscar Niemeyer) in Le Havre wird teilweise blau angestrahlt. Zur Bildgestaltung nutzte ich auch den Vorbau und die roten, von hinten beleuchteten Buchstaben. Dank dieser Beleuchtung kam auch die verschwommene Silhouette rechts zur Geltung.

Nikon D800, 24–70 mm f/2,8, 24 mm, 1/25 s, f/2,8, 2000 ISO

Am Abend ist die Luft nicht mehr so klar. Viele kleine Staubteilchen streuen das Licht und sorgen für grandiose Farbenspiele, die fotografisch einiges hergeben. Indem ich auf den Himmel belichtete, konnte ich hier die Farben verstärken und die Bereiche im Schatten dunkel wiedergeben. Gleichzeitig traten die Gebäudeteile besser zum Vorschein, die vom letzten Sonnenlicht angestrahlt wurden.

Nikon D800, 24–70 mm f/2,8, 70 mm, 1/100 s, f/8, 100 ISO

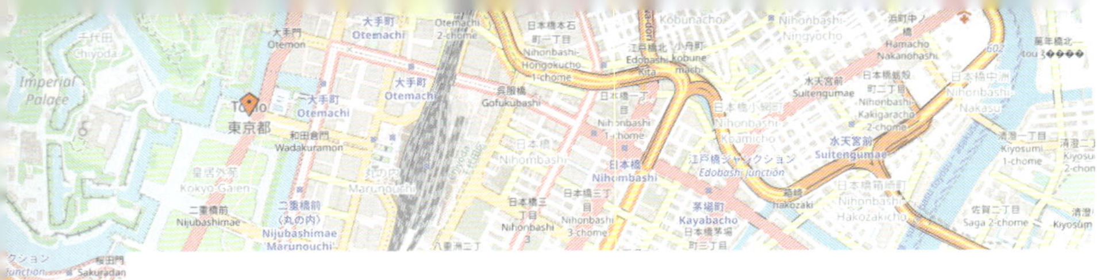

Wie schon im ersten Kapitel erwähnt, bin ich kein großer Fan von Stativen. Das kann bei schwierigen Lichtverhältnissen zum Problem werden. Es gibt allerdings ein paar hilfreiche Tricks. Entweder sucht man sich eine Unterlage (perfekt wäre ein Beanbag, denn es dämpft die fast unvermeidbaren Erschütterungen bei einer auf Metall abgestellten Kamera) oder einen Pfosten o. Ä., um die Ausrüstung abzustützen und Kamerabewegungen so gut wie möglich zu vermeiden.

Ich habe immer ein Gorillapod (flexibles Ministativ) dabei, das zwar für sich allein wenig hilfreich ist, aber fest mit einer anderen Stütze verbunden werden kann. In anderen Fällen versuche ich, mich gegen eine Mauer oder eine Wand zu lehnen. Wenn das alles nicht möglich ist, stelle ich die Serienbildfunktion meiner Kamera ein und hoffe, dass wenigstens ein oder zwei einigermaßen scharfe Fotos dabei herauskommen. Man könnte natürlich argumentieren, dass ich mit einem Stativ auf der sicheren Seite wäre. Dagegen allerdings spricht, dass man den ganzen Tag die schwere Ausrüstung mitschleppen muss. Wenn man 10 oder 12 Stunden durch die Stadt gelaufen ist, ist man für jedes schwere Teil dankbar, das man zu Hause gelassen hat! Außerdem ist die Verwendung eines Stativs an vielen Orten sowieso verboten.

Es gibt noch einen weiteren wichtigen Tipp für das Fotografieren bei schwachem Licht: Damit ein Foto scharf wird, geht man normalerweise davon aus, dass die längste Verschlusszeit dem Kehrwert der Brennweite entsprechen muss (z. B. 1/30 s bei 30 mm oder 1/200 s bei 200 mm). Diese Formel kann Ihnen in Situationen helfen, in denen lange Belichtungszeiten nützlich wären.

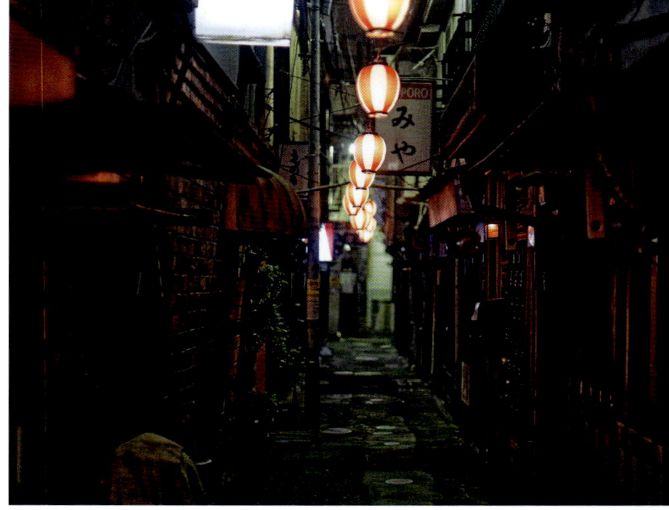

Dieses Gässchen in Tokio liegt zwar im brodelnden Stadtteil Shibuya, war aber menschenleer. Zur Reduzierung der Schärfentiefe und Verstärkung der Tiefenwirkung fotografierte ich mit meinem 50 mm-Objektiv bei größter Öffnung. Die Atmosphäre ist nachts selbst in einer so unbelebten Straße nicht dieselbe wie am frühen Morgen.

Nikon D850, 50 mm f/1,4, 50 mm, 1/100 s, f/1,4, 640 ISO

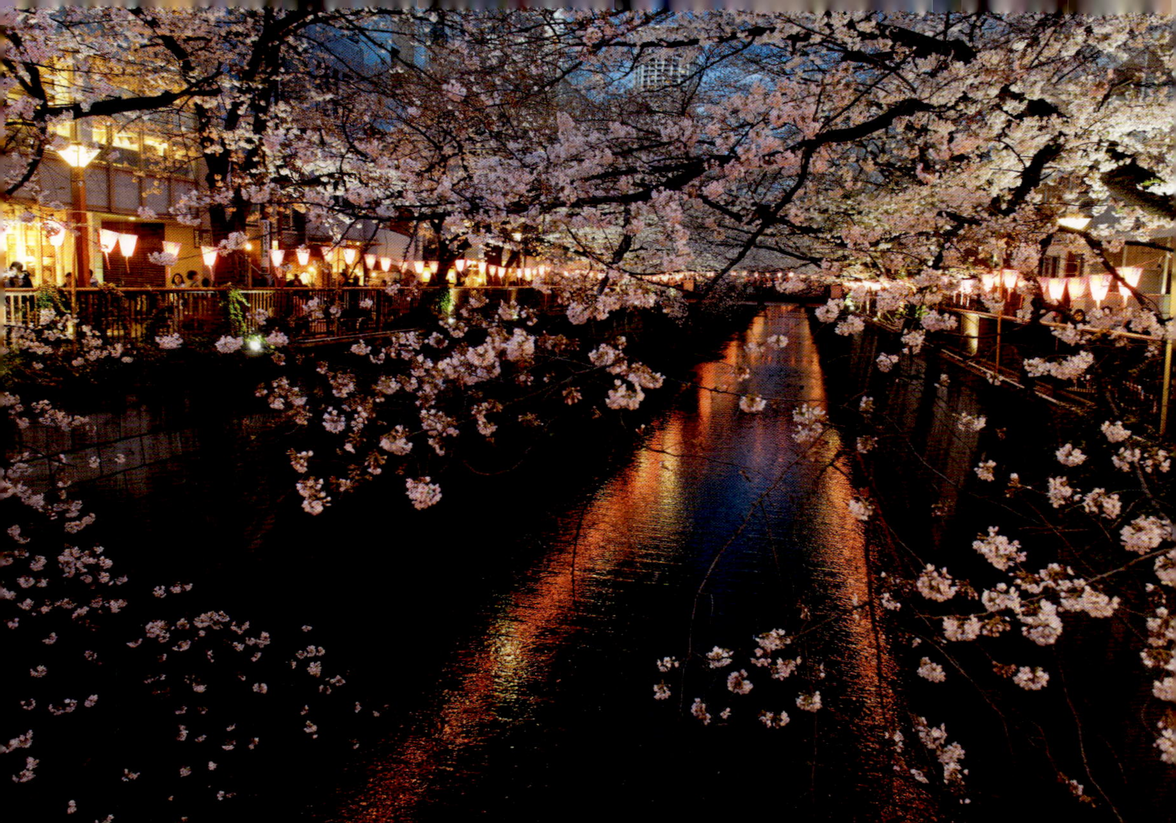

Manche Orte oder Szenen entfalten erst bei Nacht ihr ganzes Potenzial. Diese Ansicht der Kirschblüte vor dem Fluss Meguro im Tokioter Viertel Nakameguro wirkt nur bei Nacht so spektakulär, wenn die rosafarbenen Blüten und ihre Spiegelungen im Wasser ein buntes Feuerwerk bilden. Ein Stativ wäre unpraktisch gewesen, weil sich die Menschen an den Aussichtspunkten auf den kleinen Brücken drängelten. Ich hatte bei 30 mm eine normale Verschlusszeit und Blende f/5 ausgewählt, um eine gute Schärfentiefe und eine für meine Kamera akzeptable Empfindlichkeit zu erhalten.

Nikon D850, 24–70 mm f/2,8, 30 mm, 1/40 s, f/5, 3200 ISO

Vor dem Schlafengehen

Nach der Heimkehr am Abend markiere ich zuallererst die an diesem Tag besuchten Orte auf meiner Karte. Dazu verändere ich entweder die Symbole oder ihre Farben. Anschließend notiere ich mir kurz Ort, Stimmung, kleine Geschichten in einem Notizbuch, sind doch am gleichen Abend die Erinnerungen noch frisch. Nach der Reise macht es nicht nur Spaß, in diesen Aufzeichnungen zu schmökern, sondern sie bieten auch wichtige Anhaltspunkte zur Aufnahme selbst und sind bei Reisen mit einer Dauer von vier Tagen und mehr unerlässlich.

Wenn ich den Laptop dabeihabe, übertrage ich jeden Abend meine Fotos von der Speicherkarte der Kamera auf den Computer und zusätzlich noch auf eine externe Festplatte (eine sehr leichte kleine SSD-Platte). Wenn meine Bilder so gut gesichert sind, kann ich ruhig schlafen und verliere bei Problemen garantiert keine Fotos. (Die Sicherung in der Cloud ist aufgrund der auf Reisen zur Verfügung stehenden Internetkapazitäten meist nicht möglich. Falls doch, ist dies ebenfalls eine gute Speichermöglichkeit.) Ich erstelle für jeden Tag einen Ordner, z.B. »Barcelona Tag A«, »Barcelona Tag B« usw., treffe aber während der Reise keine Auswahl und erstelle keine thematischen Ordner – das kann warten, bis ich wieder zu Hause bin.

Wenn das erledigt ist, mache ich mich mithilfe meiner Karten und Notizen an die Organisation des nächsten Tages. Je nachdem, wie das Wetter wird, was ich noch erledigen möchte oder was ich unterwegs gesehen habe und unbedingt fotografieren will, passe ich mein Programm an. Ich markiere die Orte, die ich besuchen möchte, mit Symbolen oder Farben und lese dann im Reiseführer oder im Internet touristische Informationen darüber. All das müssen Sie natürlich nicht unbedingt am Abend erledigen, vor allem, wenn Sie aufgrund der Zeitverschiebung vielleicht früh einschlafen und wieder aufwachen. Aber auch ohne Jetlag möchten Sie womöglich Ihr Tagesprogramm lieber morgens planen. Bedenken Sie aber, dass Sie dann Gefahr laufen, kostbare Zeit zum Fotografieren und Sightseeing zu verlieren.

Vergessen Sie außerdem nicht, abends Ihr Smartphone und Ihre Kameraakkus aufzuladen und Platz auf Ihren Speicherkarten zu schaffen. Packen Sie die Fotoausrüstung für den nächsten Tag bereits am Vorabend in die Tasche. Wenn Sie die Atmosphäre in einem quirligen Stadtviertel erkunden und ein wenig durch die Straßen schlendern möchten, dann müssen Sie wahrscheinlich kein Stativ, kein Ultraweitwinkelobjektiv und kein Tele mitnehmen. Auch der Wetterbericht ist wichtig.

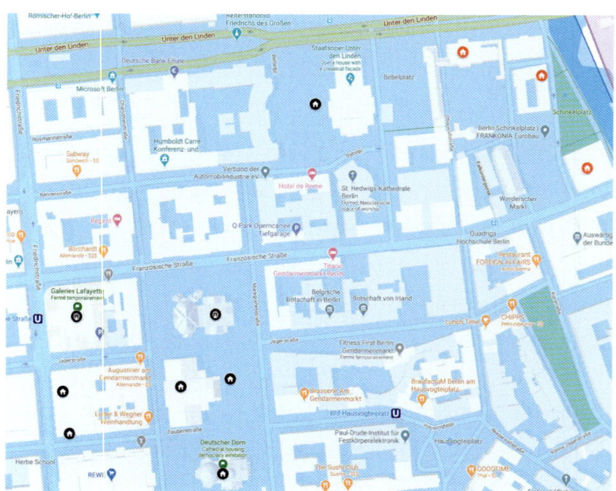

Auf dieser Karte von Berlin habe ich die bereits besuchten Orte schwarz gekennzeichnet und die Schauplätze, die ich zwar anvisiert, aber nicht besucht habe, rot gelassen. So hätte ich gegebenenfalls problemlos zurückkehren können.

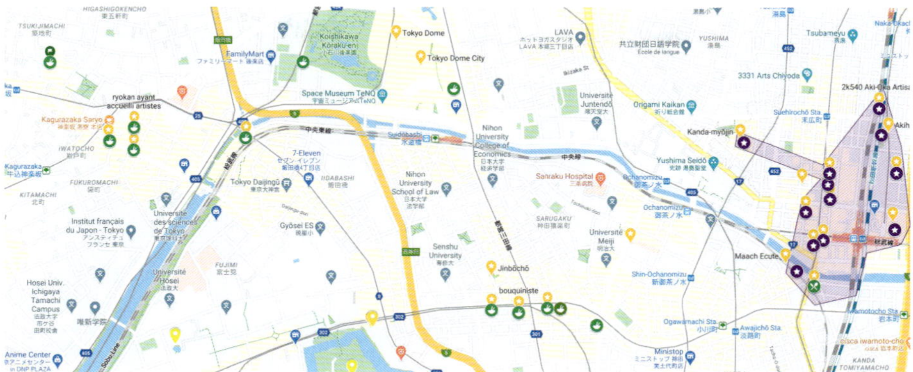

Markierung der Orte, die ich an zwei Tagen in Tokio besuchen wollte (mit grünen Reisschälchen oder violetten Sternchen). Anfangs sahen alle Orte gleich aus; nach und nach passte ich die Anzeige bei dieser etwas längeren Reise an.

2.4 Die Mitreisenden

Eine Frage, die bei meinen Vorträgen oder Workshops zur Städtefotografie häufig auftaucht, bezieht sich auf die Menschen, die bei einem Fototrip dabei sind, also auf die Familie oder allgemeiner formuliert: die Mitreisenden. »Wie kann man auf der Reise das Fotografieren und die Familie unter einen Hut bringen?«

Am einfachsten wäre es natürlich, sich ihrer zu entledigen, aber Spaß beiseite. Zu diesem Thema habe ich im Laufe meiner eigenen Reisen ein paar Strategien entwickelt. Keine davon ist wissenschaftlich, allgemeingültig oder ein Erfolgsgarant.

Pausen machen

Als Faustregel sollte man natürlich mit den geeigneten Menschen verreisen. Aber selbst wenn Ihre Mitreisenden mit Engelsgeduld und außergewöhnlich viel Verständnis ausgestattet sind, wird es immer einen Moment geben, in dem sie vom Fotografen genervt sind, entweder, weil sie keine Lust mehr haben, zu warten oder ihm hinterherzulaufen, oder weil die fotografierten Schauplätze für normale Touristen sterbenslangweilig sind. Selbst wenn Sie mit anderen Fotografen unterwegs sind, werden sich Tempo und Vorlieben doch unterscheiden, was unvermeidlich zu kleinen Spannungen führt.

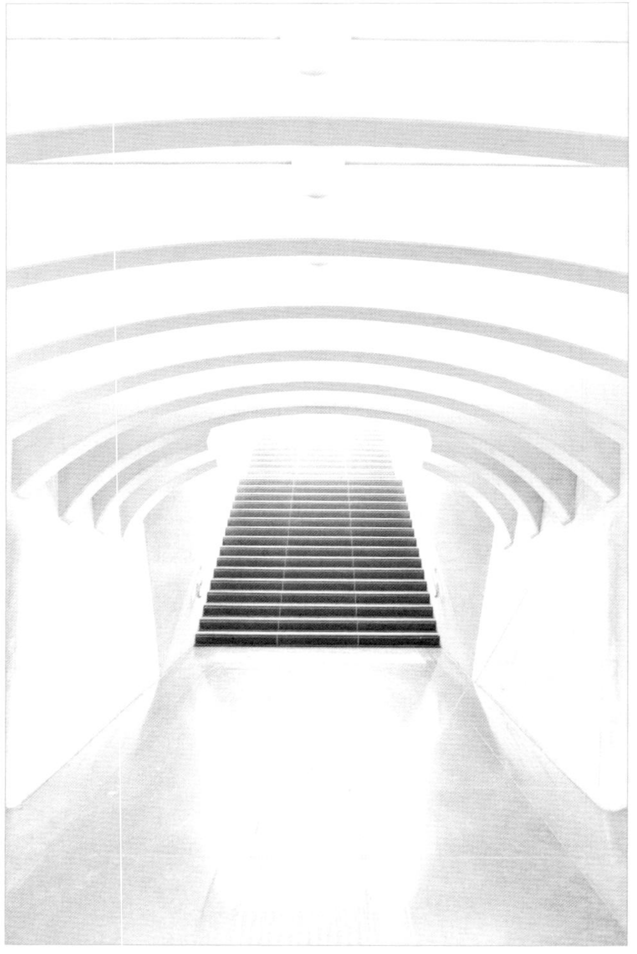

Bei einem Städtetrip nach Brüssel/Lüttich hatte ich einen Besuch des Bahnhofs Liège-Guillemins in Lüttich geplant (entworfen von einem meiner Lieblingsarchitekten, Santiago Calatrava). Es war bitterkalt. Ich handelte mit meiner Familie aus, dass sie im Warmen warteten, während ich fotografierte. Im Gegenzug versprach ich, sie für den Rest des Tages nicht mehr mit meinen Aufnahmen zu langweilen.

Damit alle etwas von der Reise haben und die Atmosphäre entspannt bleibt, sollten Sie sich ab und zu eine Fotopause gönnen. Machen Sie zu diesen Zeiten allenfalls Erinnerungsschnappschüsse – aber bitten Sie Ihre Mitreisenden um etwas Zeit, sobald ein Schauplatz wirklich vielversprechend wirkt! Nichts ist für die Mitreisenden schlimmer als ein Fotograf, der ständig stehen bleibt, die Straßenseite wechselt oder wieder umkehrt. Lassen Sie das lieber bleiben, denn dann haben Sie eine bessere Verhandlungsgrundlage, wenn es wirklich darauf ankommt. Ich selbst mache keine guten Bilder, wenn ich unter Druck stehe. Eine solche Situation akzeptiere ich dann einfach und beschränke mich auf Fotos fürs Familienalbum – das ist ja immerhin etwas.

Die richtige Dosis

Allgemein ist es besser, seinen Mitreisenden kurz, aber heftig auf die Nerven zu gehen als ständig ein bisschen! Manchmal müssen Sie bestimmte Fotoprojekte auch einfach ad acta legen und sich stattdessen andere vornehmen. Die Diskussionen darüber könnten sonst schnell eskalieren – der Fotograf muss lernen, auf bestimmte Dinge zu verzichten.

Zeit allein verbringen

Wenn man beim Fotografieren niemanden stören will, dann zieht man am besten alleine los. Dazu gibt es mehrere Möglichkeiten:

1. Beispielsweise kann man früher aufstehen als die Mitreisenden, was ich häufig mache. Meine Frau weiß Bescheid, dass ich nicht da bin, wenn sie aufwacht. Ich verspreche ihr allerdings immer, spätestens Punkt ein Uhr zurück zu sein. Dann brechen wir gemeinsam auf, um die Stadt zu besichtigen. So kommt auch der touristische Teil der Reise nicht zu kurz.

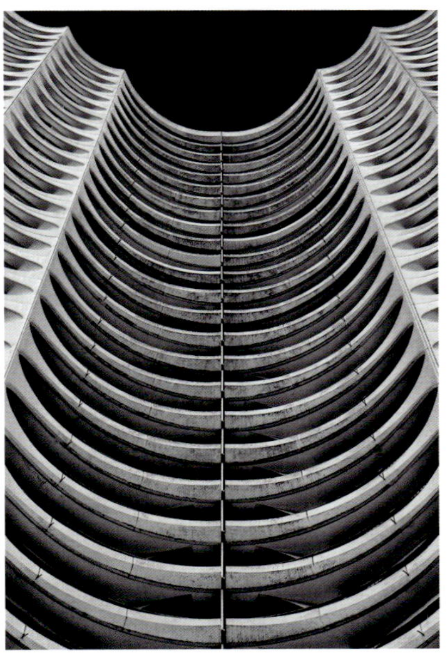

Bei einem Aufenthalt in Rennes wollte ich meinen Reisegefährten den Besuch einiger (unglaublich fotogener und architektonisch interessanter) Betonbauten ersparen. Ich stand in aller Frühe auf, um diese Orte, die ich im Vorfeld sorgfältig recherchiert hatte, zwei Stunden lang allein zu besuchen.

Das Universitätskrankenhaus CHU in Nantes, wo sich diese Treppe befindet, wäre für die Familie langweilig gewesen. Ich zog also alleine los.

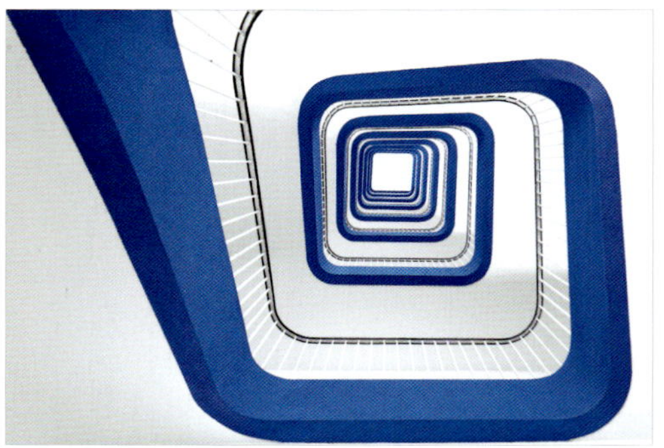

2. Nicht jeder will im Urlaub das Gleiche tun: Wenn man also von Zeit zu Zeit einmal getrennte Wege geht, kann man eine Weile lang machen, was man will. Ihre Kinder möchten z. B. ein bestimmtes Geschäft oder ein Museum besuchen, das Sie nicht interessiert? Suchen Sie sich doch einfach ein Fotomotiv in der Nähe.

Für diese Aufnahme des New Yorker Bahnhofs am Ground Zero (derselbe Architekt hat auch den Bahnhof von Lüttich entworfen) brauchte ich nach der Besichtigung mit der ganzen Familie noch etwas Zeit allein. Zum Glück befindet sich gleich nebenan ein riesiges, berühmtes »Outlet« – die Verhandlungen mit der Familie dauerten nicht lange.

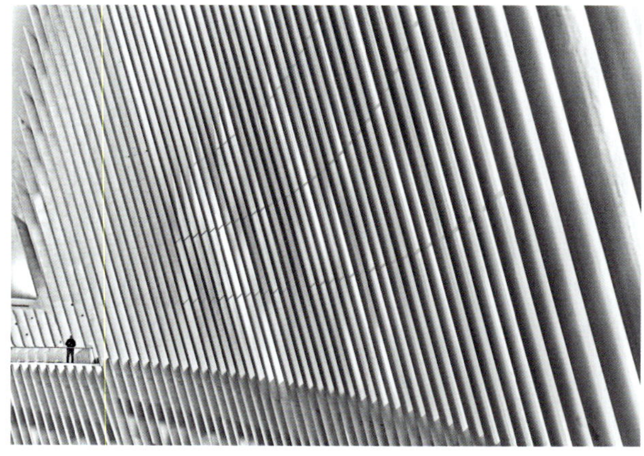

3. Wenn Sie dagegen Urlaub auf dem Lande machen, könnten Sie sich einen halben oder ganzen Tag Zeit für einen Kurztrip in die Stadt nehmen, falls möglich. Ihre Familie hätte dann die Gelegenheit, den Tag z. B. am Strand zu verbringen.

Mitreisende einbeziehen

Wenn Ihre Mitreisenden Ihre fotografischen Vorlieben kennen, können diese Ihnen bei der Recherche von Aussichtspunkten oder Fotomotiven helfen. Nach Art einer Schatzsuche lassen sich Kinder spielerisch einbeziehen – beispielsweise indem man ihnen die Aufgabe gibt, nach roten Gegenständen oder Leuten mit Hut Ausschau zu halten. Meine Frau kommt sehr leicht mit Fremden ins Gespräch. Manchmal nutze ich diese Fähigkeit und bitte sie, einen Passanten anzusprechen, den ich sodann nach seinem Einverständnis für eine Porträtaufnahme frage. In diesen Fällen ist das Foto Teamwork.

Die Familienmitglieder können aber auch mit ins Bild gerückt werden. Das macht die Aufnahmen spannender für alle und bringt Ihnen vielleicht sogar einen Nutzen. Wenn Sie mit der Familie oder einer Gruppe unterwegs sind, haben Sie nicht so viel Zeit wie allein. Sie können also nicht unbedingt warten, bis ein Fußgänger oder eine Silhouette Ihre Komposition abrundet. Bitten Sie z.B. eines Ihrer Kinder, in die Rolle eines Passanten zu schlüpfen.

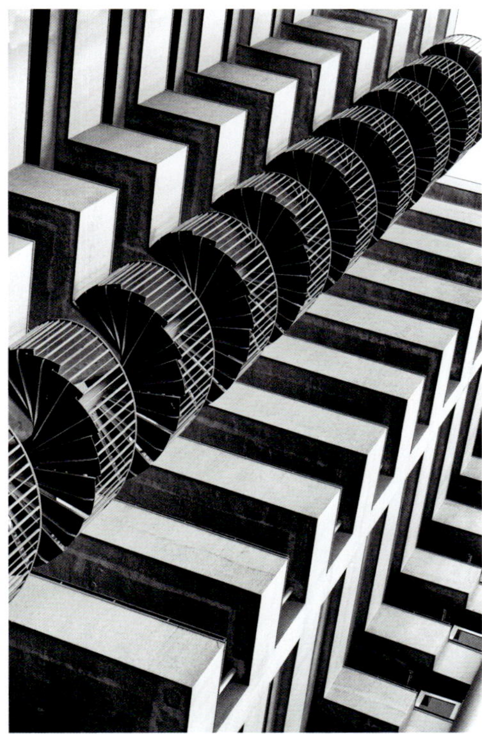

An meinem ersten Tag in Tokio war ich völlig überfordert: Ich war übermüdet, litt unter der Zeitverschiebung und wusste gar nicht, was ich zuerst fotografieren sollte. Es gab einfach zu viele Motive! Meine Frau kennt meine Faszination für Treppen und machte mich auf dieses wundervolle Exemplar aufmerksam.

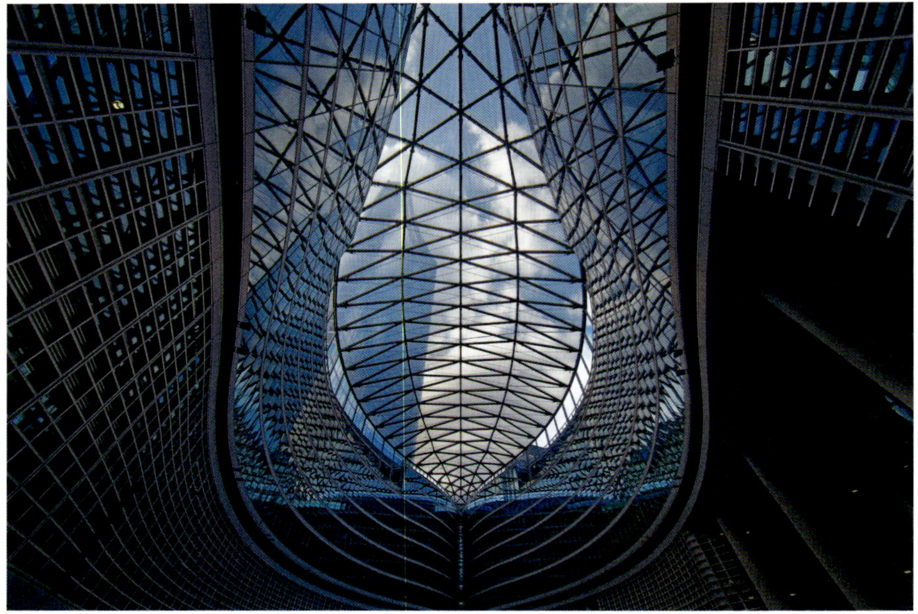

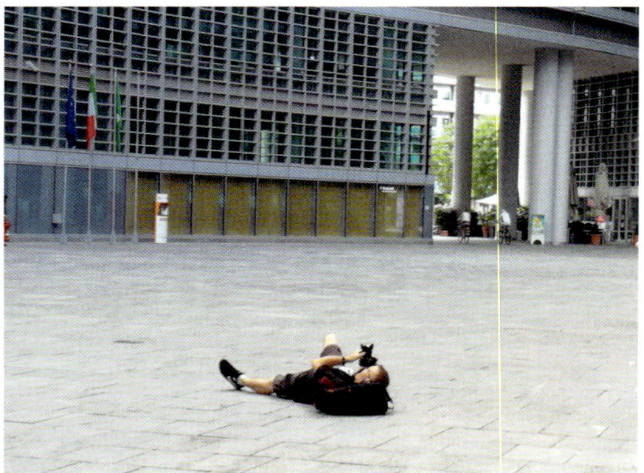

Als meine Kinder klein waren, hatten sie viel Spaß dabei, die überraschte Reaktion der Passanten zu beobachten, wenn ich von unten nach oben fotografierte und mich dazu auf den Boden legte, wie hier. Meine Familie findet die Aktion immer noch lustig. Sie sorgt für gute Laune und ausgelassene Stimmung (natürlich auf meine Kosten, aber alles hat seinen Preis).

Foto: Nathalie Forey

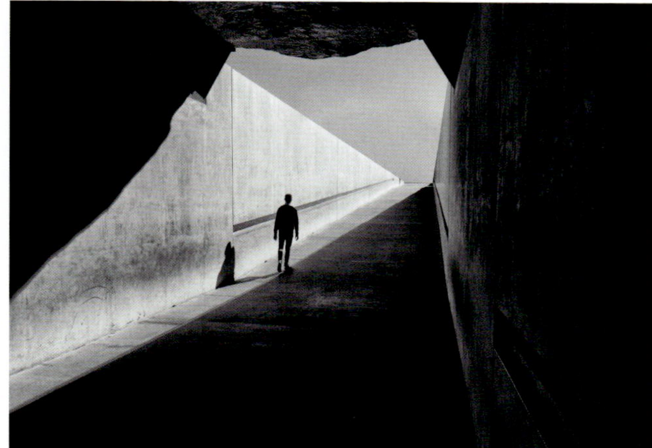

An diesem Ort unter der Kunstinstallation des Bildhauers Michael Heizer im Los Angeles County Museum of Art war gerade kein Mensch. Ich bat meinen Sohn, als Silhouette einzuspringen, um das Spiel aus Licht und Schatten bestmöglich zu nutzen.

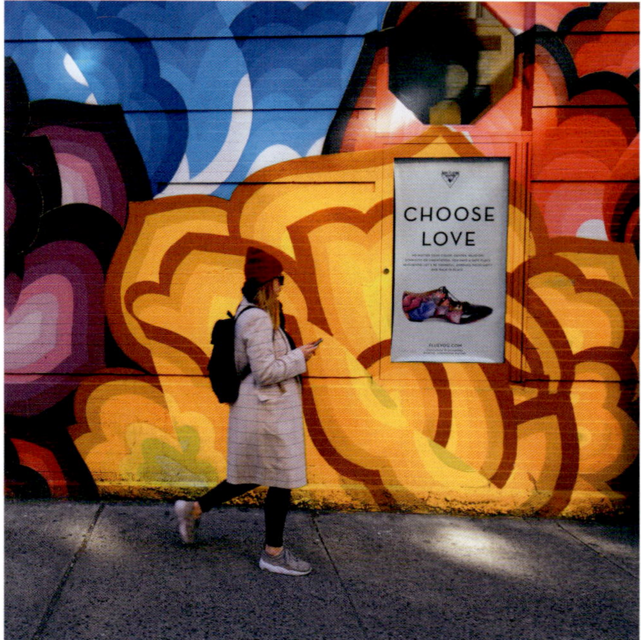

An diesem Foto einer bemalten Wand in New York hat meine Tochter unfreiwillig mitgearbeitet.

Zum Schluss sei noch gesagt, dass das Reisen in Gesellschaft für einen Fotografen auch Vorteile hat: Beispielsweise fällt ein Fotograf, der mit seiner Familie unterwegs ist, weitaus weniger auf als jemand, der allein mit Objektiven und Kameras herumläuft.

Dieses kleine Mädchen spielte auf der Straße vor dem Torre Agbar, einem Bauwerk des Architekten Jean Nouvel in Barcelona. Ich musste warten, bis das Kind an einer geeigneten Stelle vor den Farben und Strukturen im Hintergrund stand. Da ich meine gesamte Familie im Schlepptau hatte, lief ich keine Gefahr, irgendwie verdächtig zu wirken.

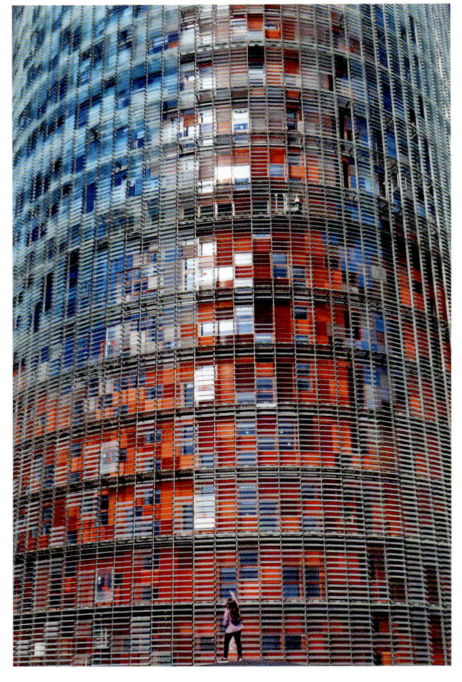

Dieses Foto entstand in den unteren Stockwerken eines Tempels in Tokio. Ich hatte diesen Ort recherchiert. Wir gingen direkt nach unten, ohne zu sehen, dass der Zutritt für die Öffentlichkeit verboten war. Während uns ein Tempelmitarbeiter hinterherlief und meiner Frau die Sachlage erklärte, machte ich schnell ein paar Bilder (allein hätte ich das nicht geschafft).

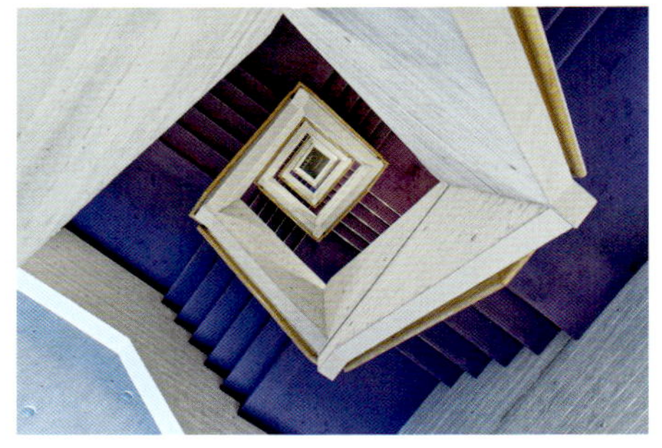

Dieselbe Treppe, aber von einem öffentlich zugänglichen Ort aus fotografiert. Auch interessant, aber ich war sehr glücklich, dass ich beide Standpunkte nutzen konnte.

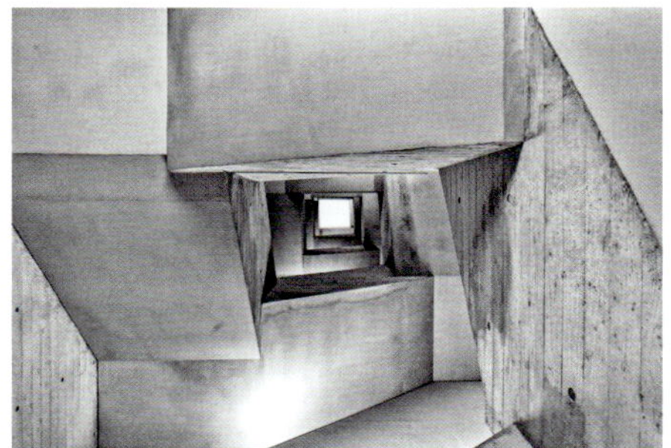

2.5 Kontext zeigen

Die Entscheidung, den Kontext mit ins Bild zu setzen, hat umfassende Auswirkungen auf alle fotografischen Aspekte der Reise, denn das Foto muss Gebäude, Objekte, Symbole oder Personen zeigen, an denen man mehr oder weniger sofort erkennen kann, wo und vielleicht auch wann das Bild aufgenommen wurde. Von einem Dokumentar- oder Erinnerungsfoto würde man das erwarten. Ein Foto ohne Kontextbezug enthält dagegen keine Hinweise auf Ort oder Zeit und passt damit eher zu anderen Vorgaben oder Projekten.

Für welchen dieser beiden Ansätze soll man sich bei einer Städtereise entscheiden? Meiner Ansicht nach gilt hier nicht das Motto »alles oder nichts« (entweder erkennt man den Ort auf dem Foto oder eben nicht). Zwischen diesen beiden Extremen liegt noch eine Fülle von weiteren Möglichkeiten, die man ebenfalls ausschöpfen kann.

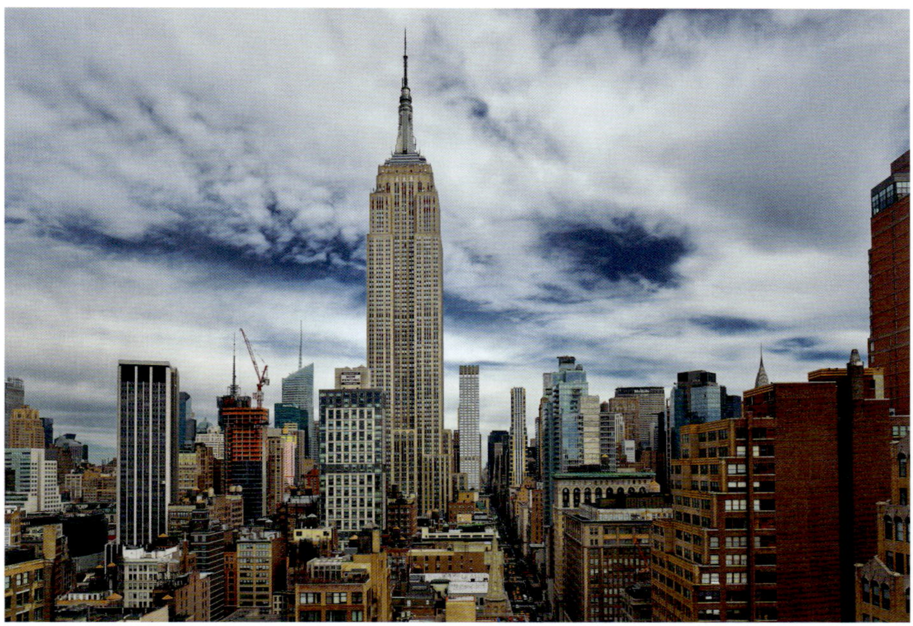

Durch die Abbildung des Empire State Building aus größerer Entfernung lässt sich das Bauwerk in seinen Kontext einbetten, sodass der Betrachter erkennt, wo das Foto aufgenommen wurde. Der Blickwinkel ist zwar etwas anders als sonst, ergab aber trotzdem ein eher konventionelles New York-Foto.

Dieses Bild entstand am selben Kamerastandpunkt, enthält aber keinerlei Hinweise auf das Bauwerk oder die Stadt. Imposante Fassaden finde ich immer faszinierend. Bei dieser Aufnahme spielte New York keine Rolle: Das Bild der Fassade rundete ganz einfach die Serie ab, die ich in Lyon, Berlin, Tokio usw. aufgenommen habe.

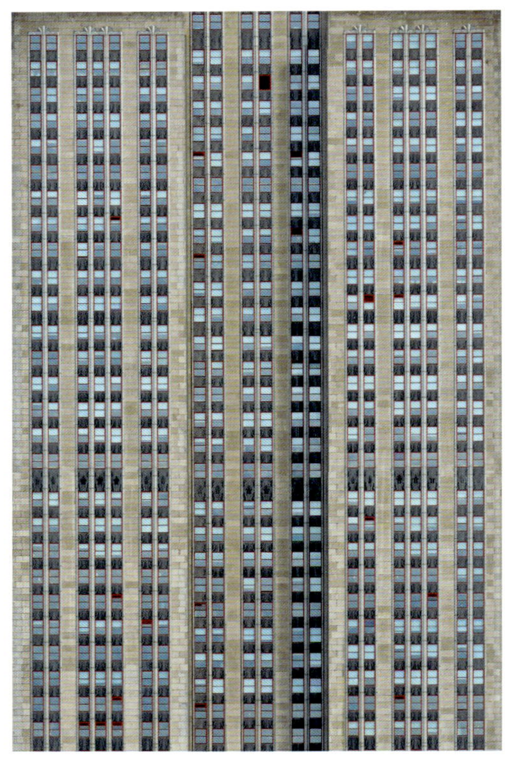

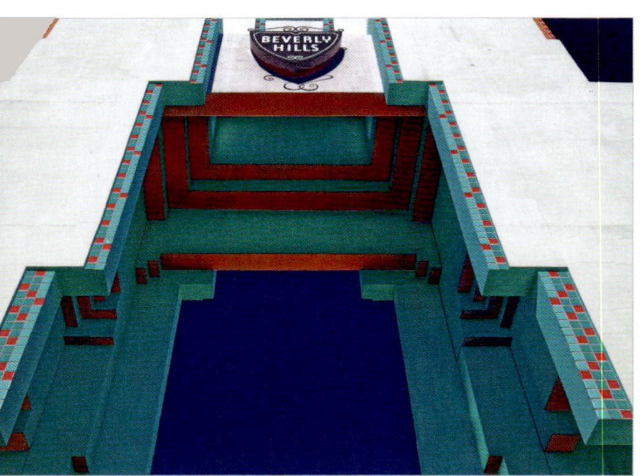

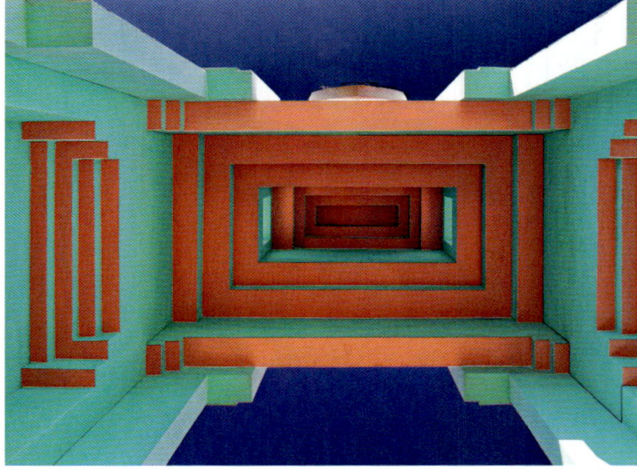

Die Kamerastandpunkte lagen bei diesen Fotos der City Hall in Beverly Hills drei oder vier Meter auseinander. Das »Beverly Hills«-Schild (links) verrät den Ort und weckt popkulturelle Assoziationen. Das Foto rechts ist »nur« eine farbige Architekturaufnahme und wird vom Betrachter ganz anders wahrgenommen.

Mehr oder weniger Kontext ins Bild setzen

Natürlich brauchen Sie auch ein paar Bilder, auf denen klar erkennbar ist, wo Sie überhaupt gewesen sind. Es wird sicherlich Familienangehörige und Freunde geben, die die Wahrzeichen der jeweiligen Stadt sehen wollen. Auch für Sie selbst sind solche Fotos interessant. In vielen Städten gibt es Plätze, Gebäude oder Symbole, die wirklich jeder kennt. Die Scala in Mailand, die Sagrada Familia in Barcelona, der Eiffelturm in Paris – diese weltberühmten Sehenswürdigkeiten erkennt man sofort. Das sind natürlich Extrembeispiele, ich versuche aber immer, solche Wahrzeichen zu finden und Fotos davon aufzunehmen, denn die meisten Menschen verbinden etwas damit.

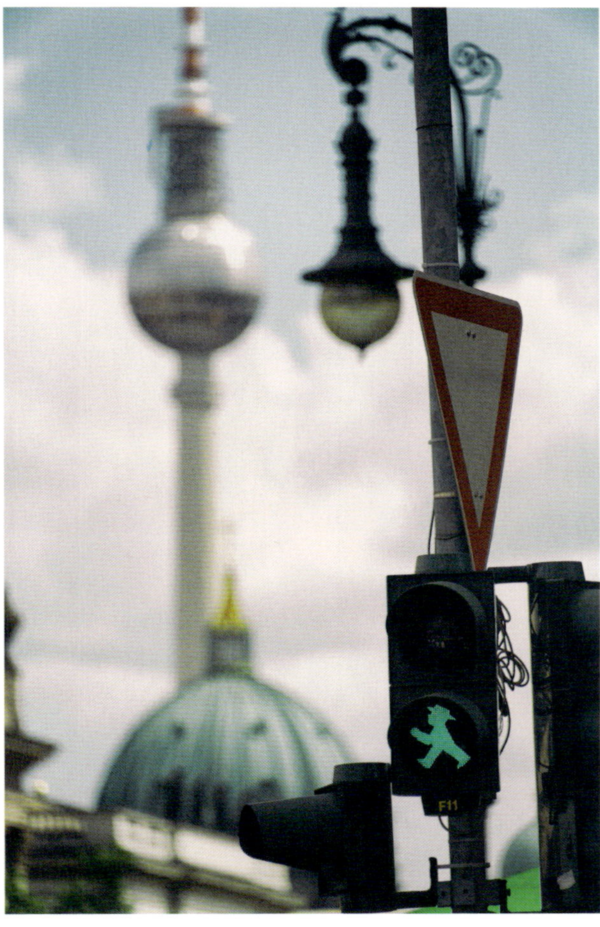

Dieses Foto zeigt gleich mehrere Wahrzeichen von Berlin: den Fernsehturm, den Berliner Dom und das berühmte Ampelmännchen. Es macht Spaß, Fotos aufzunehmen, die so deutlich zeigen, wo man gerade ist. Dazu braucht man eine gute Beobachtungsgabe.

Aber dabei darf es nicht bleiben: Um ein Motiv in seinen Kontext einzubetten, sollte man nicht nur Wahrzeichen ins Bild setzen, sondern auch mit weniger offensichtlichen Details auf den Standort hinweisen. Achten Sie dazu sorgfältig auf winzige Details, Stimmungen, Kleinigkeiten, die typisch für Ihr Reiseziel sind. Die Suche nach diesen kleinen Hinweisen ist etwas aufwändiger und erfordert Liebe zum Detail und Interesse an der jeweiligen Stadt.

Ein typisch amerikanisches Auto, die Vorstadthäuser eines Wohngebiets an den Rändern der Stadt und die Palme als Symbol für Los Angeles geben Hinweise auf den fotografierten Ort.

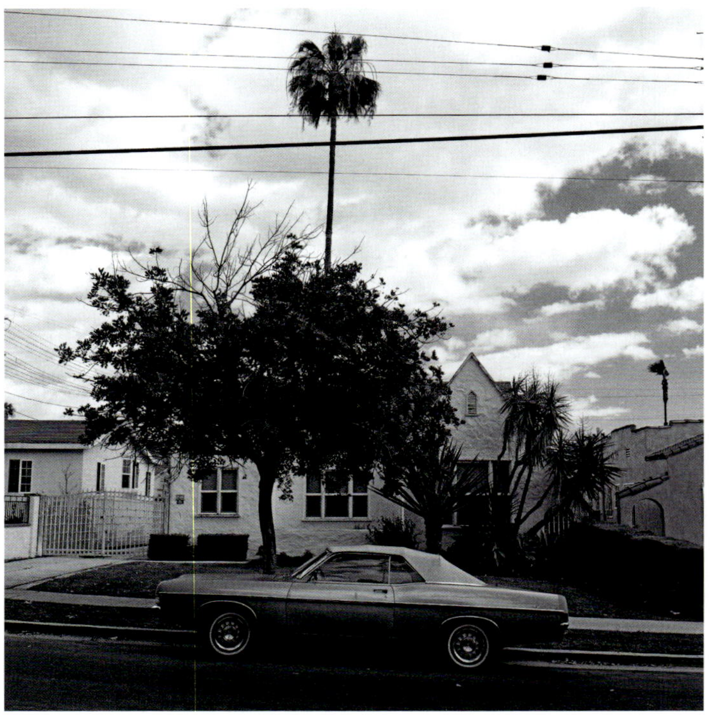

Wenn Sie eine Stadt »studieren«, werden Sie schnell erkennen, worin sie sich von anderen Städten unterscheidet. Je mehr Sie über diese Stadt wissen, desto subtiler sind vielleicht die Erkennungszeichen, die Sie ins Bild setzen, denn sie hängen mehr und mehr von Ihrem Gefühl und Ihrer subjektiven Wahrnehmung ab.

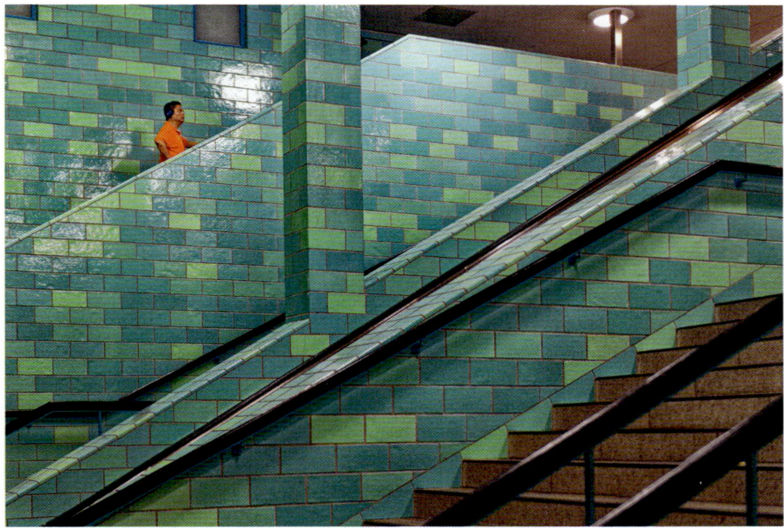

Wenn man Berlin nicht kennt und sich auch nicht für die Stadt interessiert, dann kann man mit diesem Foto wahrscheinlich nichts anfangen. Aber wer jemals dort gewesen ist, sei es auch nur für einen Tag, dem wird die sehr besondere Ästhetik der U-Bahn der Stadt aufgefallen sein.

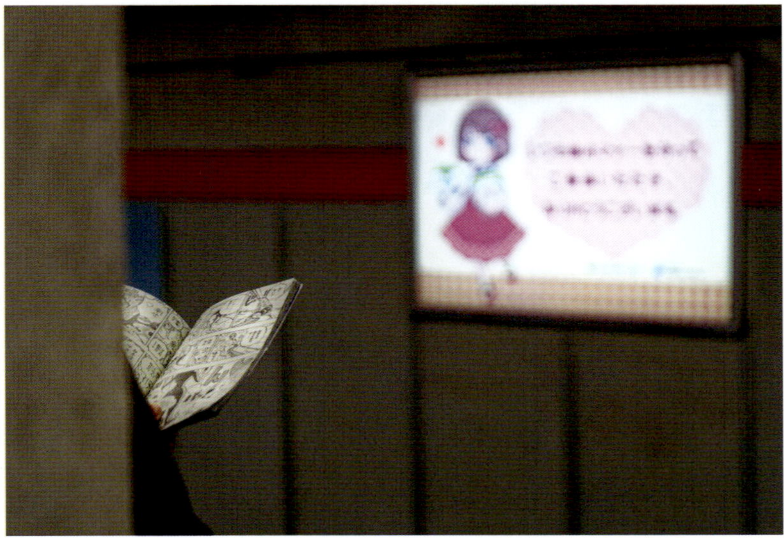

Anhand von kleinen Details lässt sich ein Motiv manchmal in seinen urbanen Kontext einbetten. Hier weisen das aufgeschlagene Manga-Heft und das Plakat (auch wenn es unscharf ist) auf Japan hin.

Gar keine Erkennungszeichen

Aber auch ganz ohne Kontext kommt man aus. In diesem Fall fungiert die jeweilige Stadt als eine Art Palette mit Objekten und Farben, die etwas über die städtische Umgebung allgemein aussagen. Ergänzen Sie bestehende Serien beispielsweise mit Abstraktionen: Nutzen Sie, was die Stadt Ihnen bietet, ohne auf Ort und Zeit zu verweisen.

Dieser Ansatz gleicht einer fotografischen Entdeckungsreise: Man lässt sich durch die Stadt treiben und von ihren Besonderheiten überraschen und leiten. Dies ist eine wertvolle Gelegenheit, um bestehende Projekte frei und ohne Vorgaben weiterzuentwickeln oder Inspirationen für zukünftige Projekte zu sammeln.

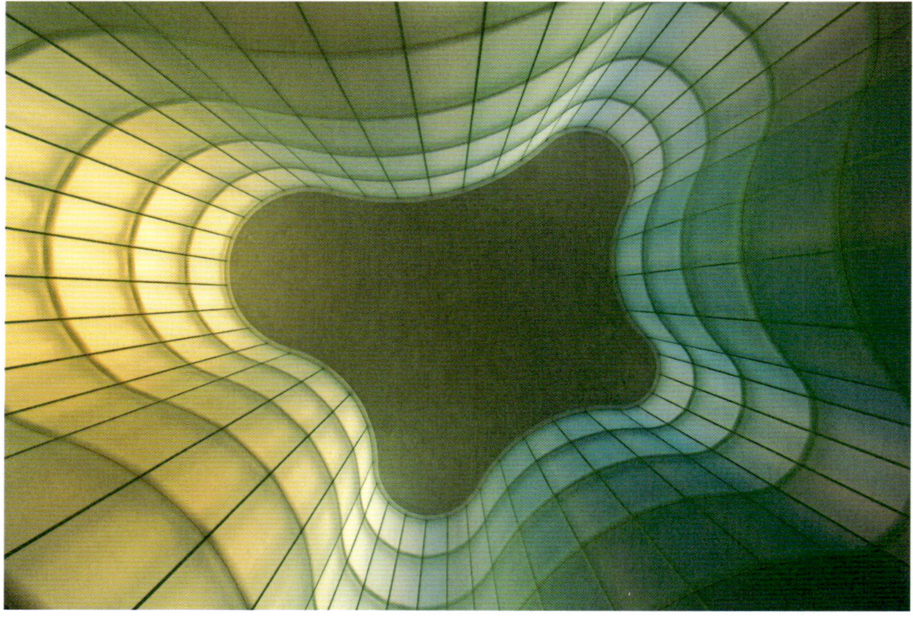

Diese spektakuläre Zimmerdecke fand ich in Mailand, aber sie hätte auch in jeder anderen Stadt auf der Welt sein können – das Foto wäre das gleiche geblieben.

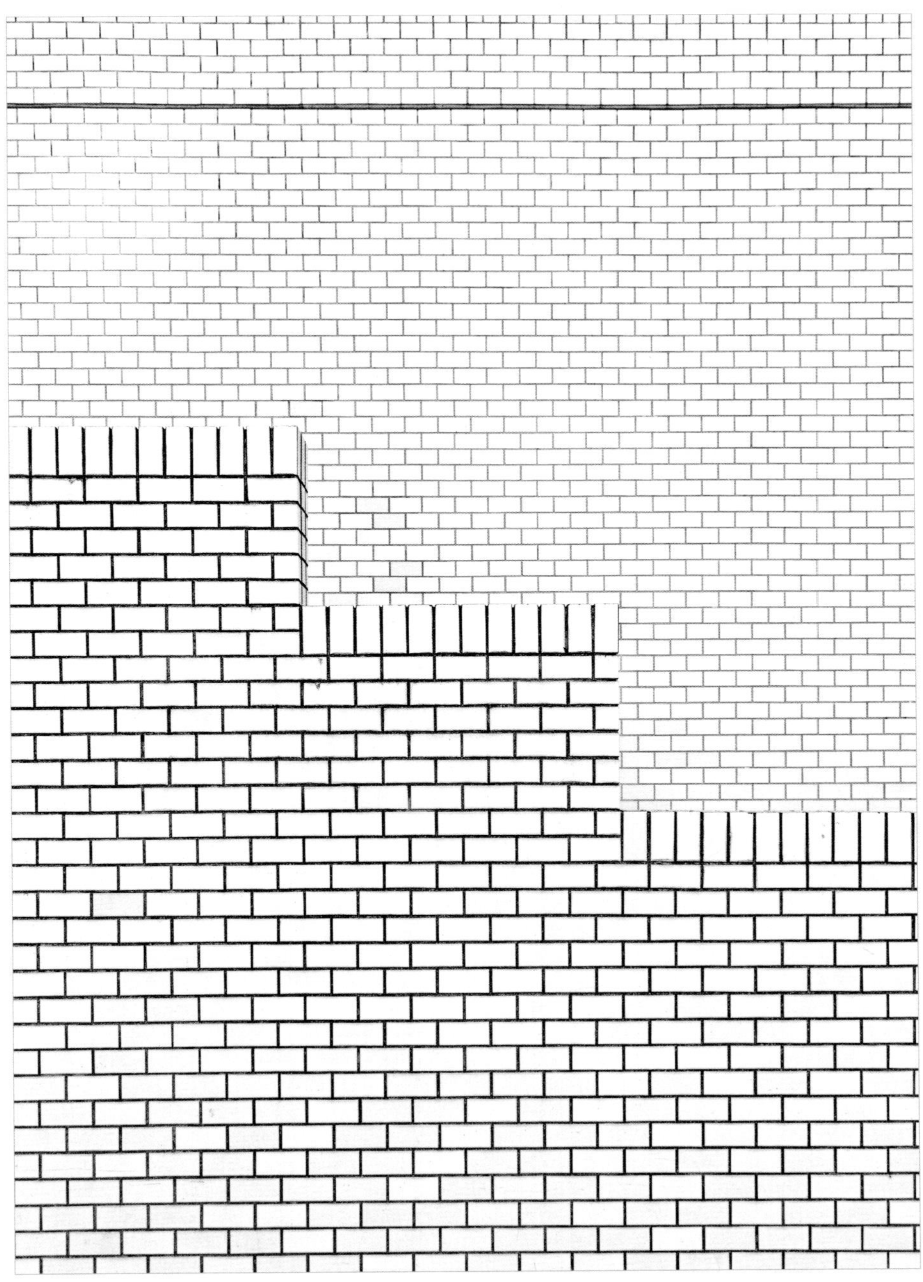

Dieses Foto nahm ich in Tokio für eine meiner Serien auf, aber ich hätte dafür meine Heimatstadt eigentlich nicht verlassen müssen. Der Kontext spielte hier überhaupt keine Rolle.

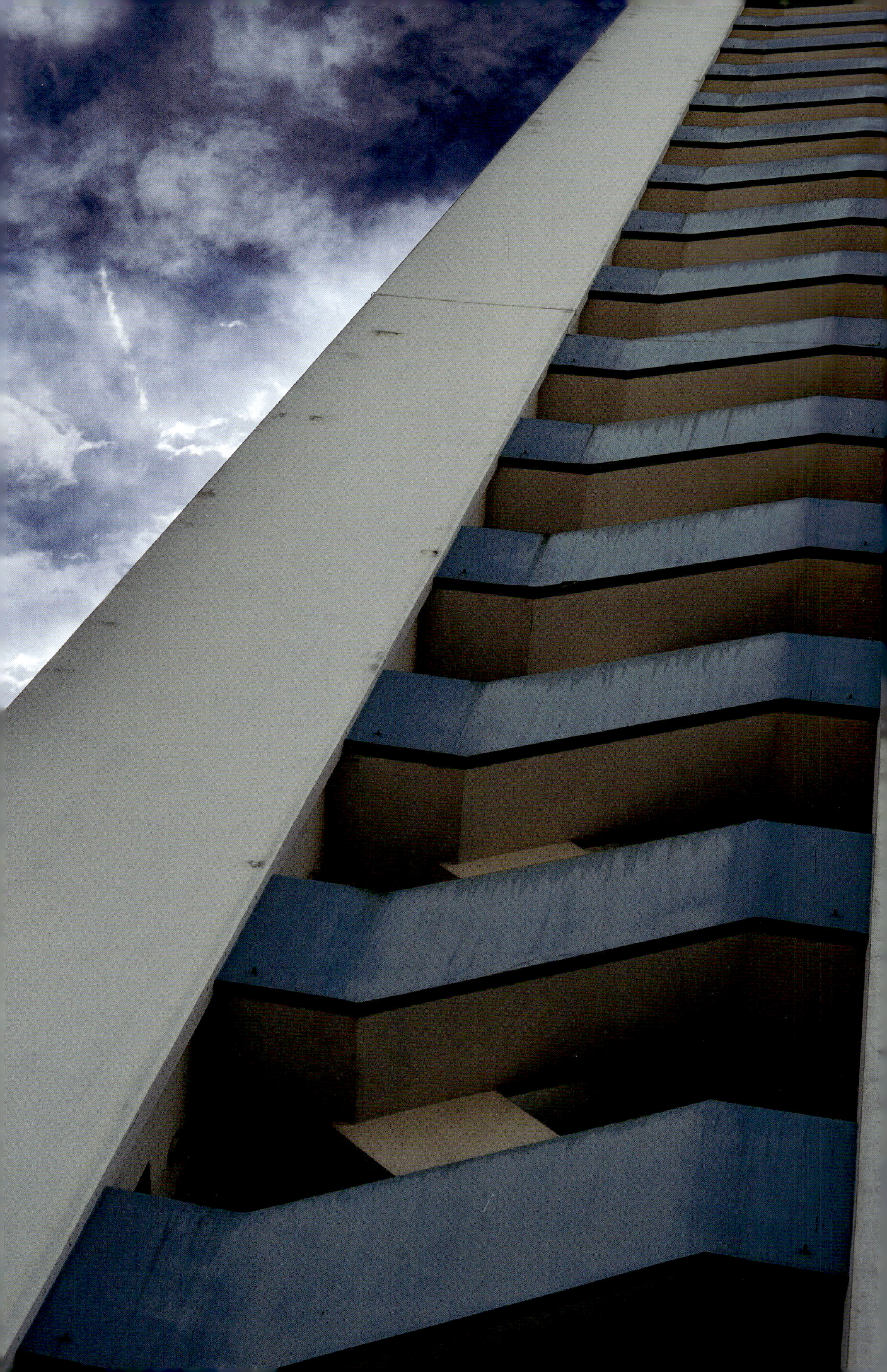

Die recherchierten Schauplätze ins Bild setzen

In diesem Kapitel beschäftigen wir uns mit Methoden, wie Sie fotografisch das Beste aus den recherchierten Locations herausholen können. Dabei wird es vorallem um Architekturmotive gehen. Die Bilder in diesem Kapitel zeigen überwiegend zeitgenössische Gebäude und Formen, weil das mein fotografischer Schwerpunkt ist. Alle meine Empfehlungen gelten aber natürlich auch für jede andere architektonische Epoche!

3.1 Um das Motiv herumgehen

Ein Gebäude kann sich nicht bewegen, der Fotograf aber schon! Als Grundvoraussetzung für eine gute Aufnahme von außen sollten Sie erst einmal um das Gebäude herumgehen – wenn Sie so viele ungewöhnliche Blickwinkel wie möglich finden, werden sich Ihre Ergebnisse von der breiten Masse abheben. Sie haben sicherlich nicht immer genug Zeit, um die Umgebung eines Gebäudes ausführlich zu erkunden, vor allem bei Wochenendtrips. Wenn Ihnen der Ort aber besonders vielversprechend erscheint, sollten Sie trotz des Zeitmangels zumindest versuchen, das Umfeld ein paar Minuten lang unter die Lupe zu nehmen.

Aufnahmen aus der Untersicht

Als erste Möglichkeit können Sie ganz nah an ein Gebäude herangehen, bis Sie es fast berühren, und dann von unten nach oben fotografieren. Danach können Sie sich Schritt für Schritt wieder davon entfernen.

Diese einfachen Aufnahmen aus der Untersicht wirken sehr ansprechend, wenn man die Blickwinkel sorgfältig auswählt und die Bildelemente wirkungsvoll anordnet. Ein Stativ ist möglicherweise hilfreich, aber wenn Sie, wie ich, lieber aus der Hand fotografieren, sollten Sie sich Zeit für die Aufnahme lassen (die im Sucher eingeblendeten Gitterlinien sind in diesem Fall nützlich). Die Bilder lassen sich natürlich später bei der Nachbearbeitung anpassen, aber nicht alles kann man korrigieren. Nehmen Sie sich lieber ein paar Minuten mehr Zeit, anstatt später am Computer graue Haare zu bekommen.

Nikon D850, 24–70 mm, 45 mm, 1/125 s, f/7,1, 100 ISO

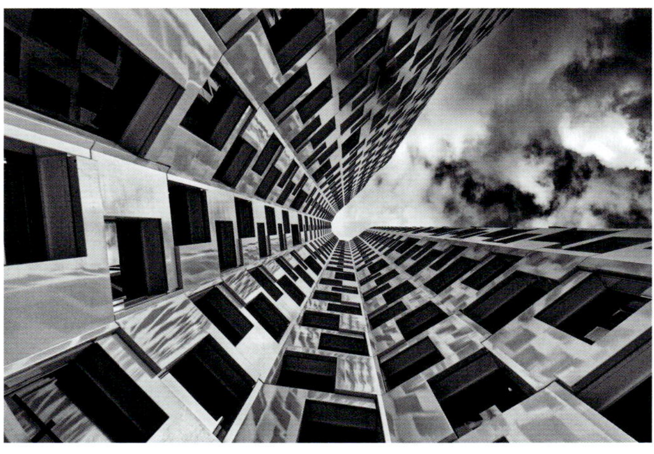

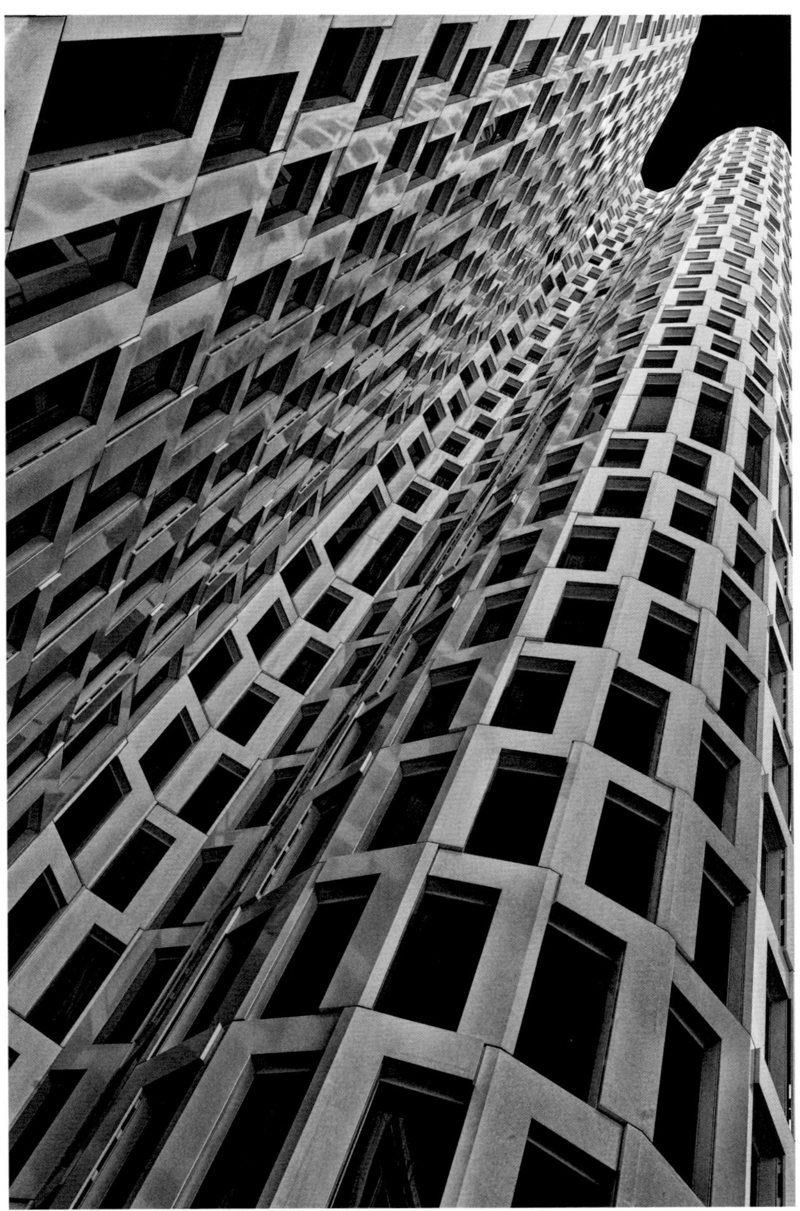

Manchmal verändert sich alles, wenn man einen oder zwei Meter zurückgeht. Beim ersten Foto dieses Berliner Gebäudes stand ich ganz dicht an der Fassade: Das Ergebnis mit den sich wiederholenden Fenstern und den geschwungenen Linien wirkt fast abstrakt. Mit etwas mehr Abstand ist das Motiv besser erkennbar: Der Schwerpunkt liegt jetzt nicht so sehr auf den Wiederholungen, sondern eher auf der schieren Menge der Fenster.

Nikon D850, 24–70 mm, 35 mm, 1/160 s, f/7,1, 100 ISO

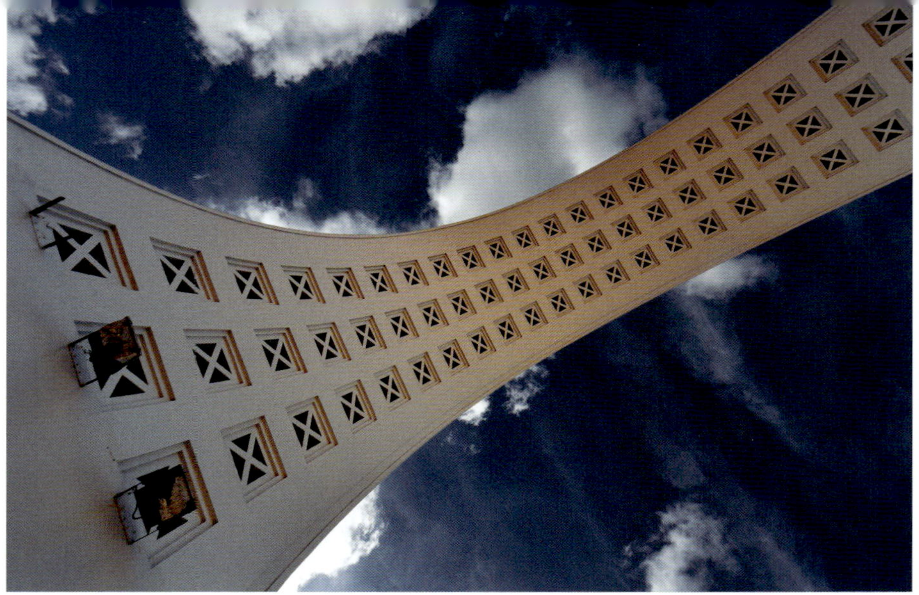

Das runde Eingangsportal des Stadions Chaban-Delmas in Bordeaux wird eigentlich meist von vorn fotografiert. Aus der Untersicht und mit einem Ultraweitwinkelobjektiv fotografiert sieht die Konstruktion ganz anders aus.

Nikon D800, 14–24 mm, 14 mm, 1/250 s, f/8, 100 ISO

Bei diesem Foto eines New Yorker Gebäudes mussten die Symmetrie und die vertikale Ausrichtung perfekt stimmen. Einfache Aufnahmen aus der Untersicht wie diese müssen sehr sorgfältig gestaltet werden.

Nikon D800, 28–300 mm, 28 mm, 1/160 s, f/7,1, 100 ISO

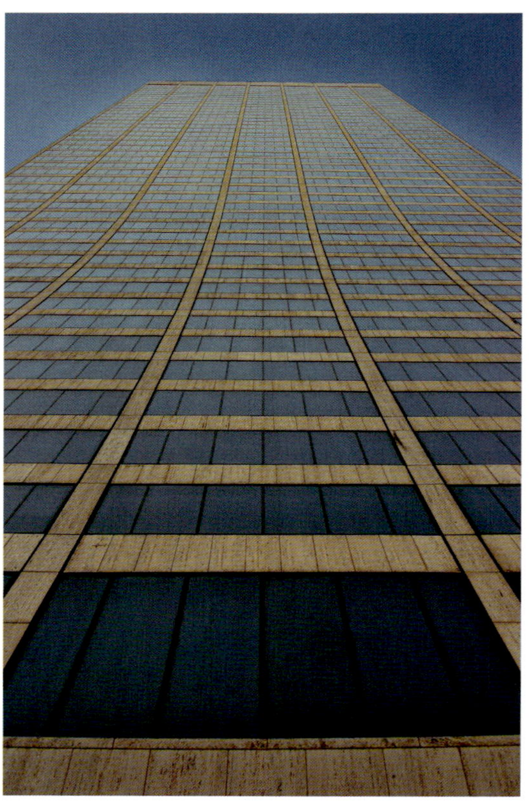

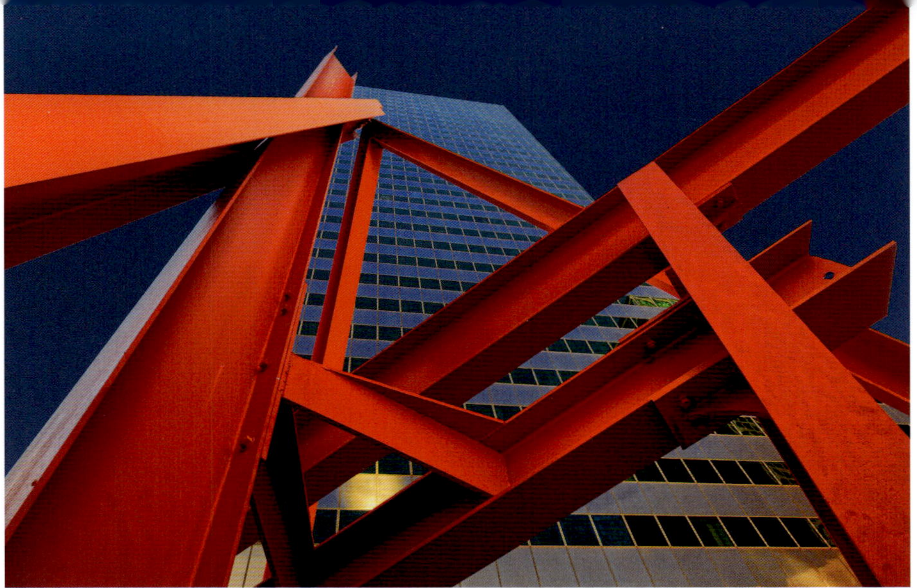

Dieses Gebäude in Los Angeles wirkt recht langweilig. Mit der Skulptur im Vordergrund konnte ich jedoch mit den Größenverhältnissen (die Skulptur ist viel kleiner als das Gebäude, nimmt jedoch auf dem Bild ebenso viel Raum ein) und mit den Farbkontrasten spielen. Beides wird durch die Untersicht verstärkt.

Nikon D850, 24–70 mm, 24 mm, 1/50 s, f/8, 280 ISO

Gehen Sie nach Möglichkeit in geringem Abstand um das Gebäude herum: Nur selten sieht ein Bauwerk von allen Seiten gleich aus. Auch niedrige Gebäude (die man oft übersieht) und ungewöhnliche Konstruktionen wie beispielsweise Trafohäuschen, Baustellenwagen o. Ä. lassen sich von unten nach oben fotografieren. Die Blickwinkel wirken dann gleich viel origineller.

Aus etwas größerem Abstand sehen Sie vielleicht Gegenstände, die ein interessantes Vordergrunddetail abgeben oder eine Umrahmung bilden könnten. Ein Weitwinkelobjektiv liefert in diesem Fall häufig überraschende Ergebnisse. Mit einem Ultraweitwinkelobjektiv lässt sich dieser spektakuläre Effekt sogar noch verstärken. Aber Achtung: Der Umgang mit diesen Objektiven will gelernt sein, denn Linien werden eventuell gekrümmt wiedergegeben und der Bildwinkel wirkt schnell zu weit. Wenn Sie mit diesem Objektivtyp nicht so vertraut sind, ist manchmal ein Stativ oder eine andere Kamerastütze hilfreich.

Bei der Bildgestaltung ist alles möglich, von der formatfüllenden Abbildung des Gebäudes bis zur bildbeherrschenden Darstellung des Himmels. Experimentieren Sie mit allen möglichen Ausschnitten. Probieren Sie beispielsweise auch Aufnahmen mit zur Seite gedrehter Kamera und mit Blickwinkeln aus, die Ihnen eigenartig vorkommen. Extreme Aufnahmen aus der Untersicht mit einer um 90° nach oben geneigten Kamera wirken oft verblüffend, denn als normaler Tourist sieht man seine Umgebung nicht so. Ein Fotograf dagegen schaut – besonders in der Stadt – in alle Himmelsrichtungen: Er reckt den Hals, schaut nach oben, legt sich auf den Boden. Alles, was man dazu braucht, ist ein wenig Kreativität!

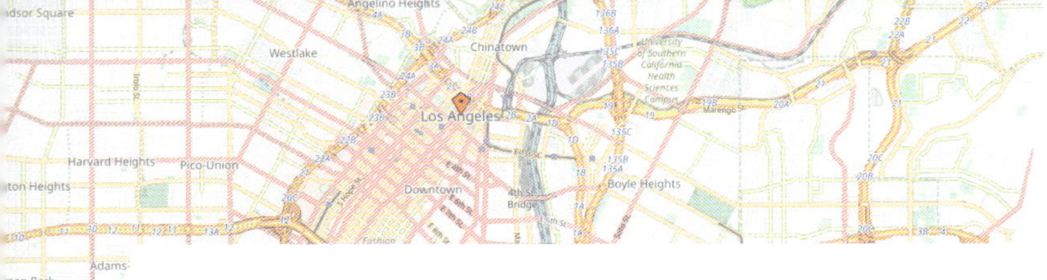

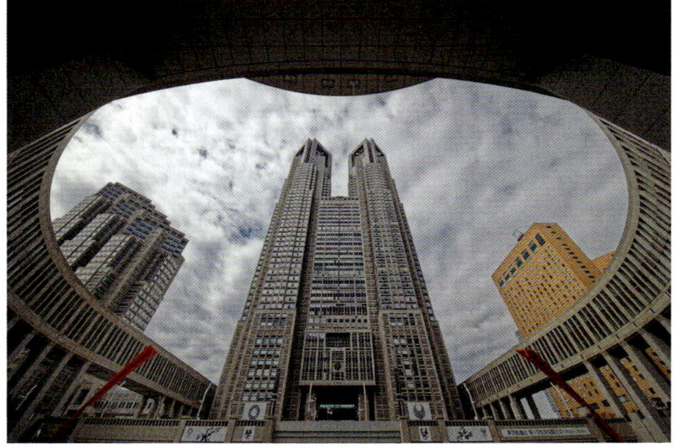

Die von dem Architekten Kenzō Tange entworfene Zentrale der Stadtverwaltung von Tokio lässt sich auch nicht aus größerem Abstand in voller Höhe ins Bild setzen. Nur mit einem 11 mm-Ultraweitwinkelobjektiv konnte ich das gesamte Gebäude fotografieren. Dazu musste ich mich auf den Boden legen. Die vielen vertikalen, horizontalen und geschwungenen Linien sind bei einer solchen Brennweite eine Herausforderung. Daran hätte auch ein Stativ nichts geändert.

Nikon D810, 11 mm, 1/400 s, f/8, 100 ISO

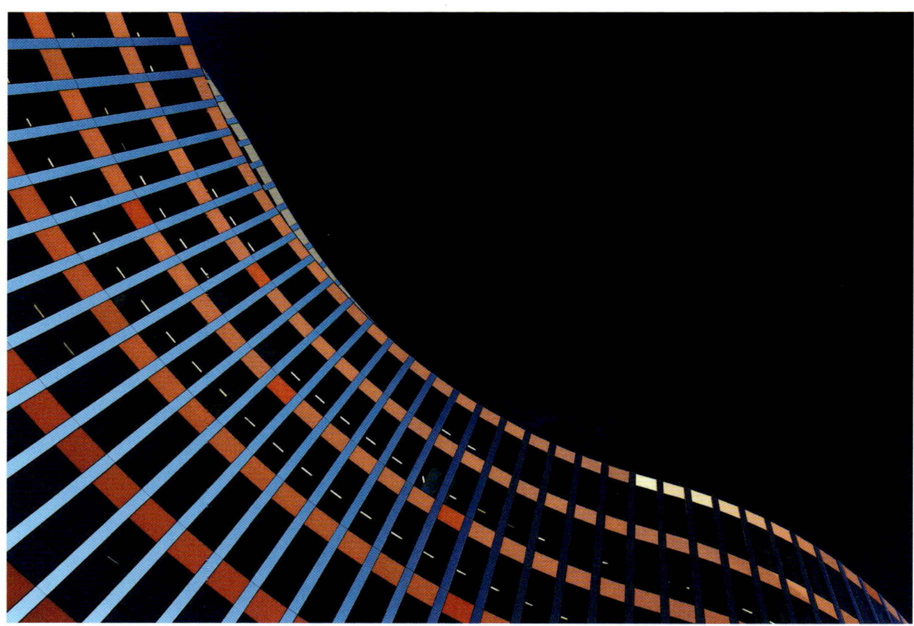

Ganz gleich, in welchem Winkel man die Kamera hält: Die Bildelemente müssen sorgfältig angeordnet werden. Bei dieser Aufnahme eines Gebäudes in der Nähe von Paris achtete ich darauf, dass die geschwungene Linie genau in der unteren rechten Bildecke und eine blau beleuchtete Stütze genau in der linken unteren Ecke endete und dass die oberste dieser Stützen links parallel zum oberen Bildrand verlief.

Nikon D800, 24–70 mm, 24 mm, 1/40 s, f/8, 100 ISO

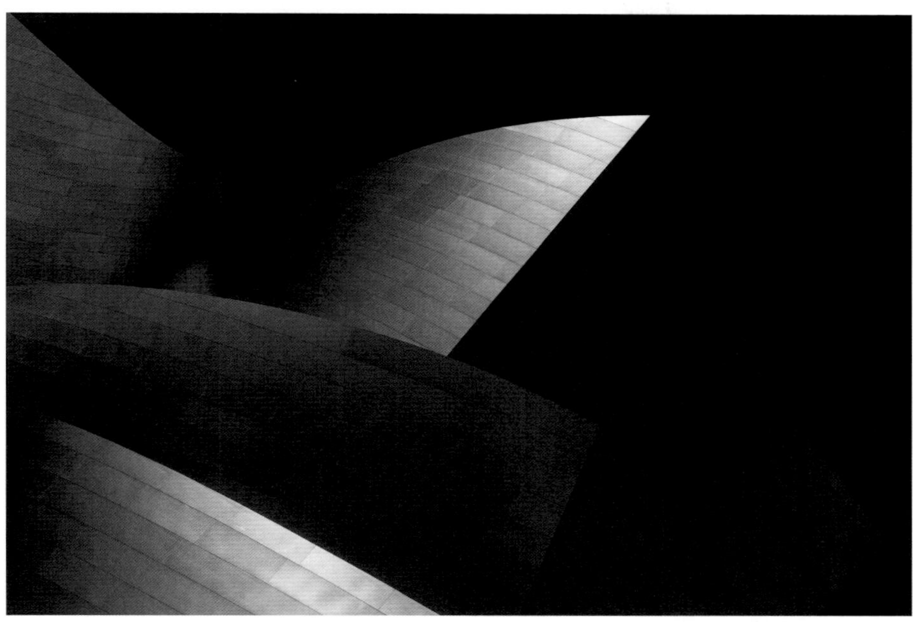

Mit leicht geneigter Kamera lassen sich berühmte Gebäude, wie hier die Walt Disney Concert Hall in Los Angeles (Architekt: Frank Gehry), auf ungewöhnliche Weise ins Bild setzen. So konnte ich die standardmäßige Gesamtansicht von vorn vermeiden und dieser Aufnahme eines der am häufigsten fotografierten Bauwerke der Stadt meine persönliche Handschrift geben.
Nikon D850, 24–70 mm, 50 mm, 1/500 s, f/8, 100 ISO

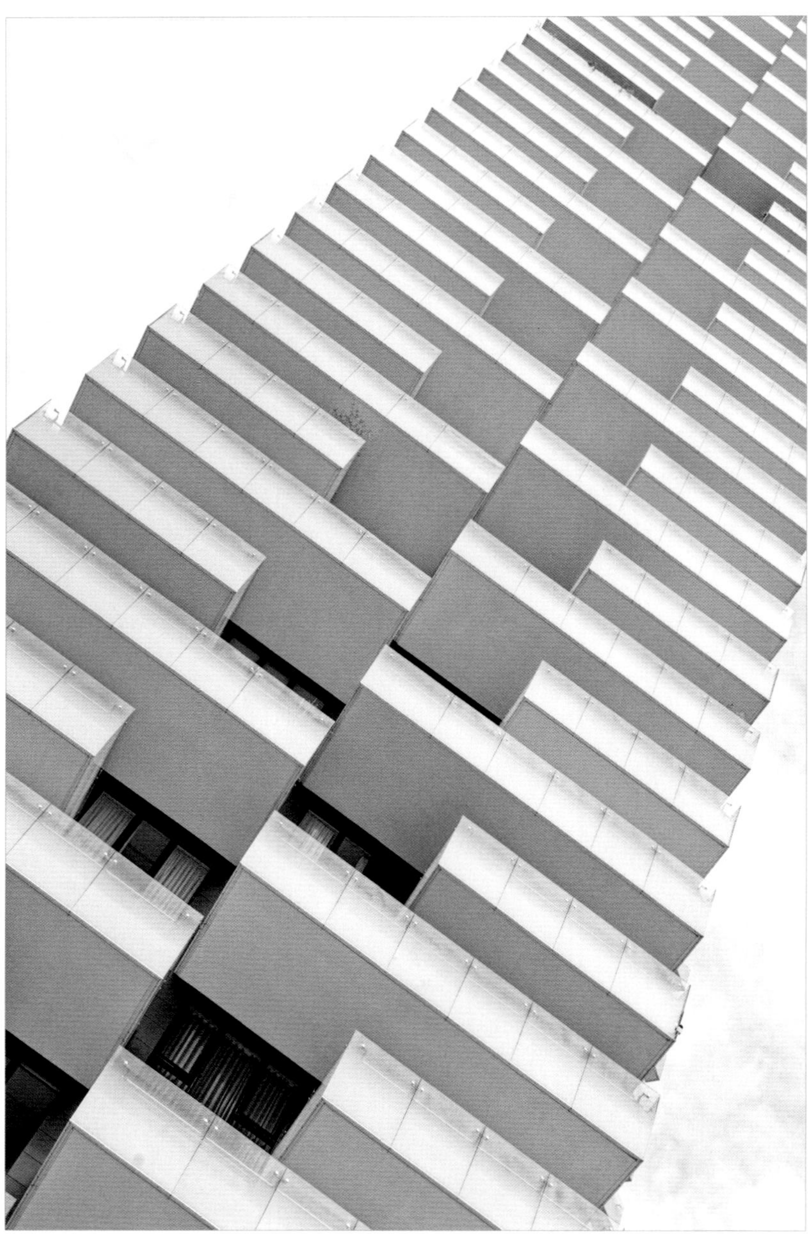

In Mailand fotografierte ich diese sich wiederholenden Balkone, indem ich die zentrale Diagonale direkt durch die Bildmitte laufen ließ. Die normalerweise vertikalen zusammenlaufenden Linien bringen Bewegung in die Aufnahme.
Nikon D850, 24–70 mm, 50 mm, 1/100 s, f/7,1, 180 ISO

3.2 Aufnahmen aus der Obersicht

In vielen Städten gibt es Aussichtsplattformen, die eine hervorragende Sicht über die Stadt bieten. Recherchieren Sie solche Orte – Sie haben dort vielfältige Aufnahmemöglichkeiten.

Fotos aus der Obersicht (mit nach unten gerichteter Kamera) wirken umso ungewöhnlicher, wenn sie mit einer parallel zum Boden ausgerichteter Kamera aufgenommen werden. Halten Sie die Kamera dazu mit ausgestreckten Armen nach unten und prüfen Sie das Ergebnis nach jeder Aufnahme – das ist in diesem Fall besonders wichtig, weil Sie ja nicht durch den Sucher oder auf den Monitor schauen können.

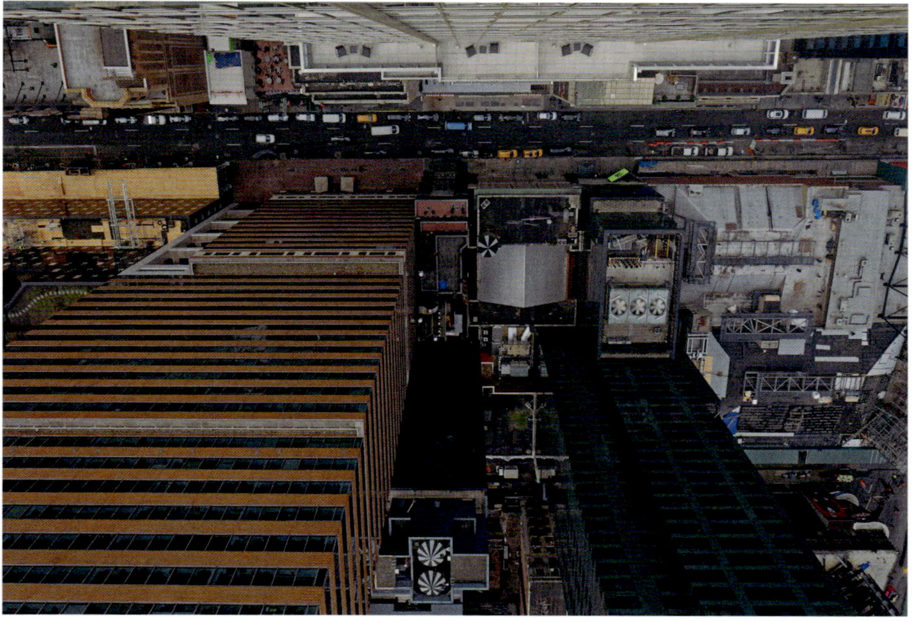

Diese spektakuläre Ansicht entstand in New York. Durch die Drehung der Aufnahme um 180° wirkt die Ansicht so schwindelerregend, als hätte ich direkt über dem Abgrund geschwebt.
Nikon D800, 24–70 mm, 24 mm, 1/60 s, f/5,6, 100 ISO

3.3 Verflachung der Perspektive

Mit zunehmender Entfernung von den Gebäuden können Sie die perspektivische Wirkung immer weiter reduzieren und das Bauwerk innerhalb seiner Umgebung zeigen. Ein etwas höher gelegener Kamerastandpunkt trägt bei sehr hohen Gebäuden dazu bei, die Räumlichkeit zu reduzieren. Aus größerer Entfernung und Höhe gibt es keine stürzenden Linien mehr. Durch die Komprimierung der Bildebenen mithilfe einer langen Brennweite lassen sich manche Gebäude sehr ansprechend in die allgemeine Großstadtumgebung einbetten.

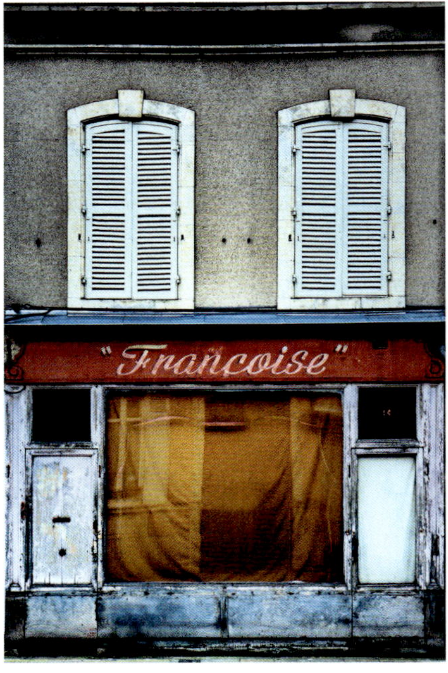

Zur Vermeidung von perspektivisch bedingten Verzerrungen wechselte ich bei der Aufnahme dieser Fassade in Le Mans einfach nur die Straßenseite.

Nikon D800, 24–70 mm, 50 mm, 1/50 s, f/4,5, 450 ISO

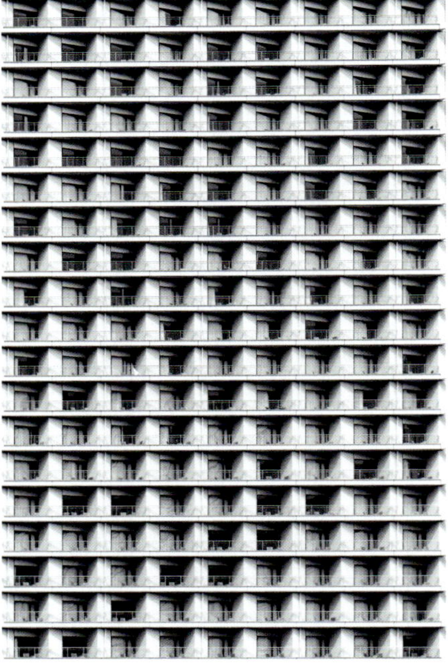

Aus größerer Entfernung und mit einer langen Brennweite konnte ich die stürzenden Linien dieser Fassade in Yokohama mindern.

Nikon D850, 28–300 mm, 110 mm, 1/250 s, f/8, 140 ISO

Der erste Reflex der meisten Fotografen ist die Aufnahme eines Gebäudes aus größerer Entfernung und von vorn. Widerstehen Sie diesem Impuls: Variieren Sie die Blickwinkel, Abstände und Ausschnitte, um überraschende und ungewohnte Ansichten zu zeigen. Diese Empfehlung gilt auch für Aufnahmen, bei denen eine klassische Ansicht nicht möglich ist: Setzen Sie das Gebäude stattdessen auf individuelle, ungewohnte Weise ins Bild.

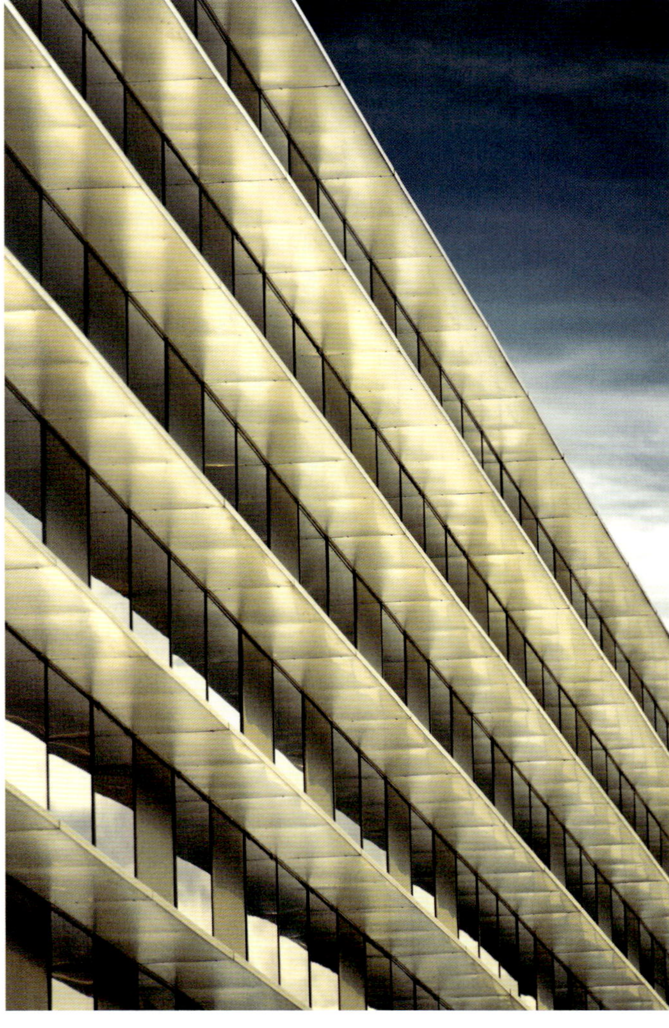

Die Ansicht von der Seite bringt das wunderschöne Licht dieser Spiegelungen auf der Fassade wirkungsvoll zur Geltung. Von vorn hätte ich diesen Effekt und diese Dynamik niemals einfangen können.

Nikon D800, 28–300 mm, 300 mm, 1/400 s, f/7,1, 100 ISO

Die Reduzierung oder sogar Beseitigung von stürzenden Linien bereits während der Aufnahme empfehle ich deshalb, weil man einerseits neue und überraschende Blickwinkel findet, wenn man um ein Motiv herumgeht. Andererseits erspart man sich dadurch eine langwierige Bildbearbeitung. Aber das ist natürlich eine Frage des persönlichen Geschmacks. Ich selbst führe später am Computer fast immer kleinere Anpassungen und manchmal auch umfassende Korrekturen durch. Das darf aber nicht zum Regelfall werden. Das Ziel sollte immer darin bestehen, den besten Blickwinkel für eine optimale Aufnahme bereits beim Fotografieren zu finden.

Manchmal sind die Umstände jedoch einfach zu ungünstig: wenig Platz, hässliche Umgebung, Zeitmangel. Dann lassen sich stürzende Linien bei der Aufnahme nicht vermeiden, und eine Nachbearbeitung ist unerlässlich. Planen Sie dies beim Fotografieren ein und wählen Sie den Ausschnitt großzügig, damit Sie später genügend Spielraum haben. Und versuchen Sie nach Möglichkeit, eine vertikale Linie mittig anzuordnen, um sich weitere Korrekturen zu ersparen.

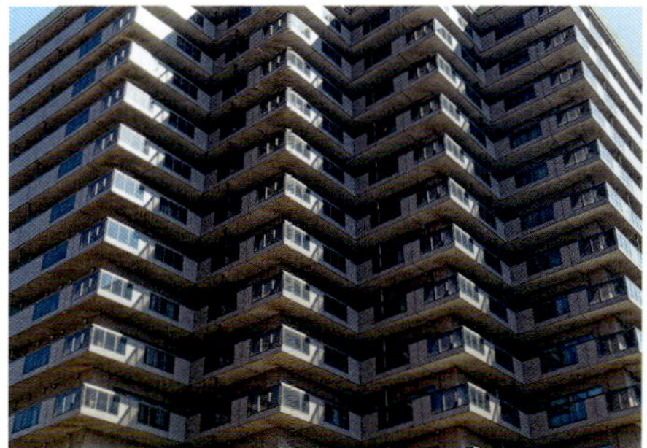

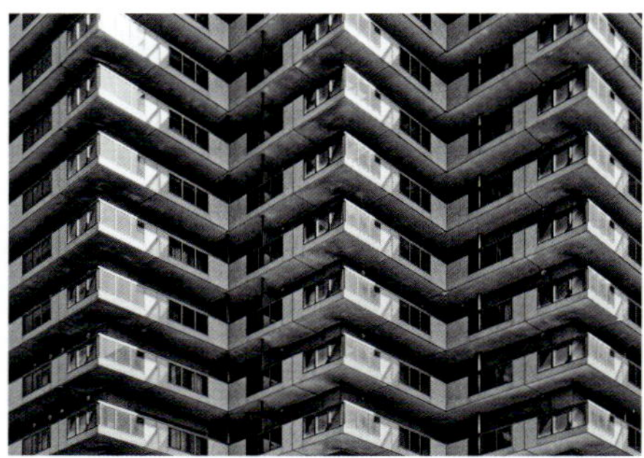

Ich hatte das Gefühl, dass das Zickzack-Muster dieser Fassade nach einer Reduzierung der stürzenden Linien sehr plakativ aussehen würde. Die entsprechenden Korrekturen musste ich später am Computer vornehmen. Das sieht man zwar ein wenig, aber das Ergebnis wirkt trotzdem sehr ansprechend.

Nikon D850, 24–70 mm, 45 mm, 1/100 s, f/8, 500 ISO

3.4 Ausrüstung und Einstellungen

Für solche Aufnahmen kommen alle Objektiv-Arten infrage (was unschwer an den Exif-Daten in den Bildunterschriften zu erkennen ist). Generell greift man jedoch bei Fotos aus der Untersicht eher zur Weitwinkeloptik und bei Aufnahmen aus größerer Entfernung zu einer langen Brennweite.

Natürlich verfügt man im Idealfall über ein möglichst großes Sortiment an Objektiven. In den meisten Fällen aber reicht ein 24–70 mm-Zoom oder ein 28–300 mm-Superzoom aus. Falls Sie mit einer oder zwei festen Brennweiten arbeiten, sollten Sie den Umgang mit diesen Objektiven gut beherrschen, damit Sie ihr ganzes Potenzial ausschöpfen können.

Spezialtechniken sind bei diesen Außenaufnahmen nicht erforderlich. Wählen Sie eine Blende, die eine gute Schärfentiefe liefert, und eine nicht zu kurze Belichtungszeit, wenn Sie mit einer längeren Brennweite fotografieren. Der einzige Son-

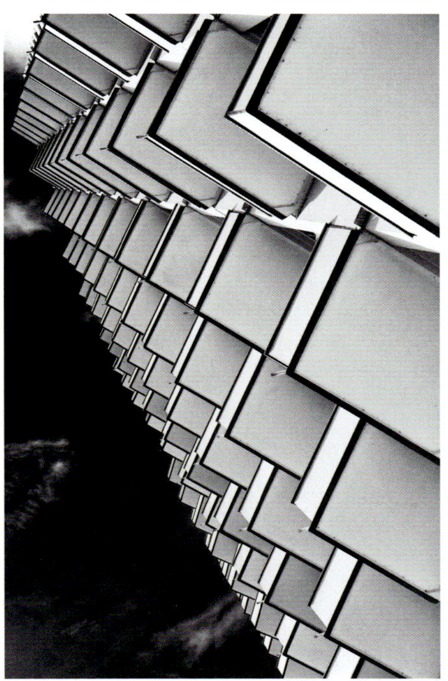

Nikon D800, 28–300 mm, 60 mm, 1/500 s, f/7,1, 100 ISO

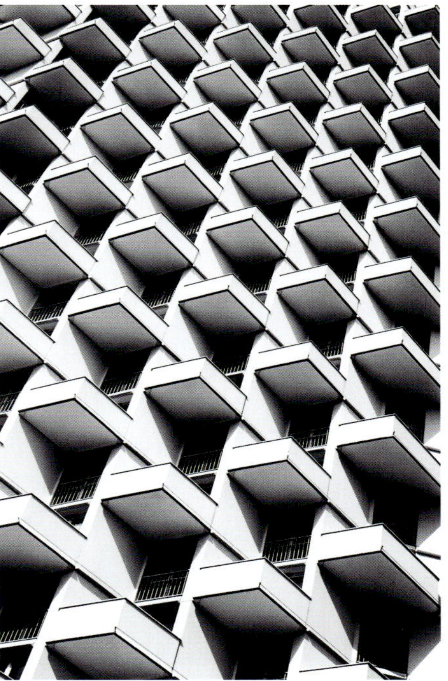

Nikon D800, 24–70 mm, 50 mm, 1/250 s, f/7,1, 100 ISO

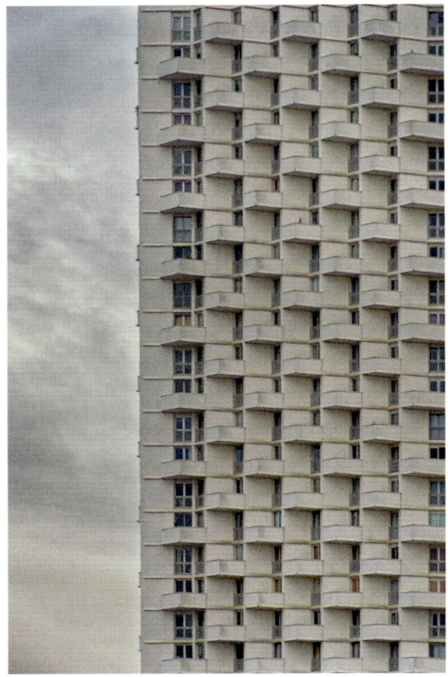

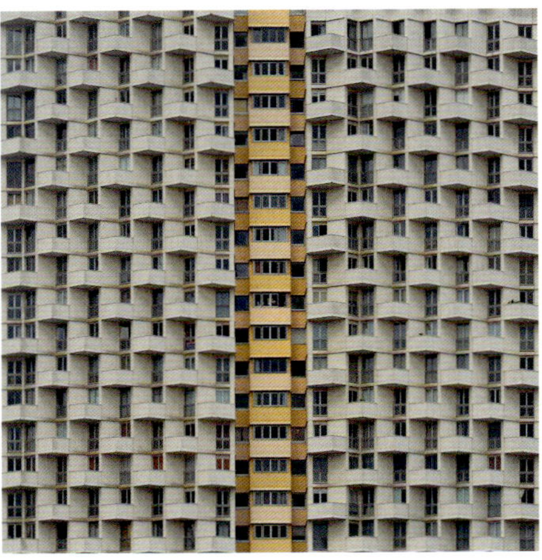

Nikon D800, 28–300 mm, 200 mm, 1/250 s, f/7,1, 220 ISO

Wenn man in Rennes ist, muss man sich meiner Ansicht nach den Tour de l'Éperon (Louis Arretche, 1975) anschauen. Das Bauwerk wird häufig von unten fotografiert, sodass die typischen spitz zulaufenden Balkone zur Geltung kommen. Eines meiner Bilder zeigt das Gebäude formatfüllend, das andere lässt etwas Platz für den Himmel. Um einen anderen Blickwinkel zu finden, ging ich in größerer Entfernung um das Hochhaus herum. Ohne die stürzenden Linien sieht das Ergebnis ganz anders aus, weniger spektakulär, aber trotzdem interessant.

Nikon D800, 28–300 mm, 110 mm, 1/250 s, f/7,1, 220 ISO

derfall ist die Aufnahme von unten bei hohem Helligkeitskontrast (sehr heller Himmel und dunkles Gebäude). Probieren Sie unterschiedliche Belichtungen aus – ich selbst korrigiere die Belichtung bis zu sechs oder sieben Mal, drei Mal nach unten und drei Mal nach oben (viele Kameras haben dazu eine Automatikfunktion, das sogenannte »Bracketing«, eine automatische Belichtungsreihe). Bei der Entwicklung meiner Bilder am PC wähle ich dann das meiner Meinung nach beste Foto aus, auch wenn das bedeutet, dass ich ein paar Details in den hellen und dunklen Bereichen wiederherstellen muss.

3.5 Innenräume fotografieren

Auch wenn Sie kein Spezialist für die Aufnahme von Innenräumen sind, können Sie doch mithilfe von grundlegenden Methoden und kreativen Ansätzen sehr ansprechende Ergebnisse erzielen. In diesem Abschnitt möchte ich Ihnen ein paar Tipps für das Fotografieren der Architektur von Innenräumen geben; Fotos, auf denen auch Menschen zu sehen sind, kommen weiter unten zur Sprache.

Sicherlich wollen Sie bei Ihrer Städtereise auch manche Gebäude von innen besichtigen. Zuerst denkt man dabei an Museen und religiöse Stätten, aber auch Bahnhöfe, Theater oder charakteristische Innenräume sind denkbar. Der Hauptunterschied zur Fotografie im Freien ist der Platzmangel – selbst wenn der Raum noch so groß ist. Bewegen Sie in dieser Situation die Kamera und halten Sie sie entweder über Kopf oder in Bodennähe, drehen Sie sie usw., um die Blickwinkel zu variieren.

3.6 Aufnahmen aus der Ober- und Untersicht

Aufnahmen aus der Ober- und Untersicht sind in dieser Situation wertvolle Alternativen. Suchen Sie nach erhöhten Standorten: Halten Sie Ihre Kamera beispielsweise oben auf einer Treppe am ausgestreckten Arm nach unten.

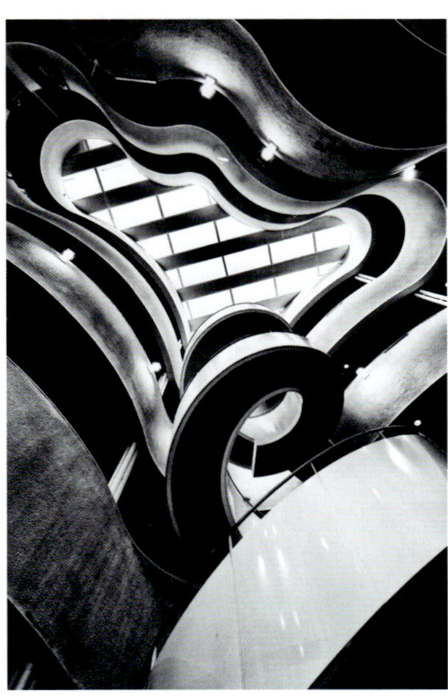

Das gleiche Motiv mit einem Ultraweitwinkelobjektiv. Dieses Foto ist ganz anders, aber ich musste nicht weit laufen, um die beiden unterschiedlichen Blickwinkel aufzunehmen.

Nikon D800, 14–24 mm, 14 mm, 1/25 s, f/5,6, 100 ISO

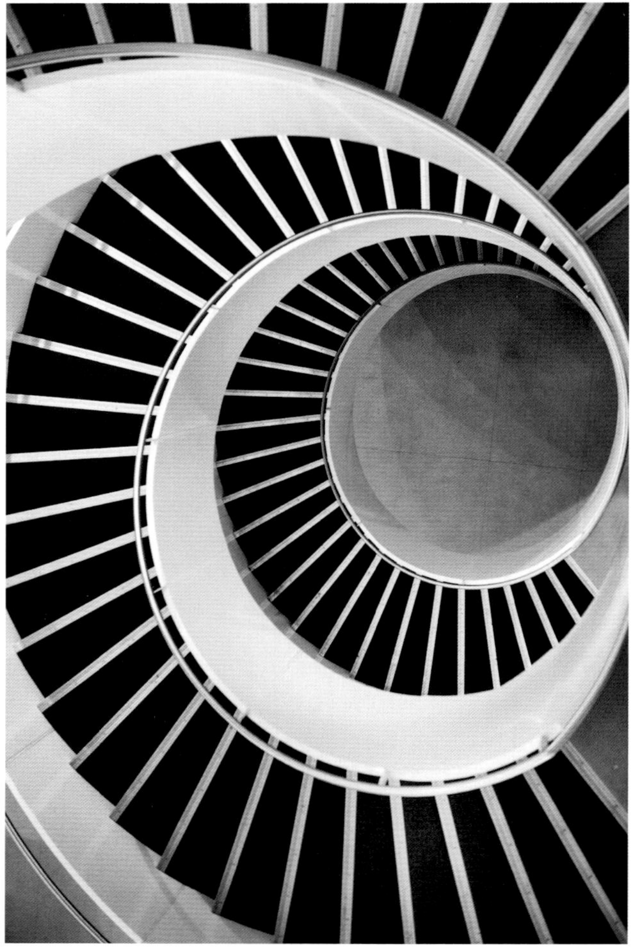

Diese Treppe eines Gebäudes in Le Havre gab aus der Untersicht eigentlich nicht viel her, aber die Konvertierung in Schwarzweiß und die Verstärkung des Kontrasts führten zu einem faszinierenden Ergebnis.

Nikon D800, 24–70 mm, 50 mm, 1/25 s, f/2,8, 220 ISO

Neigen Sie Ihre Kamera auch in einem 90°-Winkel nach oben. Beugen Sie dazu Ihren Kopf nach hinten oder, noch besser, legen Sie sich auf den Boden: So vermeiden Sie Verwacklungsunschärfen, können den Ausschnitt genau wählen und auch mehr Details der Decke mit ins Bild setzen. Ein wenig lästig an diesem Ansatz ist, dass die anderen Besucher Sie vielleicht belächeln (mit der Zeit wird Ihnen das jedoch egal sein) oder sich sogar von Ihnen gestört fühlen. Eventuell werden Sie auch von Wachleuten oder sonstigem Personal zurechtgewiesen. Versuchen Sie auch, diese Fotos aus der Untersicht durch andere Perspektiven zu ergänzen: Manchmal reichen Kleinigkeiten aus, um einen Ausschnitt radikal zu verändern.

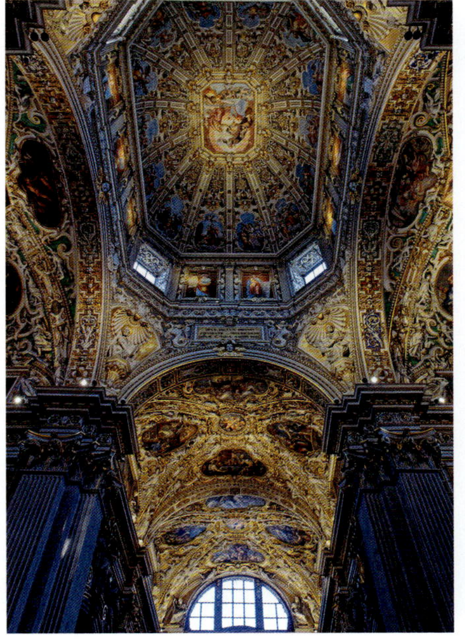

Nikon D850, 24–70 mm, 24 mm, 1/50 s, f/5,6, 4500 ISO

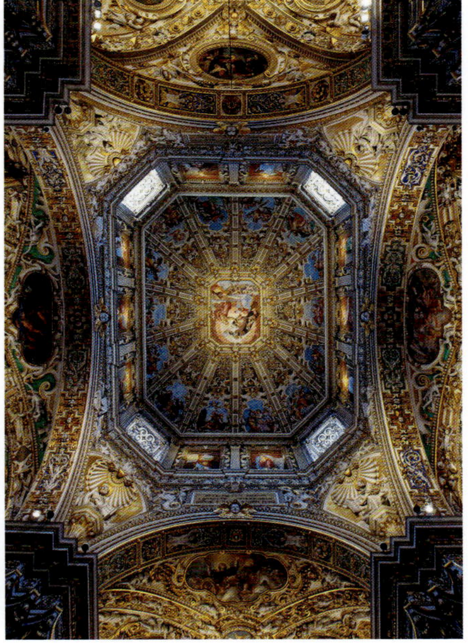

Nikon D850, 24–70 mm, 24 mm, 1/50 s, f/7,1, 6400 ISO

Der Kamerastandort war bei diesen Fotos der Decke der Basilika Santa Maria Maggiore in Bergamo fast derselbe. Je nachdem, ob genau oder eher schräg von unten fotografiert wird, entstehen ganz unterschiedliche Ansichten.

3.7 Korrektur der Perspektive

In riesigen Räumen bringt es nichts, Verzerrungen um jeden Preis vermeiden zu wollen. Aber wie immer in der Fotografie kann man ein Problem auch als Chance sehen und in einen Vorteil verwandeln: Die kreativen Ideen des Fotografen bilden die Grundlage für den Erfolg seiner Fotos, und auf Innenaufnahmen wirken stürzende Linien nicht immer störend.

In der professionellen Unternehmensfotografie würde man ein Stativ, eine Vielzahl von Blitzgeräten und sonstigen Lampen und ein Tilt-Shift-Objektiv verwenden. Falls Sie keine solche Optik – die übrigens sehr teuer ist – besitzen, um perspektivische Verzerrungen zu korrigieren, dann müssen Sie diese Anpassungen bei der Nachbearbeitung vornehmen. Wie schon weiter oben erwähnt, verliert man in die-

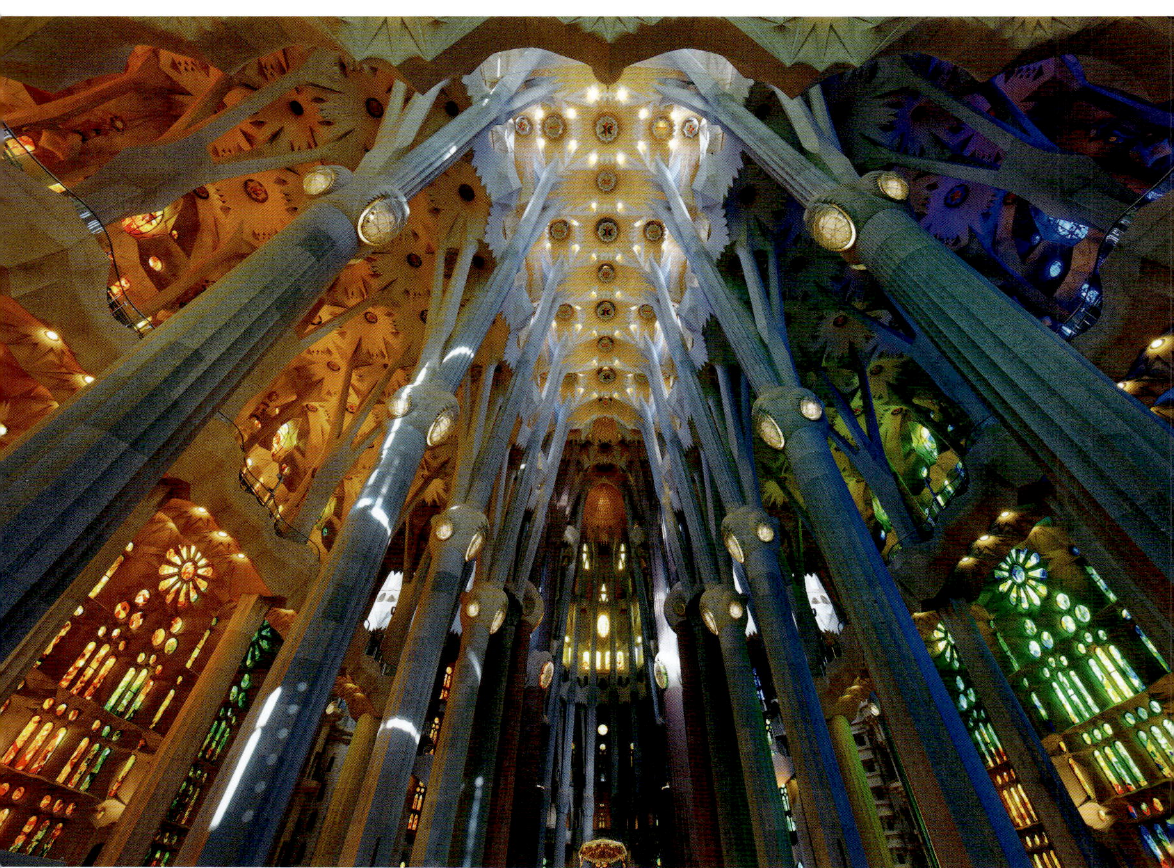

Mit einer sehr kurzen Brennweite und einer starken Neigung der Kamera habe ich die stürzenden Linien verstärkt, um die gigantischen Ausmaße und die Extravaganz der Sagrada Familia in Barcelona (Architekt: Antoni Gaudí) wiederzugeben.

Nikon D850, 14–24 mm, 14 mm, 1/30 s, f/7,1, 560 ISO

sem Fall an den Rändern viele Bildbestandteile – daran muss man bei der Aufnahme denken und den Bildausschnitt entsprechend größer wählen. Aber nicht immer hat man genug Platz für eine Übersichtsaufnahme des gesamten Innenraums. Selbst mit Ihrem weitesten Weitwinkel laufen Sie Gefahr, dass das nachbearbeitete Foto nicht alle Details zeigt, die Sie ursprünglich abbilden wollten. Manchmal kann man eben nicht alles haben.

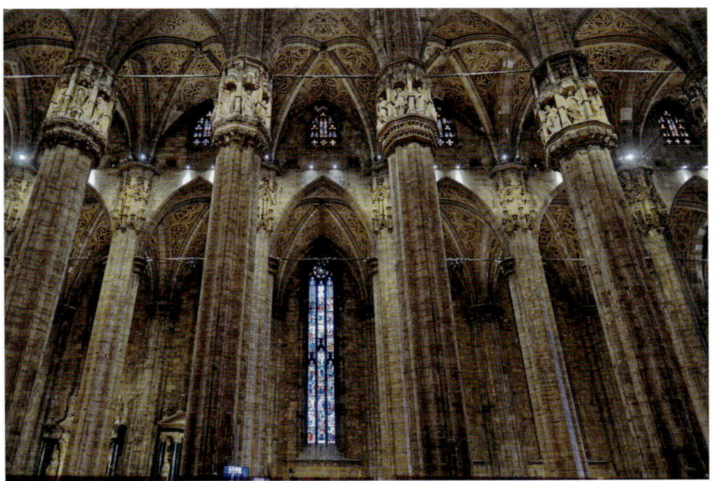

Das Innere des Mailänder Doms. RAW-Datei ohne Korrektur. Mit einer sehr kurzen Brennweite von 24 mm und auf engstem Raum wählte ich den Ausschnitt nicht allzu sorgfältig – das Buntglasfenster befindet sich nicht genau in der Mitte. Allerdings war der Ausschnitt großzügig genug gewählt, um später genügend Daten für die Korrektur der Perspektive zu haben.
Nikon D850, 24–70 mm, 24 mm, 1/50 s, f/2,8, 2200 ISO

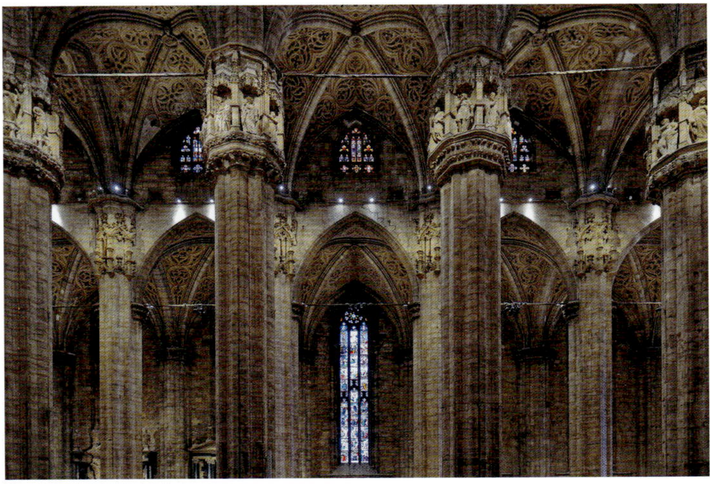

Durch die Korrektur gingen Details am oberen Bildrand, zwei Drittel der Säulen rechts und links und ein kleiner Streifen unten verloren. Die beiden Fotos wirken ganz unterschiedlich: Das erste Bild oben betont die Erhabenheit des Gebäudes, während dieses zweite das Bauwerk eher beschreibt und vielleicht angenehmer wirkt, obwohl man die Verzerrungen als störend empfinden könnte (insbesondere oben an den Säulen an den Bildrändern).

Größe und Höhe

Versuchen Sie, das Raumkonzept eines Innenraums zu beschreiben und zu zeigen, wie klein bzw. groß eine Räumlichkeit ist. Aber fixieren Sie sich nicht auf die Raumgröße! Sie können sich auch auf Details oder auf das Spiel von Licht und Schatten konzentrieren. Lassen Sie sich von Ihrem Gefühl leiten. Und denken Sie daran: Sie können darauf hinweisen, wo sich der Raum befindet – oder auch nicht.

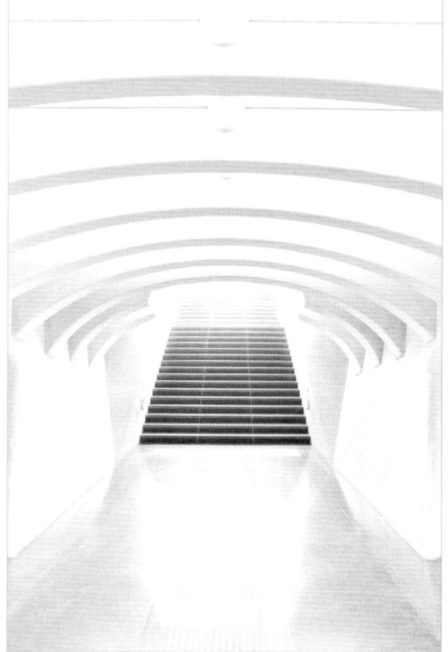

Nikon D800, 24–70 mm, 24 mm, 1/25 s, f/3,2, 100 ISO

Nikon D850, 24–70 mm, 24 mm, 1/400 s, f/2,8, 100 ISO

Diese beiden Fotos entstanden im Bahnhof Liège-Guillemins in Lüttich. Aus wenigen Metern Entfernung nahm ich Gebäudeteile ins Visier, wie diesen Tunnel, aber ich wollte auch die imposante Deckenkonstruktion ins Bild setzen. Dazu wählte ich eine sehr große Blendenöffnung und fokussierte auf die am weitesten entfernten Objekte. Die leichte Vordergrundunschärfe (bei der kleinen Wiedergabe hier schwer erkennbar) führte zu einer Tiefenwirkung, sodass die Größe der Konstruktion noch besser zur Geltung kam (ich konnte nicht anderweitig auf die Größenverhältnisse hinweisen).

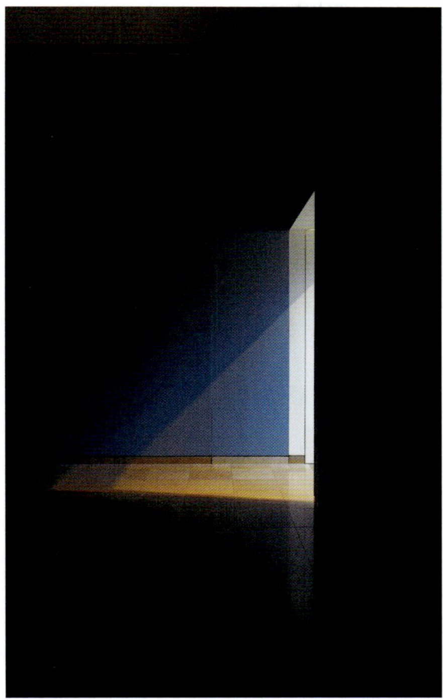

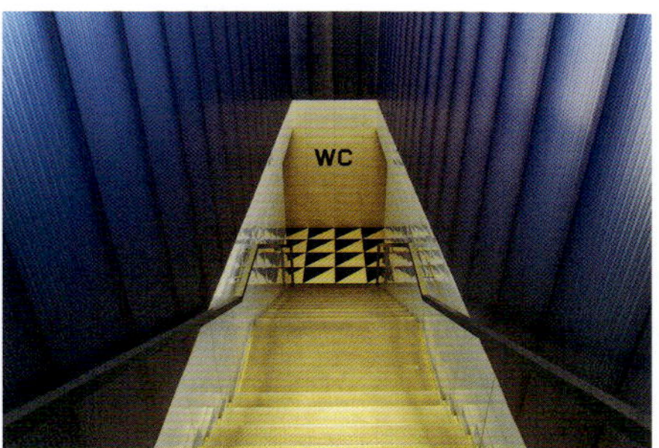

Jeder Innenraum ist ein Foto wert: Halten Sie immer die Augen nach potenziellen Motiven offen. Dieses Bild entstand in Mailand.

Nikon D850, 24–70 mm, 24 mm, 1/50 s, f/5,6, 450 ISO

Nikon D850, 24–70 mm, 35 mm, 1/20 s, f/4,5, 6400 ISO

Dieses Foto entstand im Museum Carré d'Art in Nîmes (Architekt: Norman Foster). Ich ließ mich vom Licht und von den architektonischen Details inspirieren. Alle Hinweise auf Ort und Kontext ließ ich weg.

Sie können den Raum auf Ihrem Foto so aufteilen und darstellen, wie es Ihrem Gefühl und Ihren Eindrücken entspricht. Ebenso wie beim Fotografieren im Freien gilt auch bei Innenaufnahmen, dass Sie Ihr Motiv nicht unbedingt realitätsgetreu wiedergeben müssen. Nutzen Sie miteinander verbundene Räume und Trennwände, die die Tiefenwirkung beeinflussen. Und manchmal werden Sie unverhofft über atemberaubende Räumlichkeiten stolpern – versuchen Sie dann nicht, einen möglichst originellen Ausschnitt zu finden, denn das schmälert eventuell die Wirkung des Raums. Gestalten Sie das Bild stattdessen besonders genau und sorgfältig.

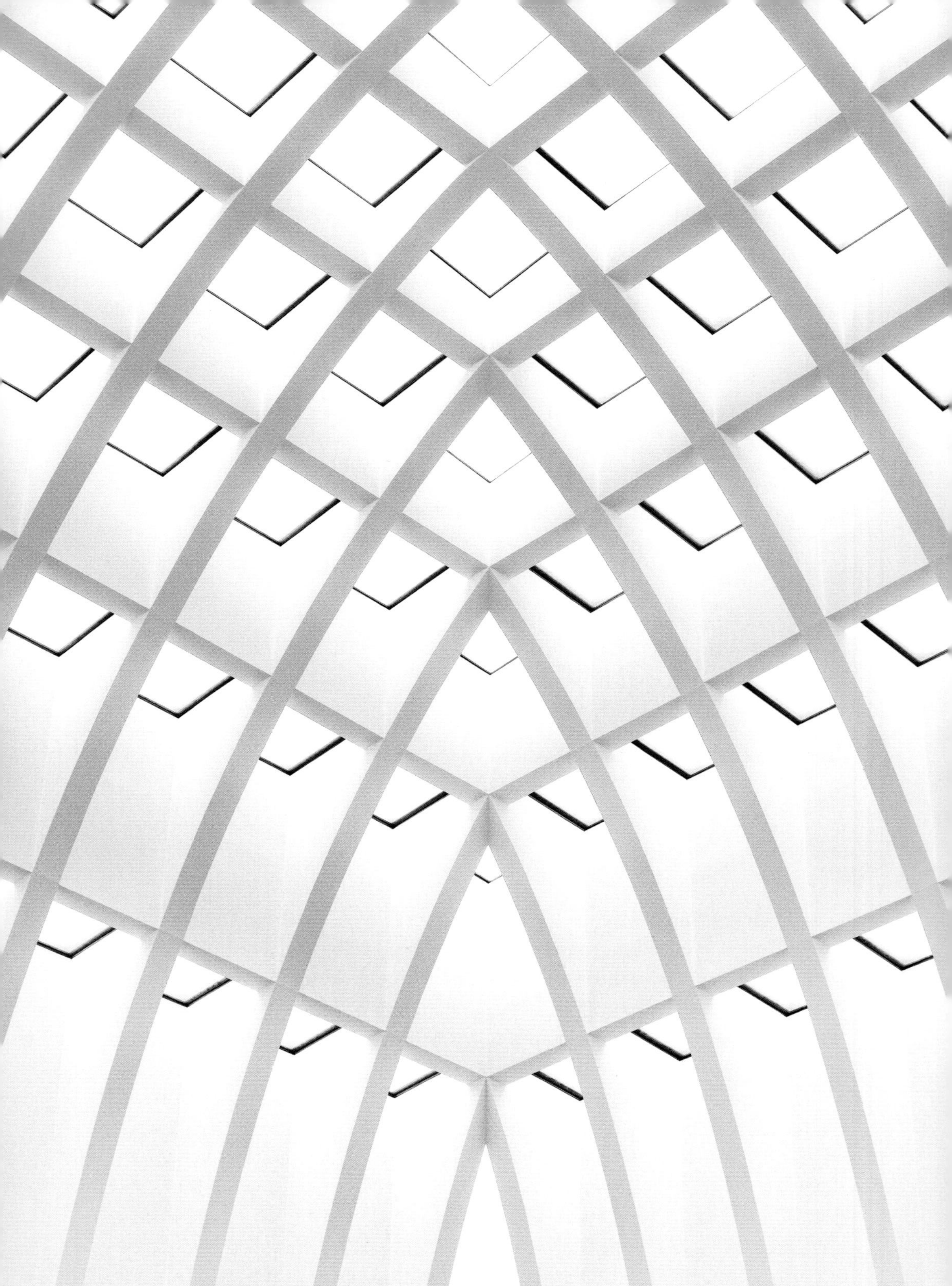

Auch ein Einkaufszentrum wie dieses in Berlin kann eventuell mit grafischen Details aufwarten, die auf einem Foto spektakulär aussehen.

Nikon D850, 24–70 mm, 50 mm, 1/100 s, f/8, 160 ISO

3.8 Tricks bei schwachem Licht

In technischer Hinsicht sind Fotos in Innenräumen eventuell etwas schwieriger umzusetzen als im Freien. In manchen Räumen ist das Licht ebenso schwach wie nachts draußen. Dieses Problem lässt sich mit unterschiedlichen Methoden lösen.

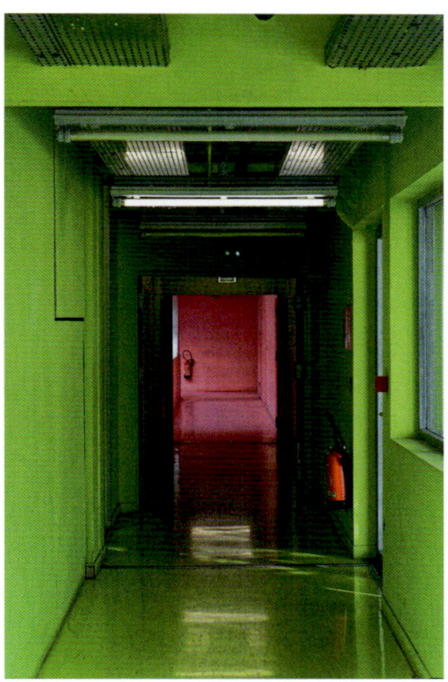

Hier war es recht dunkel. Ich wählte eine ziemlich kurze Verschlusszeit und eine kleine Blendenöffnung, um eine gute Schärfentiefe zu erhalten. Diese Einstellungen, die man sonst eher bei besserem Licht auswählen würde, wurden durch eine hohe Empfindlichkeit ausgeglichen.

Nikon D850, 24–70 mm, 70 mm, 1/160 s, f/7,1, 1600 ISO

Längere Belichtungszeiten

Je länger der Verschluss geöffnet bleibt, desto mehr Licht fällt auf den Sensor und umso besser kann man schlechte Lichtverhältnisse ausgleichen. Allerdings erhöht sich dadurch die Gefahr von Unschärfen.

Sie können Ihre Kamera auf die halbautomatische Betriebsart »Blendenautomatik« (S/Tv) einstellen und die längste Belichtungszeit auswählen, bei der Sie noch scharfe Fotos aus der Hand aufnehmen können. Allerdings steigt das Unschärferisiko mit zunehmender Brennweite. Wie schon erwähnt, muss die Belichtungszeit zur Vermeidung von Unschärfen in der Regel dem Kehrwert der Brennweite entsprechen: Bei 24 mm darf die Verschlusszeit also höchstens bei 1/24 s und bei 200 mm bei 1/200 s liegen. Diese Werte sind nicht unverrückbar, bilden aber einen guten Ausgangspunkt.

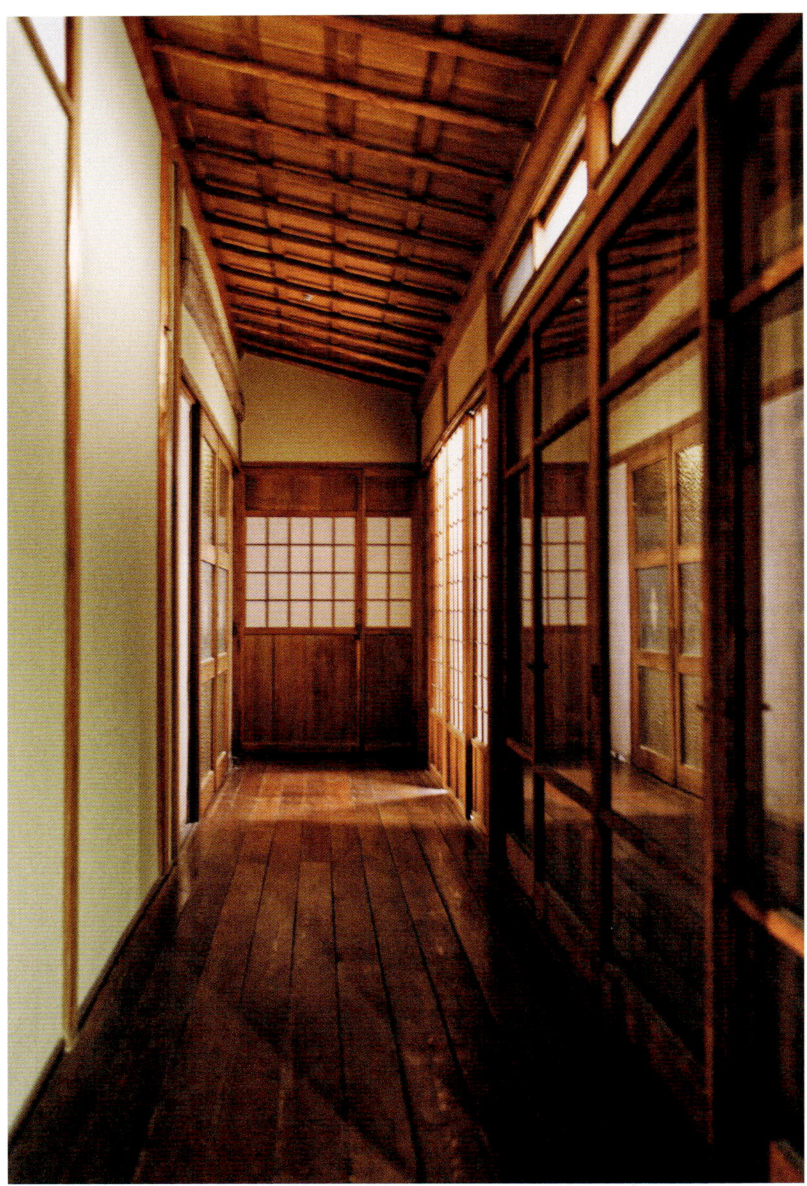

Im Inneren eines Hauses in Tokio. Bei dieser Freihandaufnahme ging ich fast an die Grenzen meiner Kamera: sehr lange Belichtungszeit (1/4 s bei einer Brennweite von 40 mm), größte Blendenöffnung und sehr hohe Empfindlichkeit. In dieser Situation fällt die Entscheidung schwer, denn die technische Leistungsfähigkeit der Kamera wird voll ausgereizt.

Nikon D850, 24–70 mm, 40 mm, 1/4 s, f/2,8, 4500 ISO

Ein Stativ bietet sich als Lösung an, aber in vielen Innenräumen ist die Verwendung untersagt (z. B. in Museen und religiösen Stätten), oder man stört die anderen Besucher. Außerdem dämpft ein Stativ meiner Ansicht nach die Freude am Experimentieren, sodass die Ausschnitte oft einheitlich wirken. Aber das ist natürlich nur meine Meinung. In Kapitel 2 (Abschnitt »Spät heimkommen«) sind einige Alternativen aufgeführt.

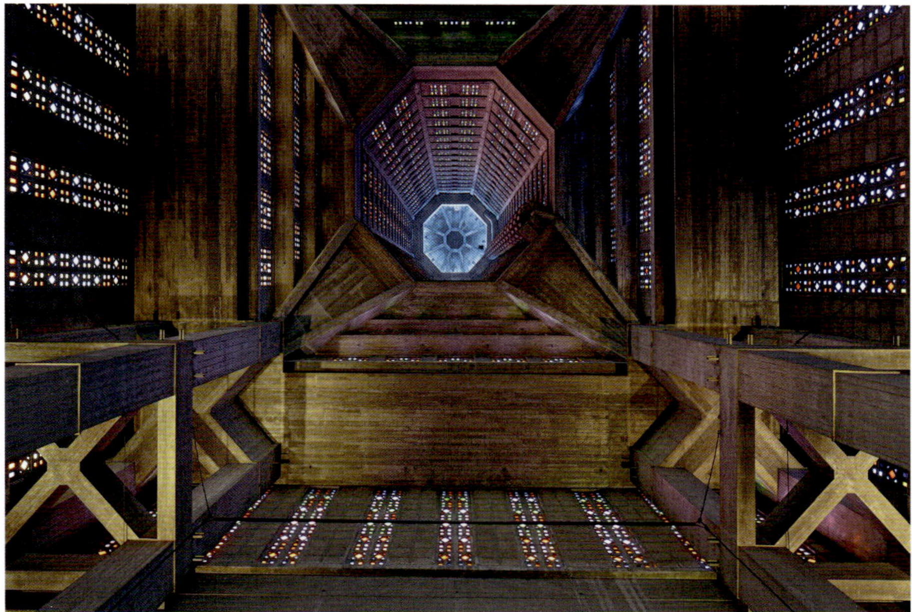

Das Innere des Glockenturms der Kirche Saint Joseph in Le Havre. Da ich auf dem Boden lag, konnte ich eine recht lange Belichtungszeit, eine kleine Blendenöffnung und eine recht niedrige Empfindlichkeit auswählen, damit einerseits die Schärfentiefe groß genug war und andererseits die farbigen Lichtpunkte der Kirchenfenster nicht unnatürlich wiedergegeben wurden.

Nikon D800, 14–24 mm, 18 mm, 1/10 s, f/5,6, 450 ISO

Größere Blendenöffnungen

Mit einer größeren Blende lässt sich schwaches Licht ebenfalls ausgleichen: Je größer die Öffnung, desto mehr Licht fällt über eine bestimmte Dauer auf den Sensor. Dazu stellen Sie die Betriebsart »Zeitautomatik« (A) ein und wählen die größtmögliche Blendenöffnung (also die kleinstmögliche Blendenzahl) aus. Allerdings müssen Sie in diesem Fall mit einer geringeren Schärfentiefe rechnen. Bei einem Weitwinkelobjektiv ist die Schärfentiefe übrigens bei gleicher Blende größer als bei einem Tele.

Lichtstarke Objektive sind allerdings meist relativ teuer. Wenn Sie einen so hohen Preis nicht zahlen möchten, dann können Sie sich nach einer lichtstarken 50 mm-Festbrennweite (f/1,8) umschauen. Diese Objektive sind schon für etwa 150 € zu haben.

Die beispiellose Qualität des Sensors der Nikon D850 ermöglichte bei »verwacklungssicherer« Verschlusszeit und relativ großer Blendenöffnung Aufnahmen dieses Raums ohne Artefakte und Qualitätsverluste.

Nikon D850, 24–70 mm, 24 mm, 1/25 s, f/4,5, 6400 ISO

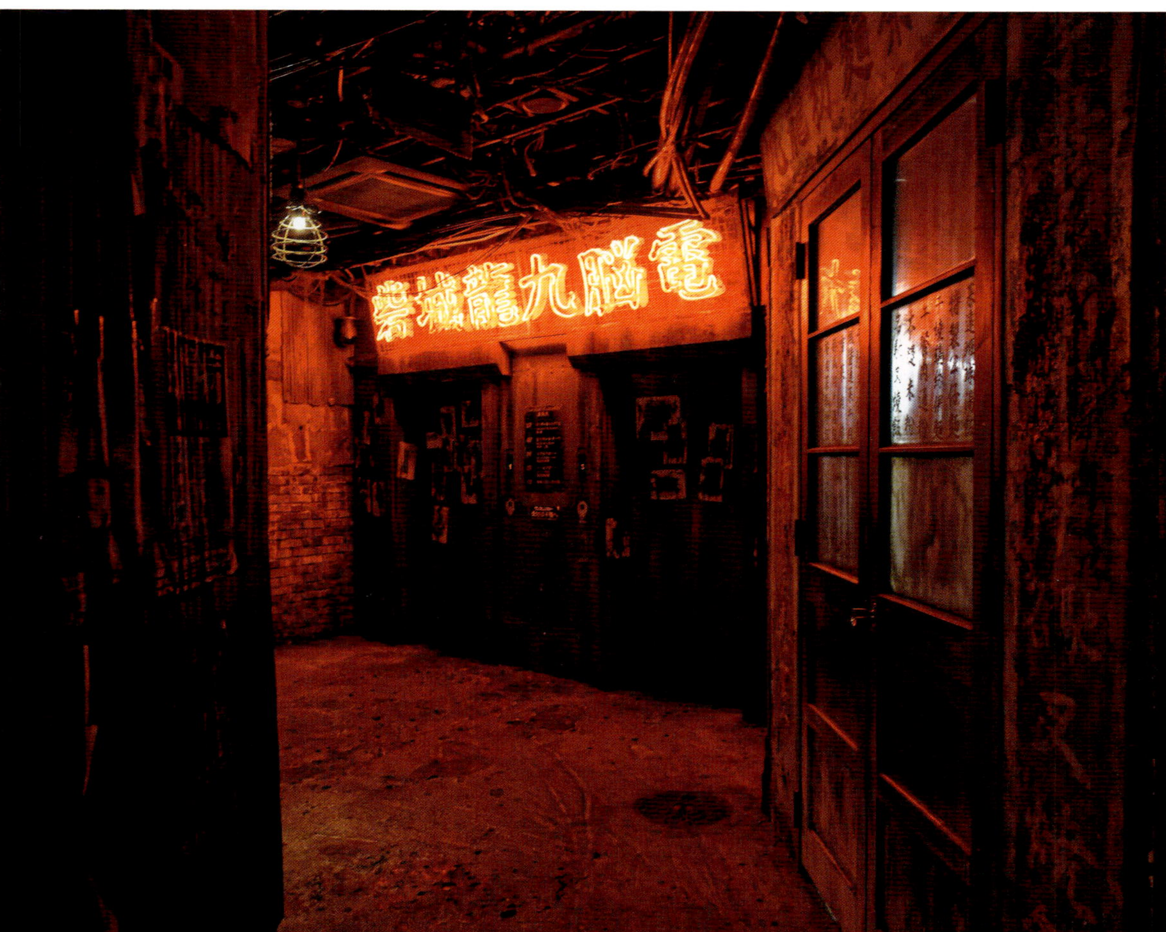

Höhere Empfindlichkeiten

Die dritte Möglichkeit bei Aufnahmen in dunklen Innenräumen ist eine Erhöhung der Empfindlichkeit (ISO-Wert). Dank der Qualität moderner Sensoren wird diese Lösung immer interessanter, denn die höhere Empfindlichkeit führt immer weniger zu digitalem Rauschen.

Meine kreative Grundentscheidung

Ich stelle fast immer die Betriebsart »Zeitautomatik« (A) ein und öffne die Blende so weit wie möglich. Falls die Verschlusszeit ausreicht, blende ich manchmal ein wenig ab. Dies bewirkt eine Verlängerung der Belichtungszeit, damit die auf dem Sensor gesammelte Lichtmenge gleich bleibt, aber gleichzeitig auch eine Erhöhung der Schärfentiefe. Wenn der Schärfebereich wirklich groß sein soll, schließe ich die Blende so weit, bis ich mit der resultierenden Belichtungszeit Unschärfen gerade noch vermeiden kann.

Die Einstellung der Empfindlichkeit überlasse ich immer der Automatik, allerdings nur bis zu einer bestimmten Obergrenze. Bei der Nikon D800 hatte ich den Höchstwert auf 1.600 ISO festgelegt. Bei meiner heutigen Nikon D850 liegt der Wert zwischen 3.200 und 6.400 ISO.

Wenn ich die maximale Zeit-/Blendenkombination meiner Kamera, bei der ich noch ohne Unschärfe auslösen kann, eingestellt habe und die ISO-Obergrenze erreicht ist, kann ich die Empfindlichkeit immer noch weiter erhöhen, um ein korrekt belichtetes Ergebnis zu erreichen. Den kleinen Qualitätsverlust nehme ich dann in Kauf.

Einstellung des Weißabgleichs

Ein weiterer Faktor, der bei der Fotografie von Innenräumen ins Gewicht fällt, ist der Weißabgleich. Diese Einstellung wird oft vergessen, wirkt sich aber entscheidend auf die Farbwiedergabe aus.

Jede Lichtquelle hat eine bestimmte Farbtemperatur. Eine Glühlampe erzeugt z.B. ein leicht orangefarbenes Licht, Blitzlicht wirkt dagegen eher bläulich. Im Freien verändert sich die Farbtemperatur je nach Tageszeit und Wolken am Himmel: Der Sonnenuntergang am Ende des Tages wirkt rötlich (warm), während die Beleuchtung an einem Regentag eher bläulich (kalt) aussieht. Das Gehirn passt sich zwar dauerhaft an diese Schwankungen an und nimmt Weiß immer als Weiß wahr (und nicht als Orange oder Blau), aber die Kamera kann das nicht: Zum Ausgleich muss man ihr mithilfe der Weißabgleichseinstellungen (»Kunstlicht«, »Sonne«, »Leuchtstoffröhre«) die Lichtquelle (Straßenlaterne, blauer Himmel, bewölkter Himmel) »mitteilen«.

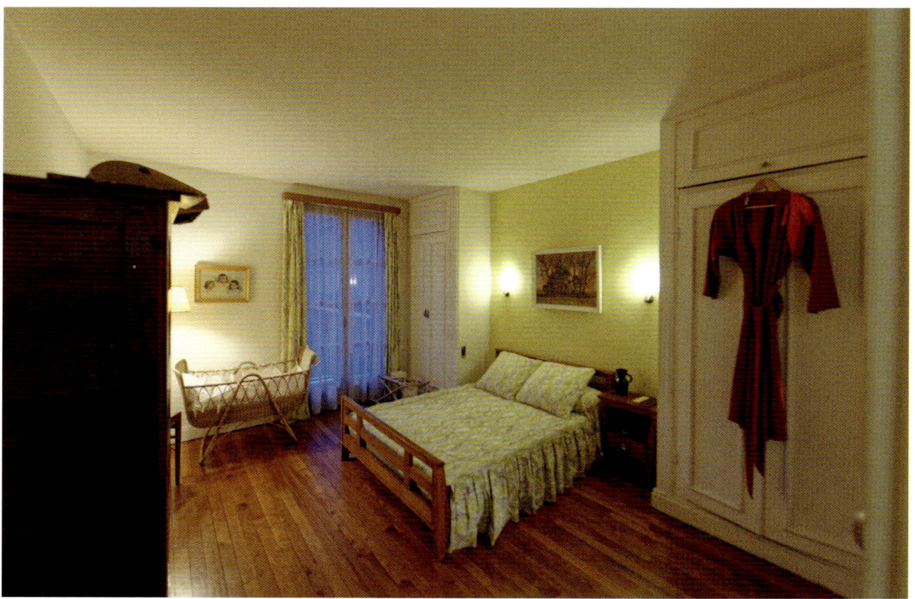

Wohnung in der Stadtmitte von Le Havre im Stil der Nachkriegszeit. Hier sieht man unterschiedliche Farbtemperaturen, sogenanntes »Mischlicht«: gelbes elektrisches Licht und bläuliches Tageslicht gegen Endes des Tages.

Nikon D800, 14–24 mm, 14 mm, 1/15 s, f/4, 800 ISO

In den meisten Fällen kann man die Einstellung des Weißabgleichs getrost der Kameraautomatik überlassen, allerdings nicht in einem Innenraum mit Lichtquellen unterschiedlicher Farbtemperatur, beispielsweise mit Glühlampen, LED-Strahlern und durch das Fenster einfallendem Tageslicht. Der automatische Weißabgleich der Kamera kann mit dieser Situation nicht umgehen.

Ohne allzu sehr ins Detail zu gehen, würde ich Ihnen bei der Aufnahme folgende Lösung empfehlen: Lassen Sie den Weißabgleich auf »Automatisch« und arbeiten Sie unbedingt im RAW-Format, damit Ihnen die Rohdaten zur Verfügung stehen (für den Fall, dass Sie das RAW-Format nicht kennen, gibt es in Ihrer Buchhandlung oder im Internet jede Menge Informationen zu diesem Thema). Später bei der Nachbearbeitung können Sie die Farbtemperatur dann immer noch korrigieren, um die gewünschte Farbwiedergabe zu erreichen

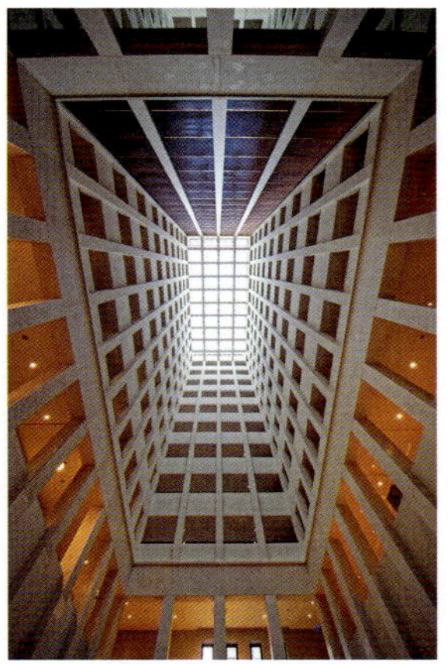
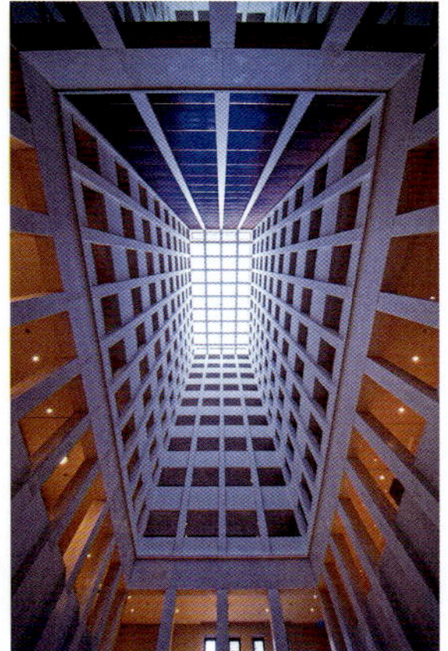
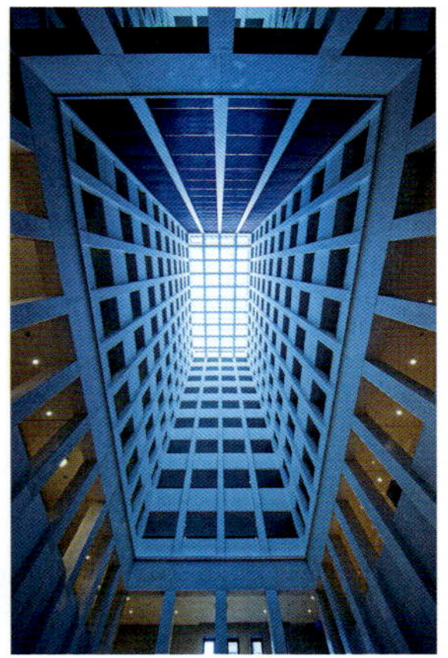

Bei diesem RAW-Foto eines Berliner Hotels kamen unterschiedliche Weißabgleichseinstellungen zum Einsatz. Auf dem ersten Bild entspricht der Weißabgleich dem von der Kameraautomatik ermittelten und mit den Augen wahrgenommenen Wert. Beim zweiten Foto (Option »Leuchtstoffröhre«) treten die ersten Farbabweichungen auf. Das dritte Foto (Option »Kunstlicht«) ist blaustichig. Im RAW-Format lassen sich diese Werte später am Computer korrigieren, um Farbstiche zu beseitigen.

Nikon D850, 11 mm, 1/20 s, f/6,3, 360 ISO

Aber auch mit einem Smartphone kann man in schwierigen Beleuchtungssituationen anspruchsvolle Innenraumaufnahmen machen. Aufgrund der geringeren Qualität ist der großformatige Ausdruck der Ergebnisse zwar meist nicht möglich, aber für eine Präsentation innerhalb der Familie oder in sozialen Netzwerken reicht diese Auflösung aus.

3.9 Belichtung prüfen

Ein weiterer technischer Aspekt bei Aufnahmen von Innenräumen ist der Umgang mit Gegenlicht. Häufig fällt durch ein Fenster das Tageslicht ein, und wenn diese Lichtquelle im Bild zu sehen ist, kann der Helligkeitsunterschied zum dunklen Innenraum zu Belichtungsfehlern führen.

Die Kamera wird in der Regel einen Mittelwert zwischen den beiden Extremen auswählen. Das geschieht meist mithilfe der Matrixmessung, bei der die Helligkeit verschiedener Bereiche gemessen und eine durchschnittliche Belichtung ermittelt wird. Das Foto wird auf diese Weise zwar angemessen belichtet, wirkt aber eventuell kontrastarm. Die Grenzen einer Durchschnittsbelichtung zeigen sich bei sehr starkem Kontrast zwischen hellen und dunklen Bereichen; die resultierende Belichtung führt zu einer flauen Wiedergabe, bei der nichts wirklich richtig belichtet ist (oder zumindest nicht so, wie Sie es sich gewünscht haben).

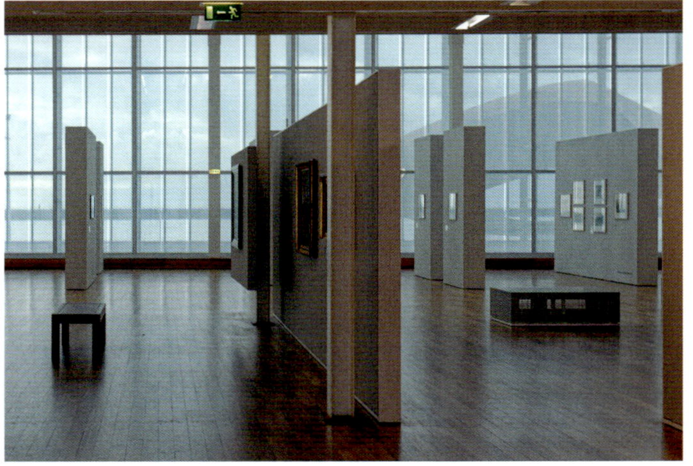

Die große und diffuse Lichtquelle von draußen leuchtet die Szene gleichmäßig aus, wie hier im Musée d'Art Moderne von Le Havre: Man braucht sich um den Weißabgleich keine Sorgen zu machen.

Nikon D800, 24–70 mm, 50 mm, 1/25 s, f/5,6, 180 ISO

Wenn Sie keine Durchschnittsbelichtung ermitteln können, müssen Sie entweder auf die hellen oder auf die dunklen Bereiche belichten. Dazu nutzen Sie aber nicht die Matrixmessung, sondern die mittenbetonte Integralmessung oder die Spotmessung Ihrer Kamera. Bei diesen Messmethoden wird zur Belichtung nur ein kleiner Bereich des Motivs angemessen, der dann perfekt belichtet wird. Der Rest wird nicht berücksichtigt: Wenn Sie den hellen Bereich anmessen, werden alle Details dieser Bildpartie perfekt belichtet, während die schwarzen Bereiche »zulaufen« und keine Zeichnung mehr aufweisen. Belichten Sie dagegen auf die dunklen Stellen, dann sind diese gut belichtet und durchgezeichnet, allerdings auf Kosten der in diesem Fall »ausgefressenen« Lichter.

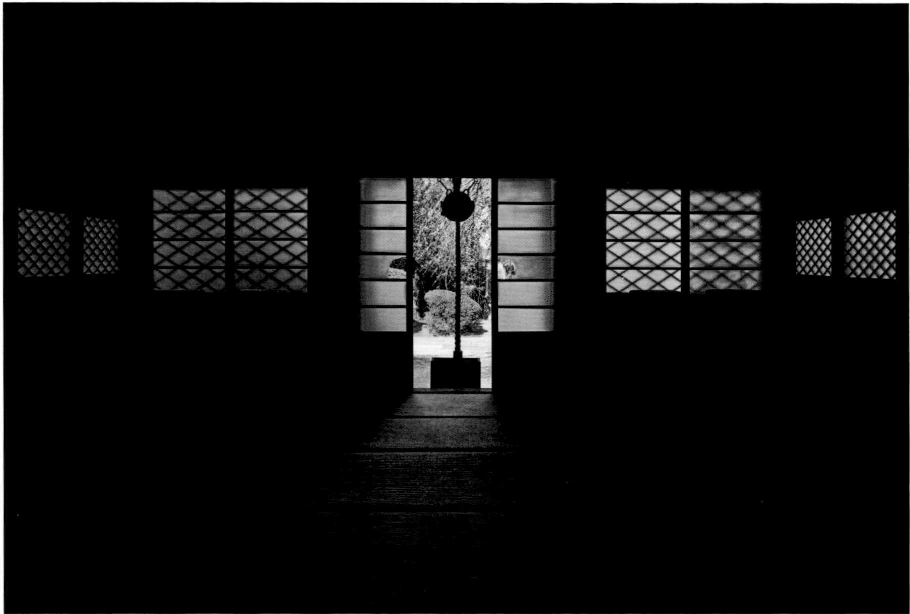

Ich maß zur Belichtung die Szene draußen an und konnte so die ruhige Atmosphäre im Inneren dieses Tempels in Tokio wiedergeben. Eine Matrixmessung hätte alle Details des Innenraums zum Vorschein gebracht und den Außenbereich in eine weiße Fläche verwandelt. Die friedliche Stimmung wäre verloren gegangen.

Nikon D850, 24–70 mm, 24 mm, 1/50 s, f/5,6, 100 ISO

Nikon D850, 24–70 mm, 40 mm, 1/200 s, f/7,1, 100 ISO

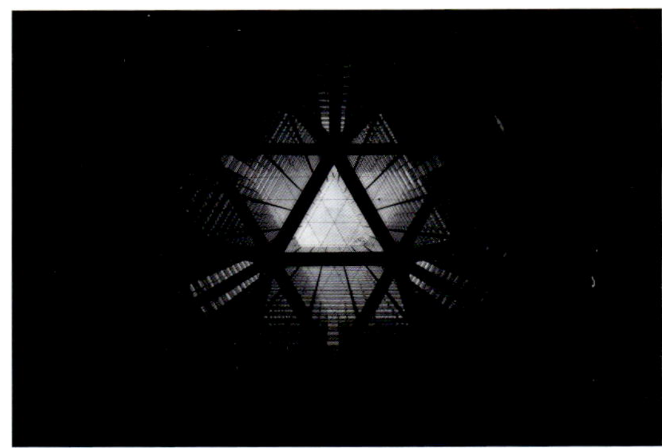

Nikon D850, 24–70 mm, 40 mm, 1/80 s, f/7,1, 320 ISO

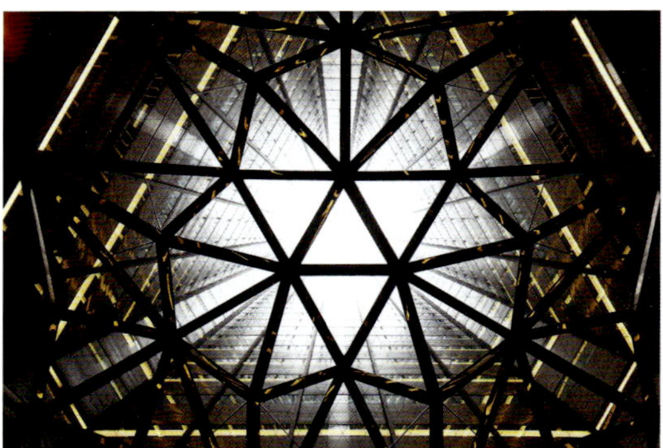

Nikon D850, 24–70 mm, 40 mm, 1/125 s, f/7,1, 100 ISO

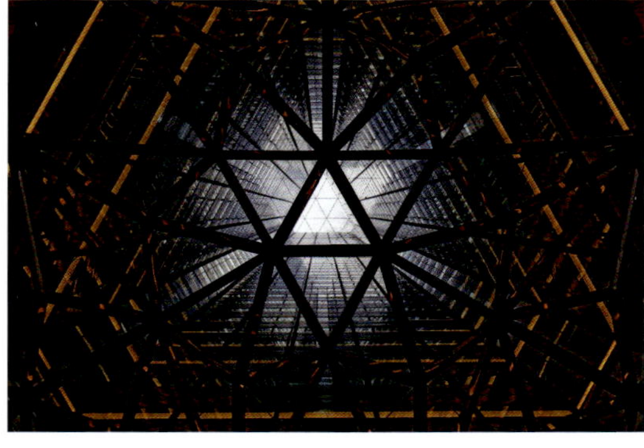

Ich wollte die Details des Glasdaches (120 m über mir) in einem Tokioter Gebäude und die Beleuchtung in den darunterliegenden Etagen wiedergeben (in sehr dunkler Umgebung). Ich blendete ab, damit der Schärfebereich zwischen dem Gitter 3 m vor mir und dem Glasdach möglichst groß war. **Foto 1:** Bei einer Messung des Glasdaches liegt zwar ein großer Bereich im Dunkeln, aber das Ergebnis ist interessant. **Foto 2:** Bei der Matrixmessung überwiegen die dunklen Bereiche, und die Bildmitte ist »ausgefressen«. **Foto 3:** Wie die erste Belichtung, aber mit längerer Belichtungszeit. Bei der Nachbearbeitung wurden die dunklen Stockwerke aufgehellt.

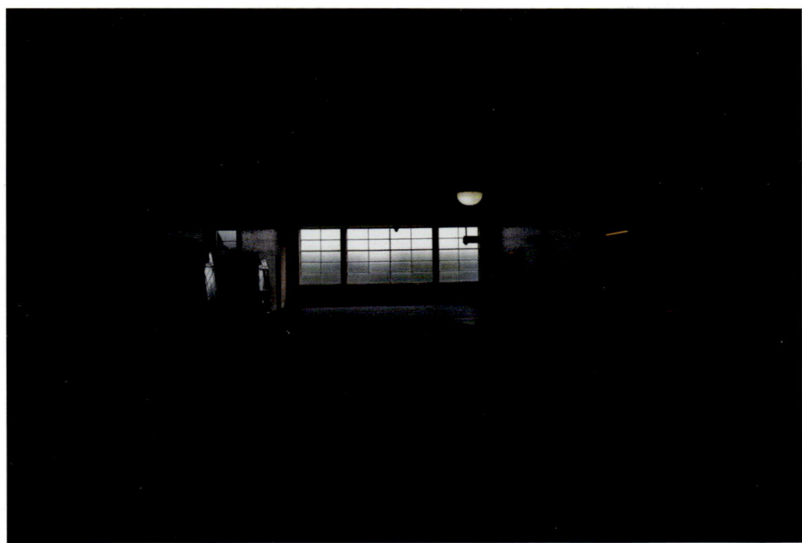

Nikon D850, 24–70 mm, 24 mm, 1/50 s, f/5, 160 ISO

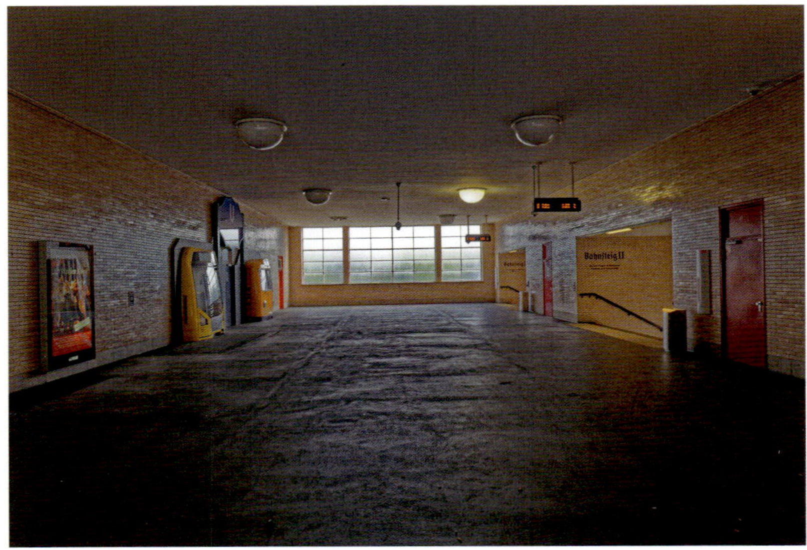

Oben sieht man einen Belichtungsfehler: Ich hatte vergessen, dass die Kamera noch auf Spotmessung eingestellt war, sodass zur Belichtung die hellen Fenster angemessen wurden. Ich stellte die unterbelichteten Details bei der Nachbearbeitung wieder her. (So viel Belichtungsspielraum hat man nur im RAW-Format.)

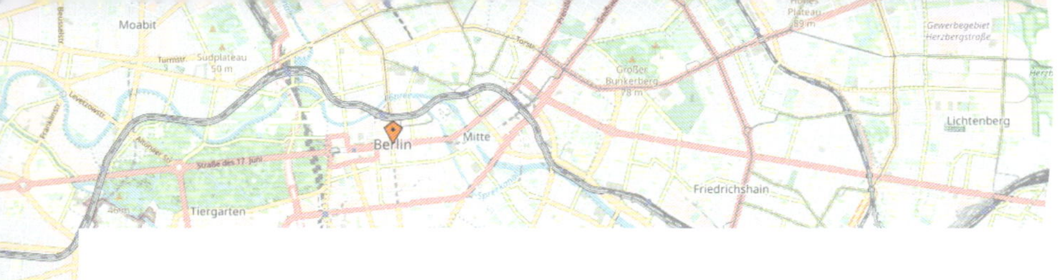

Die Qualität von Kamerasensoren ist jedoch mittlerweile so gut, dass störende Helligkeitskontraste auch noch bei der Nachbearbeitung ausgeglichen und Details in den dunklen Bildpartien erstaunlich gut wiederhergestellt werden können. Je neuer und hochwertiger die Kamera ist, desto besser lassen sich diese Belichtungsunterschiede ausgleichen. Ein gutes Beispiel ist meine Nikon D850.
Die Leistungsfähigkeit Ihrer Kamera testen Sie am besten schon vor der Reise, indem Sie bis an ihre Kapazitätsgrenzen gehen und prüfen, was Sie später bei der Entwicklung noch herausholen können. Vor Ort wissen Sie dann schon, ob Sie trotz widriger Bedingungen noch gefahrlos auslösen können oder nicht.

3.10 Weiterführende Informationen

Wenn Sie sich bereits mit den technischen Aspekten der Fotografie auskennen, finden Sie diese Erklärungen vielleicht ein wenig banal. Dieses Buch ist jedoch auch für fotografische Einsteiger gedacht und soll daher die grundlegenden Techniken vermitteln. Zur Vertiefung und Ergänzung des eigenen Fotowissens steht eine Fülle von weiterführender Literatur zur Verfügung.

3.11 Die eigene Kreativität anregen

In diesem Kapitel möchte ich Ihnen Ratschläge geben, wie Sie die Ausdrucksstärke Ihrer Fotos verbessern können. Diese Tipps helfen Ihnen weiter, wenn Sie vor Ort nicht wissen, wie Sie einen Schauplatz fotografisch in Szene setzen sollen. Die hier gezeigten Beispiele lassen sich problemlos in jeder beliebigen Stadt umsetzen, aber nach und nach werden Sie Ihre eigenen Methoden finden, die zur Verfügung stehende Zeit besser nutzen und mehr und mehr Details innerhalb der Stadtumgebung wahrnehmen.

Überschneidungen von Bildebenen

In einer Stadt überlappen sich die Bildebenen zwangsläufig: Die Kunst besteht darin, auf dem Foto zwei oder mehr Bildelemente auf verschiedenen Ebenen zusammenzubringen, die sich gegenseitig ergänzen. Der berühmte Fernsehturm von Berlin erzielt einsam und allein auf einem Foto eigentlich keine gute Wirkung: Es entstehen zu viele leere Flächen.

Ich rückte auch die Spitze eines Gebäudes am Fuß des Turms ins Bild, nicht nur, um diesen Bereich zu füllen, sondern auch zur Gegenüberstellung des spitzen Winkels und der runden Form.

Da weitere Anhaltspunkte fehlen, hat der Betrachter den Eindruck, als würden diese beiden Bauwerke auf der gleichen Bildebene liegen (dabei ist die Spitze nur etwa zehn Meter hoch, der Turm dagegen 370 Meter). Durch die kontrastreiche Schwarzweißdarstellung heben sich die Gebäude mit ihren Formen gut vom schwarzen Himmel ab.

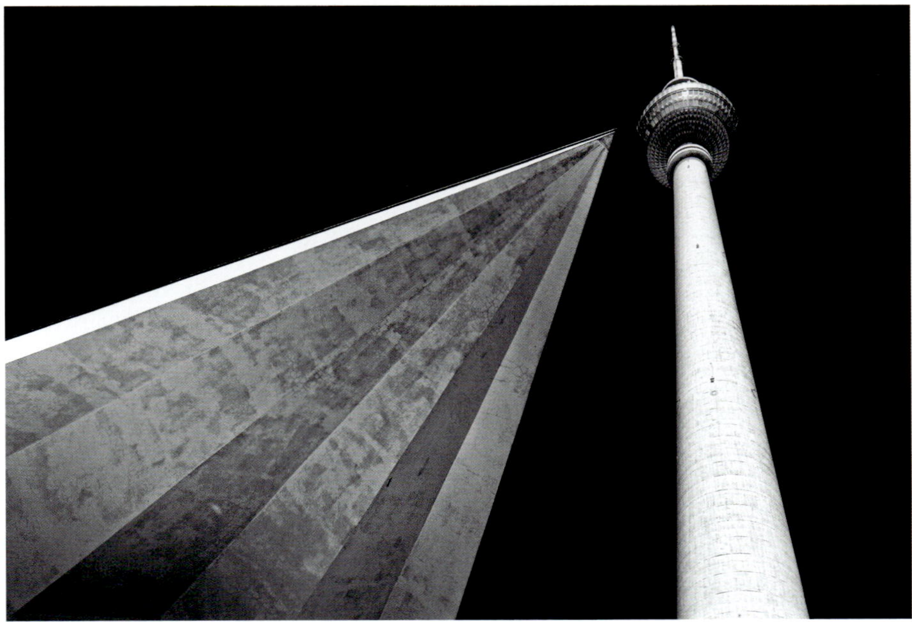

27 mm, 1/160 s, f/8, 100 ISO

Spiegelungen

Spiegelungen findet man auf Gebäuden, Autos, in Pfützen, auf Schaufensterscheiben. In der Stadt wimmelt es nur so davon. Sind Sie erst einmal fündig geworden, dann müssen Sie dieses Motiv nur noch wirkungsvoll ins Bild setzen. Beispielsweise können Sie zwei Gebäude gleichzeitig zeigen, indem Sie ein »Bild im Bild« schaffen. Bei dieser Ansicht von New York wollte ich die Spiegelung des anderen Hochhauses nicht auf herkömmliche Weise von vorn einfangen, sondern von der Seite zeigen, was aufgrund der undefinierbaren farbigen Form zu einer überraschenden spiegelnden Abstraktion führte.

Halten Sie die Augen offen und denken Sie daran, dass ein Polarisationsfilter im Zusammenhang mit spiegelnden Oberflächen gute Dienste leisten kann. Versuchen Sie außerdem, zu helle Lichtreflexe zu vermeiden, indem Sie Ihren Blickwinkel ändern.

300 mm, 1/320 s, f/6,3, 1100 ISO

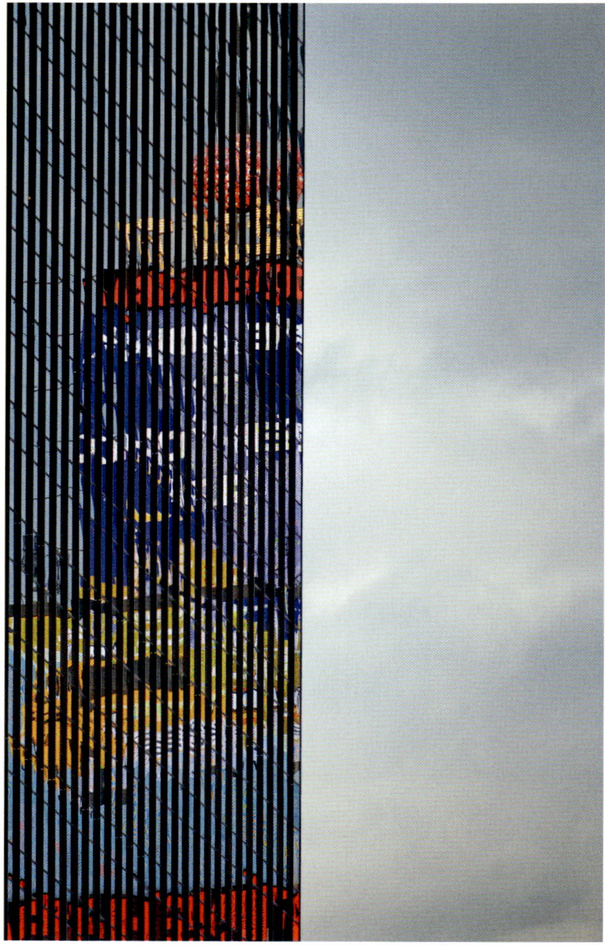

Schattenspiel

Für fotografische Neulinge sind Schatten meist ein rotes Tuch. Da ein Städtetrip in der Regel aber nur ein paar Tage dauert und Sie keine Zeit haben, mehrmals zu einem Aufnahmeort zurückzukehren, um den Einfall des Lichts zu beobachten, sollten Sie versuchen, die in der Stadt allgegenwärtigen Schatten als eigenständiges Bildelement in die Komposition zu integrieren. So können Sie Ihrem Bild Räumlichkeit und Struktur verleihen oder sogar Abstraktionen schaffen.

Bei dieser Aufnahme der Disney Concert Hall in Los Angeles belichtete ich auf die hellen Bereiche des Gebäudes (Spotmessung): So blieb etwas Zeichnung in den Lichtern erhalten, während die Schatten noch dunkler wiedergegeben wurden, was für Räumlichkeit und gut sichtbare Formen sorgte. Das Zusammenspiel der Schlagschatten und der weicheren dunklen Bereiche ist bildbeherrschend.

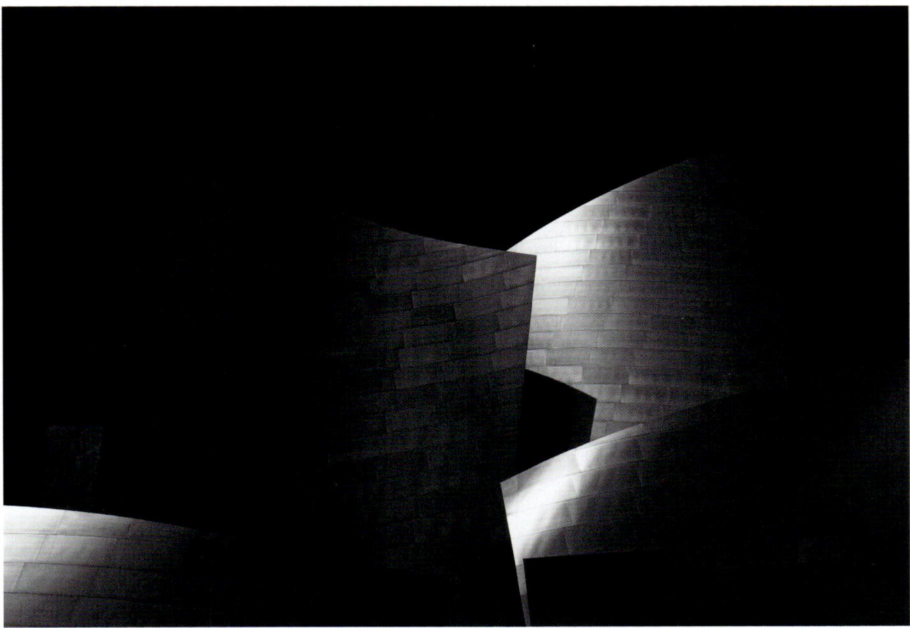

Wenn Sie die Schatten zu Ihrem Vorteil nutzen, verbessern Sie die Raumwirkung der Formen. Dadurch entstehen ungewöhnliche Ansichten.

24 mm, 1/200 s, f/8, 100 ISO

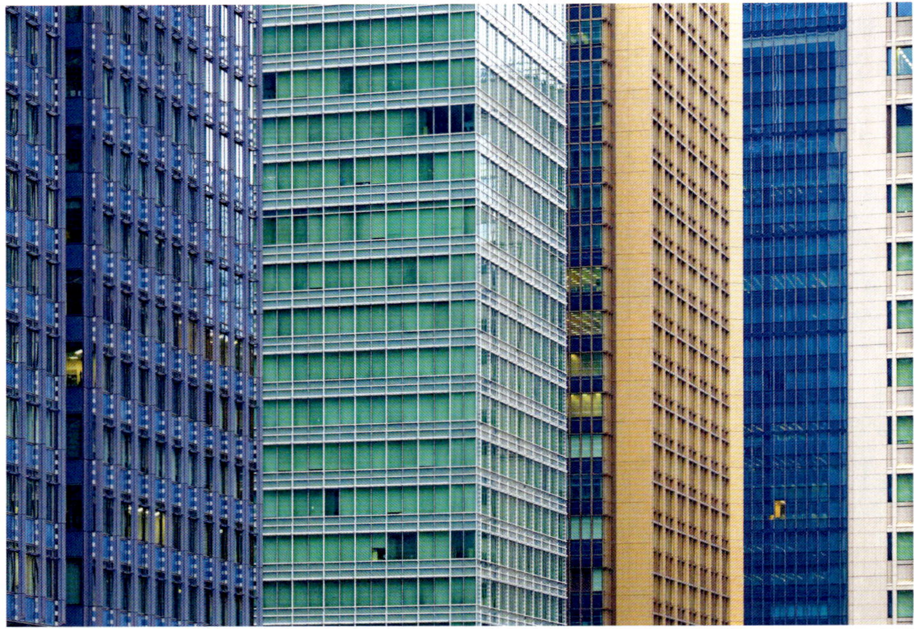

150 mm, 1/320 s, f/7,1, 3600 ISO

Komprimierung der Perspektive

In einem modernen Stadtzentrum gibt es eine Fülle von unterschiedlichen Bildebenen. Das kann die Komposition manchmal erschweren – Ihr Bild wirkt eventuell überfrachtet oder übervoll mit Bildinformationen. Eine lange Brennweite bewirkt jedoch eine Komprimierung der Perspektive, scheinen doch auf einer Teleaufnahme die unterschiedlichen Bildebenen näher zusammenzuliegen als in Wirklichkeit. Dieser besondere Effekt lässt sich wirkungsvoll für die Bildgestaltung nutzen.

Auf obigem Foto habe ich die Wolkenkratzer von Tokio »zusammengedrängt« und ihre Farben und Strukturen gegenübergestellt. Durch die Komprimierung der Bildebenen wird diese Gegenüberstellung noch verstärkt.

Dieser Effekt ist nicht nur bei Aufnahmen von modernen Hochhäusern interessant, sondern kann funktionieren, sobald eine Szene mehrere hintereinanderliegende Elemente aufweist, beispielsweise Plakate oder Verkehrsschilder.

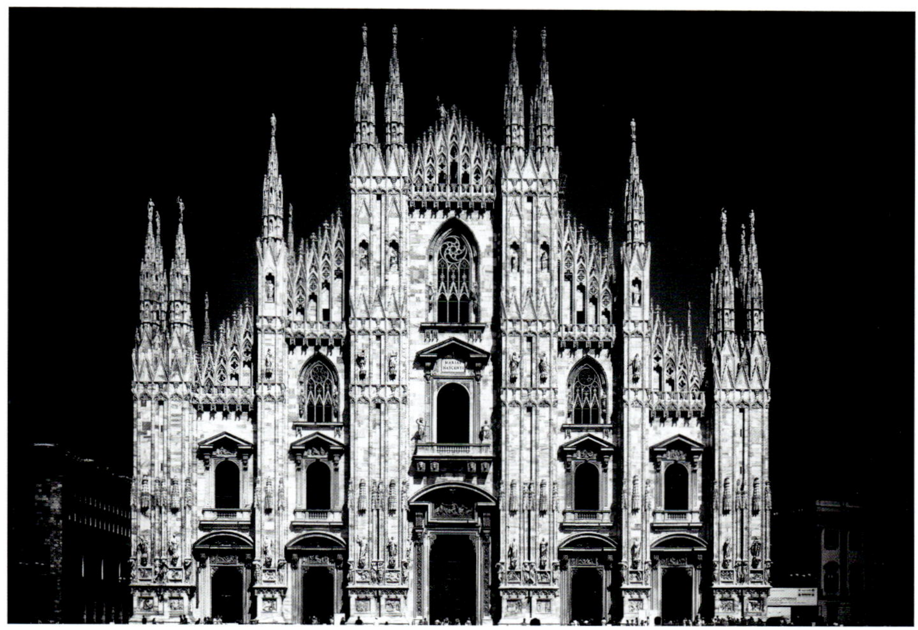

30 mm, 1/500 s, f/8, 100 ISO

Kontraste

Der Kontrast ist ein wichtiges Gestaltungsmittel in der Fotografie. Umgangssprachlich wird damit der Gegensatz zweier miteinander verglichener Dinge bezeichnet. In der Fotografie bedeutet Kontrast den Helligkeitsunterschied zwischen der hellsten und dunkelsten Bildpartie. Ein Foto mit maximalem Kontrast würde beispielsweise nur aus reinweißen und tiefschwarzen Bildpunkten bestehen, während ein Bild mit minimalem Kontrast nahezu grau wäre.

Damit sich die helle Fassade des Mailänder Doms und die Details gut von der Umgebung abhoben, verstärkte ich den Kontrast durch eine dunklere Abbildung des Himmels (mit einem Polfilter) und der dunklen, aber feinen Schatten. Bei der Nachbearbeitung habe ich Himmel und Schatten nochmals verstärkt, die Bildecken abgedunkelt und alle hellen Bereiche aufgehellt, um das Beste aus dieser sehr konventionellen Aufnahme herauszuholen.

Ein kontrastreiches Foto hat in der Regel mehr Schlagkraft – vielleicht entspricht das ja Ihren Absichten. Aber ein hoher Kontrast ist nicht für alle Situationen geeignet. Gehen Sie vorsichtig damit um, natürlich nicht nur bei Schwarzweißaufnahmen, sondern auch bei Farbfotos.

50:50-Bildaufteilung

In fast allen Ratgebern liest man, dass die wichtigste Regel in der Komposition die Bilddrittelung ist: Ein Foto wird durch zwei gedachte vertikale und horizontale Linien mit gleichem Abstand in Drittel unterteilt. Diese vier »Kraftlinien« schneiden sich an vier Punkten, die man auch »Kraftpunkte« nennt. Ordnet man ein Bildelement an einem solchen Kraftpunkt an, wird es hervorgehoben.

Diese Kompositionshilfe (keine »Regel«) erleichtert sicherlich häufig die Gestaltung einer Aufnahme, aber man muss sie auch manchmal ignorieren! Probieren Sie einmal eine andere Komposition aus. Warum beispielsweise nicht 50:50? Von einer solchen Aufteilung wird ansonsten eher abgeraten. Im Bild unten hatte ich die Bildfläche zu gleichen Teilen mit dem farbenfrohen Berliner Gebäude und dem blauen Himmel gefüllt, in dem sich nur eine einzige Wolke zeigte. Die grafische Wirkung dieser ungewöhnlichen Komposition wird durch die Bildaufteilung noch verstärkt.

Wenn Sie Lust bekommen haben, sich von den Dogmen der Fotografie frei zu machen: Auf Städtereisen haben Sie viele Gelegenheiten dazu!

70 mm, 1/320 s, f/8, 100 ISO

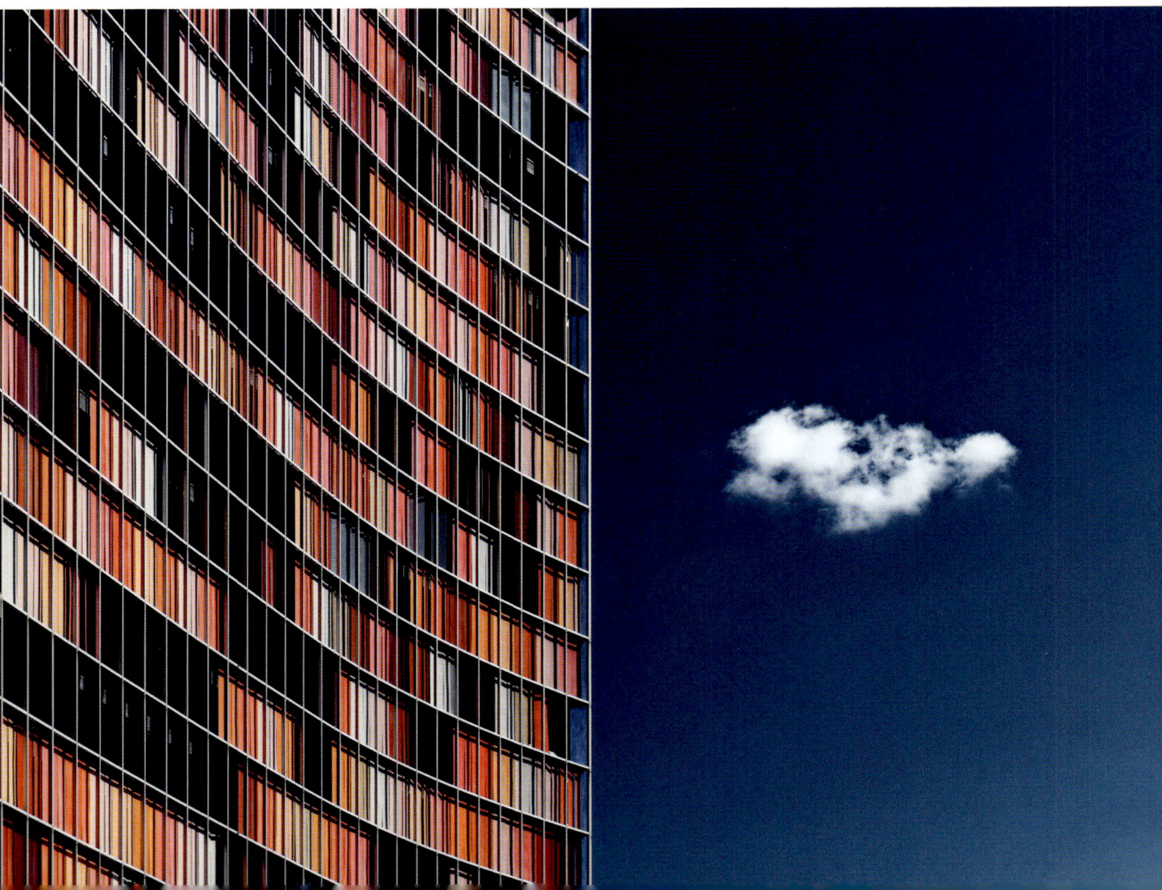

Bildrhythmik

Bildrhythmik kann in der Fotografie als dynamisch und geordnet oder harmonisch wirkende Abfolge von Bildelementen innerhalb der Komposition definiert werden. Sie verleiht dem Bild eine angenehme Struktur. Rhythmik soll Bewegung und Energie in die Komposition bringen, den Blick durch das Bild führen und für Spannung sorgen. Geschwungene und gerade Linien und Wiederholungen sind dazu nützliche Werkzeuge.

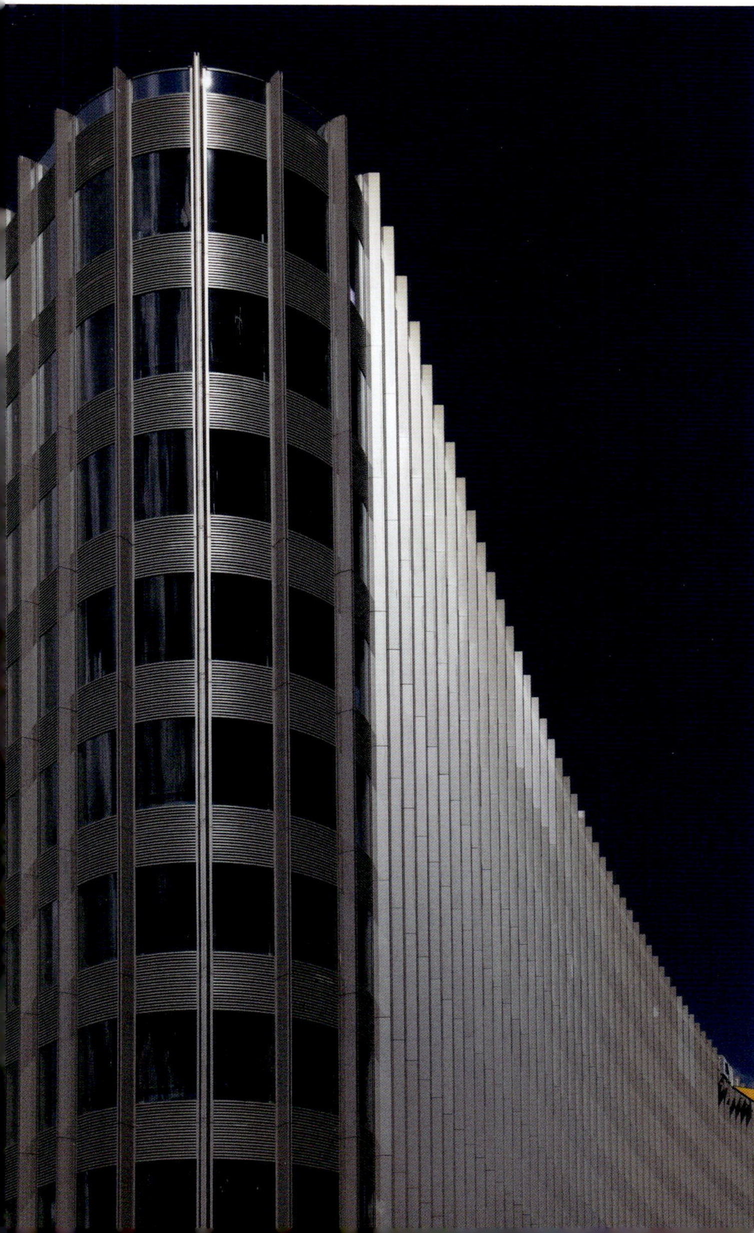

Die Rhythmik dieses Fotos eines Berliner Gebäudes ist auf mehrere Faktoren zurückzuführen. Zunächst die sich wiederholenden Fenster: Sie werden zunächst groß und dann immer kleiner abgebildet und schaffen so einen Eindruck von Geschwindigkeit, verstärkt durch die vertikalen Linien mit ebenfalls variierenden Abständen. Dieser Bewegungseffekt wird durch die geschwungene Linie oben ergänzt, die den Blick auf sich zieht und erst nach oben, dann wieder nach unten und mit Schwung aus dem Bild herausführt.

45 mm, 1/800 s, f/7,1, 100 ISO

Gegenüberstellung von kalten und warmen Farben

Wie weiter oben schon erwähnt, variiert die Farbtemperatur von warm (orange) bis kalt (bläulich). Die geschickte Kombination von kalten und warmen Farbtönen auf einer Aufnahme ist immer ein »Plus«. Sonnenauf- und Sonnenuntergänge sind natürlich für den Fotografen die perfekten Zeiten: Nutzen Sie diese Beleuchtung aus und erforschen Sie die warmen Farben auf Bauwerken und anderen Objekten in der Stadt, die die Sonne zu diesen Zeiten erzeugt.

Bei meiner Reise nach Tokio schaffte ich es erst am späten Nachmittag eines Tages mit besonders straffem Programm zur Kathedrale St. Marien, entworfen vom Architekten Kenzō Tange. Ich hatte nur ein kleines Zeitfenster für die Aufnahme (außerdem wollte ich auch noch in die Kirche und kam wirklich in allerletzter Sekunde). Da ich aufgrund der fortgeschrittenen Stunde keine Zeit hatte, um das Gebäude herumzugehen, konzentrierte ich mich auf die goldene Spiegelung der untergehenden Sonne, die einen Gegensatz zum grauen Metall und zum blauen Himmel bildete. Und ich konnte mir sogar das Innere noch anschauen, wenn auch im Laufschritt!

Das Licht bei Sonnenuntergang verändert sich schnell, bietet aber wunderbare fotografische Gelegenheiten.

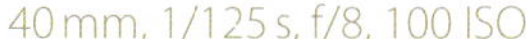

40 mm, 1/125 s, f/8, 100 ISO

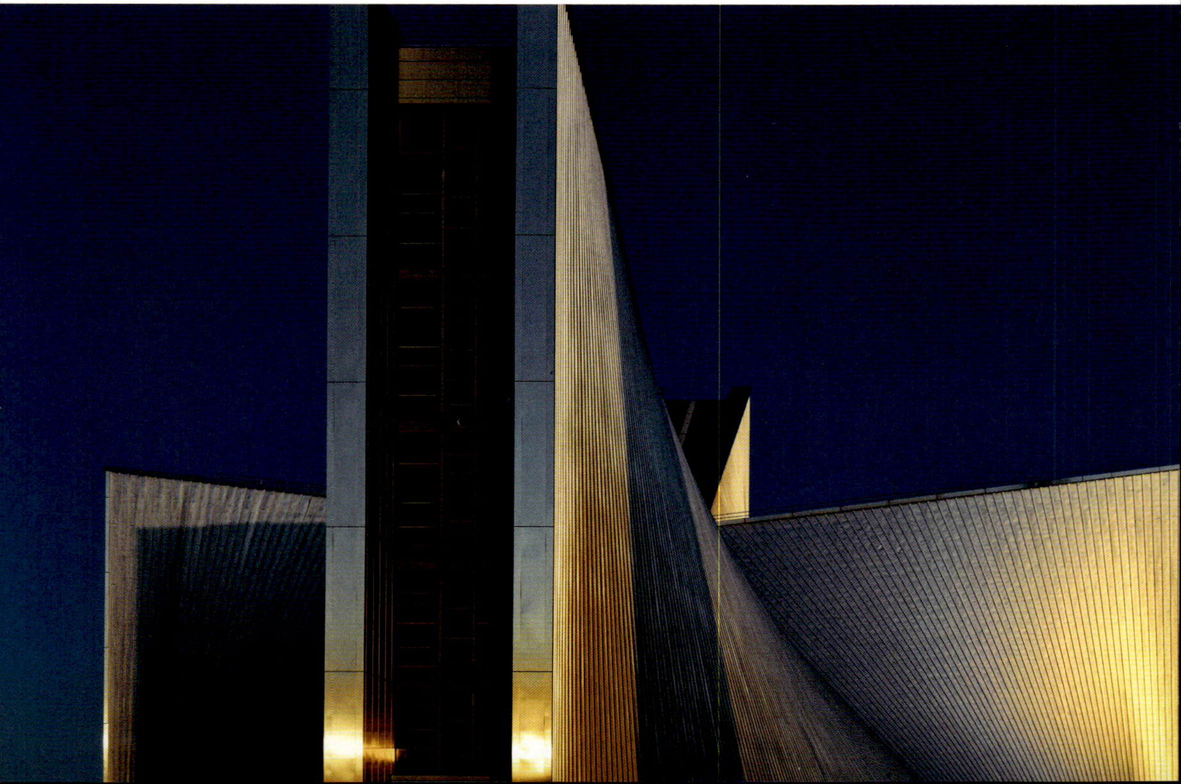

Minimalistische Aufnahmen

Bei einem minimalistischen Foto sind die Bildelemente, an denen der Betrachter den Bildinhalt erkennen kann, auf ein Minimum reduziert. Die Komposition sollte einfach und verständlich sein und aus einem einzigen wirkungsvollen Motiv bestehen, vorzugsweise mit einfachen Formen. Details beseitigt man am besten bereits während der Aufnahme – denken Sie daran, dass die Entscheidung für eine minimalistische Komposition bereits beim Fotografieren fällt, auch wenn man die Abbildung später bei der Nachbearbeitung immer noch manipulieren kann.

Farben, Schatten, geometrische Formen und Kontraste sind bei dieser Art von Aufnahme essentiell. Bei untenstehender Aufnahme vom Strand in Santa Monica, Los Angeles, wollte ich die typischen Rettungsschwimmer-Häuschen ins Bild setzen. Man sieht nur dieses Häuschen, obwohl es im Bild sehr wenig Platz einnimmt. Die einfache charakteristische Silhouette vor einem weich verlaufenden farbigen Hintergrund reicht jedoch aus, um das Motiv sofort zu erkennen.

70 mm, 1/160 s, f/7,1, 1000 ISO

Abstraktionen

Bei einer fotografischen Abstraktion ist der Bildinhalt normalerweise nicht mehr verständlich. Das Foto zeigt keinen konkreten Gegenstand, sondern will Gefühle, Emotionen, Assoziationen wecken. Durch die wirkungsvolle Ausnutzung bestimmter Blickwinkel, Beleuchtungen, Ausschnitte oder Kameraeinstellungen lässt sich nicht mehr erkennen, um was es sich handelt.

Diese Aufnahme einer Wand mit einem Durchgang zu einer Arkade entstand bei einem Städtetrip nach La Grande Motte. Dadurch, dass ich alle Bildelemente wegließ, die auf die Gebäudefassade hinwiesen, und die Räumlichkeit beseitigte, indem ich von der Mitte der Passage ein paar Schritte nach rechts machte, entwickeln die auf Formen und Grauverläufe reduzierten Bögen ein Eigenleben und verlieren ihren praktischen Nutzen. Ich wollte nur noch die reinen Formen zeigen, wie sie von den Architekten entworfen worden waren.

Eine Abstraktion muss allerdings nicht unbedingt gleichzeitig minimalistisch sein.
300 mm, 1/320 s, f/8, 160 ISO

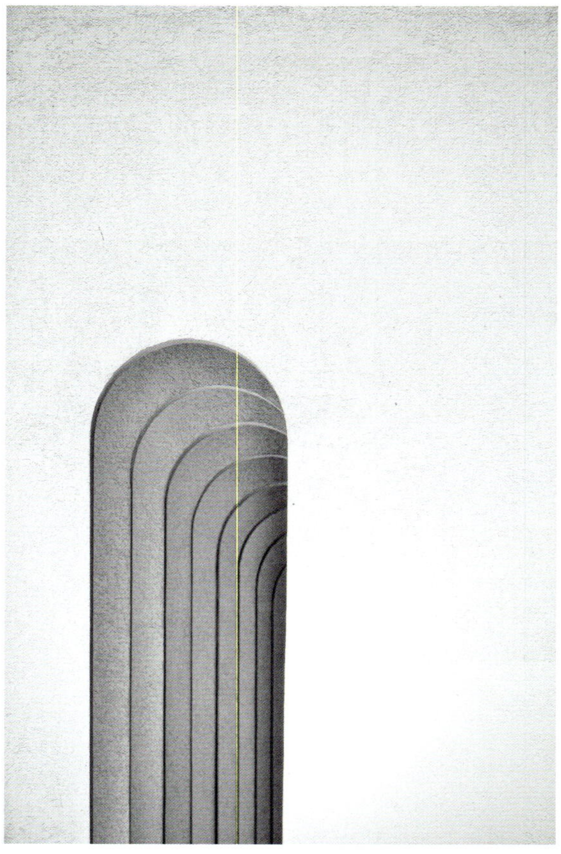

Farbe als bildbeherrschendes Element

Machen Sie sich die Vielfalt der Farben der Stadt bei Ihren Aufnahmen zunutze. Die Betonung einer ungewöhnlichen Farbe, Aufnahmen in Schwarzweiß, Gegenüberstellungen von Farbunterschieden, Aufnahmen von verblichenen oder aber »knalligen« Farben bestimmter moderner Gebäude – alles ist möglich.

Dieses grüne Stadtmöbel in Barcelona hatte ich im Vorfeld recherchiert. Ich benötigte eine Komplementärfarbe für das rote Gebäude daneben. Bei der Bildgestaltung bemerkte ich die gelbe Ampel, die mit ihrer Farbe den blauen Himmel ergänzte. Ich konnte also mehrere kräftige Komplementärfarben gemeinsam ins Bild setzen! Alle meine kreativen Entscheidungen wurden in diesem Fall von den Farben bestimmt. Außerdem verstärkte ich die Farbtöne nochmals bei der Nachbearbeitung, um meine künstlerische Absicht maximal umzusetzen.

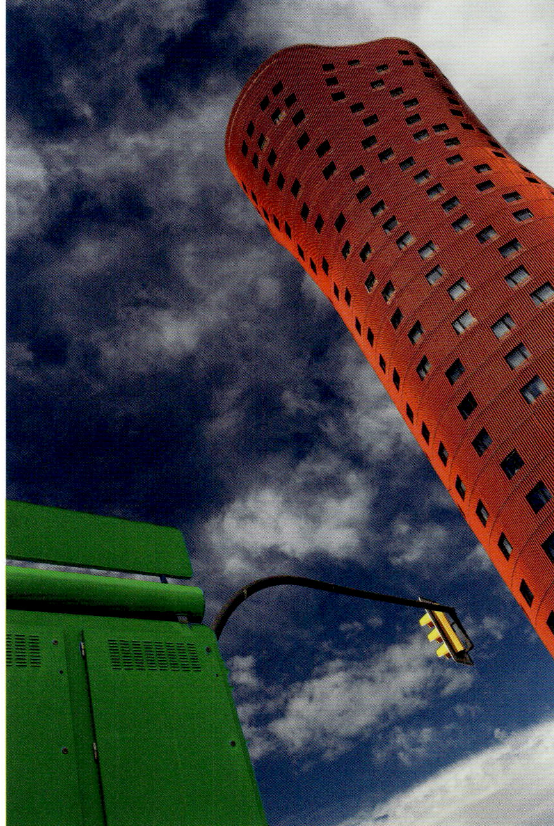

30 mm, 1/160 s, f/8, 100 ISO

»Postkartenmotive« gut darstellen

Auf Ihrer Städtereise kommen Sie sicherlich auch an Orten vorbei, die schon tausende Male abgelichtet worden sind. Anstatt verzweifelt nach einer originellen Darstellung zu suchen (damit verlieren Sie nur unnötig Zeit), sollten Sie ein solches Motiv lieber besonders gut wiedergeben. Diese »Postkartenansichten« wurden zwar schon unzählige Male aufgenommen, aber viele Besucher haben sicherlich einfach nur draufgehalten und ausgelöst, ohne auf die Qualität zu achten: Mit fotografischem Feingefühl, einer sorgfältigen Ausschnittwahl und einer guten Beleuchtung können Sie jetzt punkten.

Bei dieser äußerst konventionellen Ansicht der Manhattan Bridge legte ich den Bildschwerpunkt mithilfe einer längeren Brennweite (und der resultierenden Komprimierung der Perspektive) auf das Empire State Building, das aus dieser Perspektive oft winzig klein aussieht. Ich belichtete auf den Himmel, damit die Schatten dunkler wiedergegeben wurden und die störenden Autos und die Fotografen auf der Straße verschwanden.

70 mm, 1/400 s, f/7,1, 100 ISO

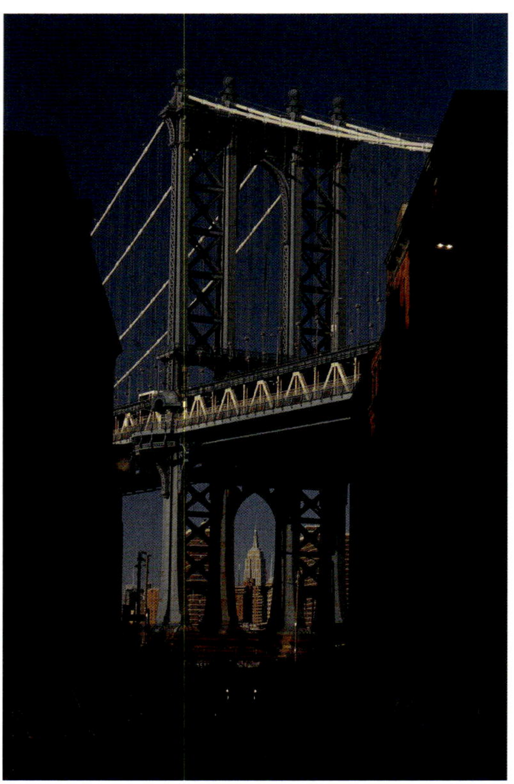

Andere Ansichten

Manchmal sollte man jedoch vom Konzept der »Postkartenansicht« abrücken. Bestimmte Gebäude oder Ansichten sind so berühmt, dass man die Gesamtszene gar nicht mehr richtig wahrnimmt. Um zur eigenen Neugierde zurückzufinden, muss man sich in diesen Fällen zuerst vom Offensichtlichen lösen.

Das Flatiron Building in New York, eines der am häufigsten fotografierten Gebäude der Stadt, fotografierte ich natürlich zuerst ein paar Mal klassisch von vorn. Danach nahm ich mir einige Minuten Zeit, um mich von dieser Darstellung zu lösen. Ich beschloss, den Bildschwerpunkt auf das Verkehrsschild zu legen und das Gebäude im Hintergrund durch die geringe Schärfentiefe leicht unscharf abzubilden. Die Erinnerungsfotos meiner Städtereise nach New York wurden so um mehrere etwas andere Darstellungen dieses berühmten Gebäudes ergänzt.

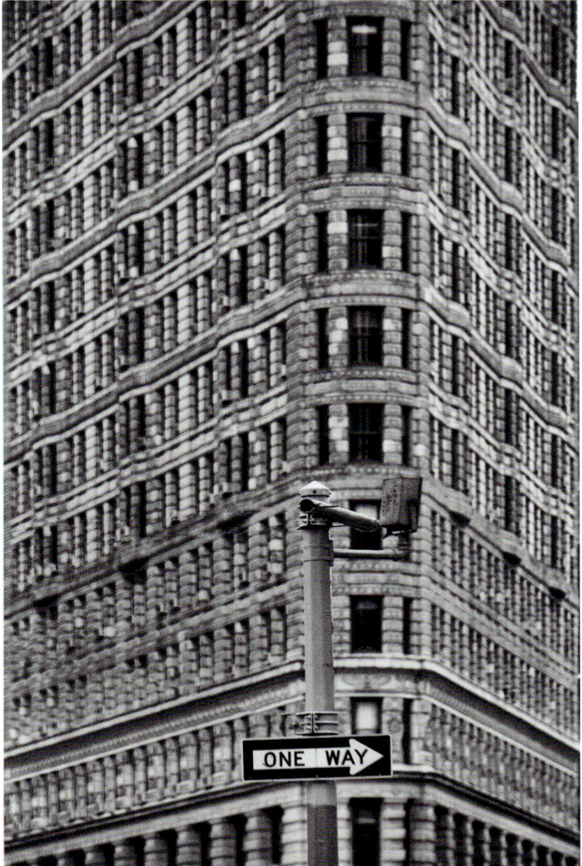

200 mm, 1/200 s, f/4,5, 450 ISO

Besondere Stimmungen

Dieses Gebäude (Architekten: Marjan Hessamfar und Joe Vérons) hatte ich bei Recherchen für einen Städtetrip nach Bordeaux gefunden. An diesem Tag war das Wetter durchwachsen: Grelles Sonnenlicht und tristes Grau wechselten sich ab. Wie immer versuchte ich, die vorhandene Situation bestmöglich zu nutzen.

Am Ende eines mit touristischen Besichtigungen und Aufnahmen gefüllten Tages wurde das Wetter plötzlich immer schlechter. Ich beeilte mich, zu diesem modernen Gebäude zu kommen, das ich wirklich gerne sehen wollte. Zum Glück, denn gleich bei meiner Ankunft sah ich diese weißen Flächen, die vom besonderen Licht kurz vor einem Gewitter ausgeleuchtet wurden und sich gut von den blauschwarzen Wolken im Hintergrund abhoben. Die Aufnahme entstand wirklich in allerletzter Sekunde. Nur wenige Augenblicke später war ich tropfnass und hätte keine Aufnahme mehr machen können.

300 mm, 1/250 s, f/8, 100 ISO

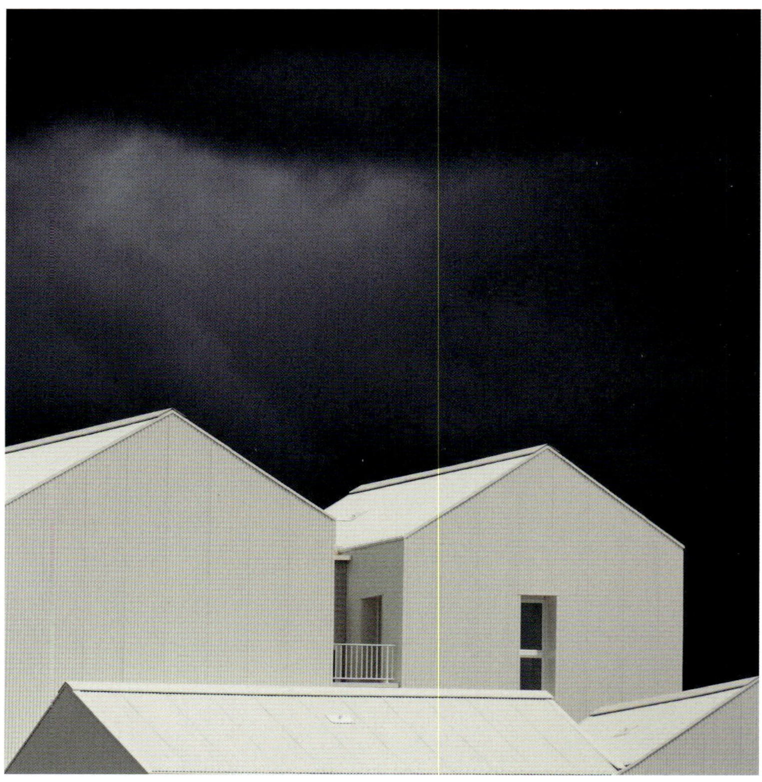

Oberflächen zum Vorschein bringen

Eine Stadt hat eine Fülle von unterschiedlichen Baumaterialien zu bieten: Beton, Stein, Holz, Metall, Glas. In keiner anderen Umgebung findet man eine solche Vielfalt. Jetzt müssen Sie dieses Füllhorn nur noch fotografisch nutzen, beispielsweise für Abstraktionen, Dokumentationen, Fotoserien etc. Die Erforschung der unterschiedlichen Baumaterialien ist eine spannende Sache, besonders wenn sie ein Markenzeichen der jeweiligen Stadt sind, wie z. B. die rosafarbenen Ziegelsteine in Toulouse. Das Foto auf der nächsten Seite zeigt das berühmte Gebäude Le Volcan in Le Havre. Ich entschied mich für einen fast abstrakten Ansatz, damit der Blick auf die weiß gestrichene Betonverschalung des Gebäudes fällt. Im Streiflicht kommen die Details perfekt zur Geltung, und mit einer leichten Unterbelichtung sorgte ich für eine etwas dunklere Abbildung.

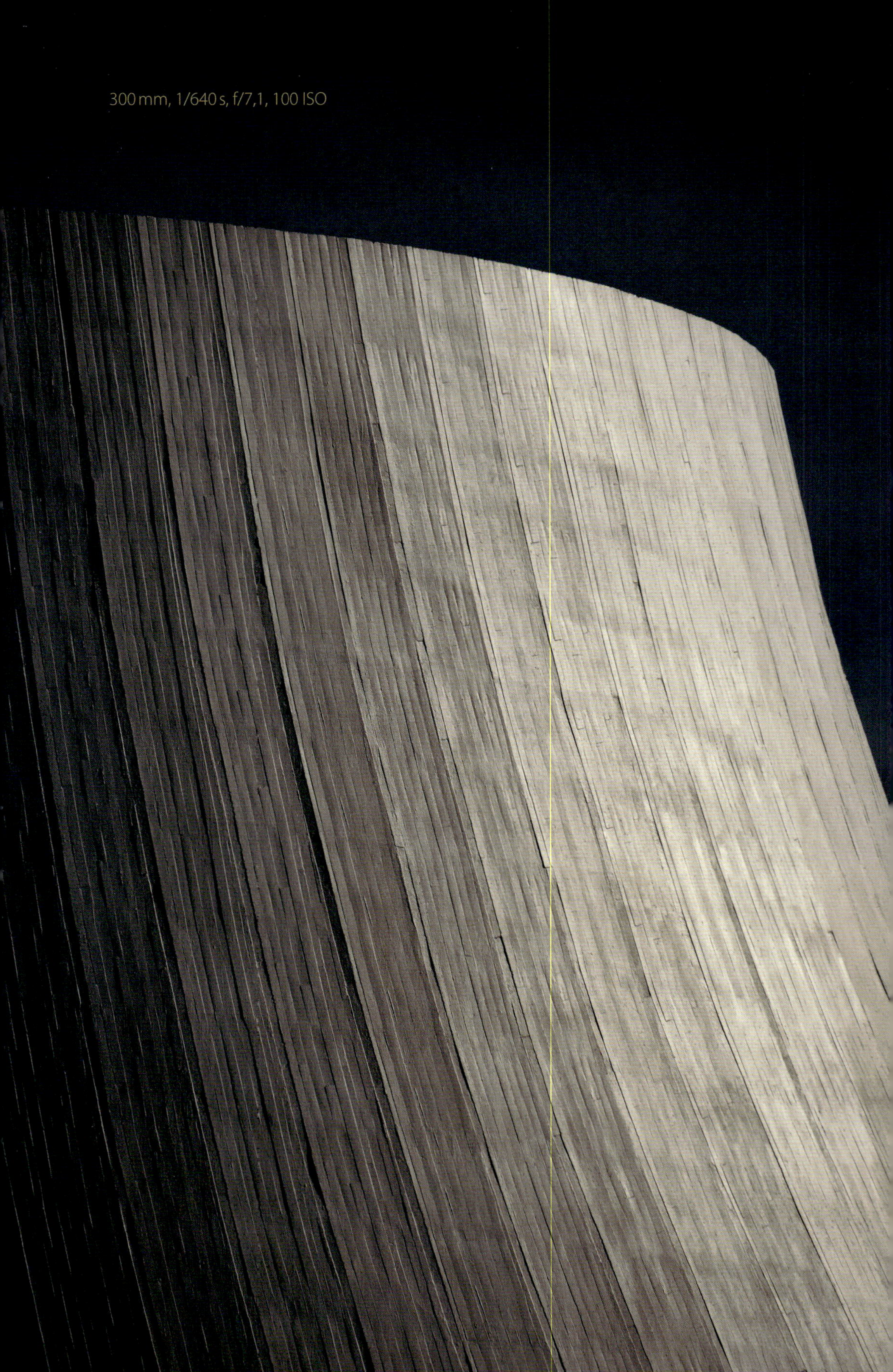

300 mm, 1/640 s, f/7,1, 100 ISO

Bauwerke und ihre Bedeutung

In diesem Buch soll es nicht um die Architekturfotografie an sich gehen, sondern allgemein um das Fotografieren in Städten. Die Gebäude, die Sie fotografieren werden, sind immer mehr als die Summe der Materialien, aus denen sie gebaut sind: Sie haben ihre eigene Geschichte (dazu gehören z.B. Architekten, Handwerker usw.) und geben wichtige Informationen über die jeweilige Stadt. In manchen Fällen haben sie sogar eine wichtige emotionale, historische oder philosophische Bedeutung. Daran sollten Sie denken, ganz gleich, ob Sie als Tourist oder als Fotograf unterwegs sind.

Die nachfolgende Aufnahme des Holocaust-Mahnmals in Berlin ist mir sehr schwergefallen. Dieses Monument hat eine ungeheure Kraft. Die Vibrationen der Betonstelen, das Labyrinth, die Energie, die davon ausgeht: Das hat mich aus der Bahn geworfen. Vor dem Fotografieren besuchte ich die Gedenkausstellung unterhalb des Stelenfeldes. Man sieht die in der Decke verankerten Stelen, wenn man nach oben schaut – in Anbetracht der erdrückenden Last dieses Ortes hat man jedoch eher das Bedürfnis, den Blick zu senken.

Ich möchte lieber nicht an all jene denken, die diesen Ort in aller Schnelle und ohne jeden Respekt einfach nur ablichten.

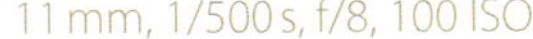

11 mm, 1/500 s, f/8, 100 ISO

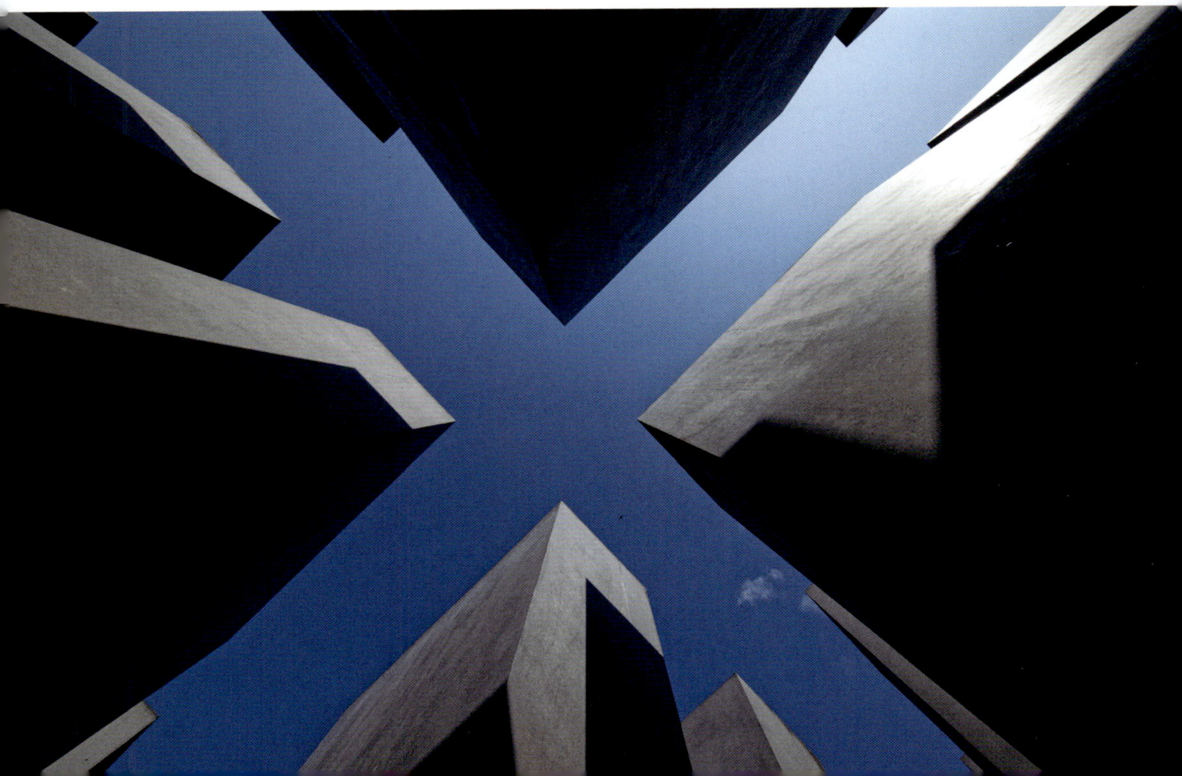

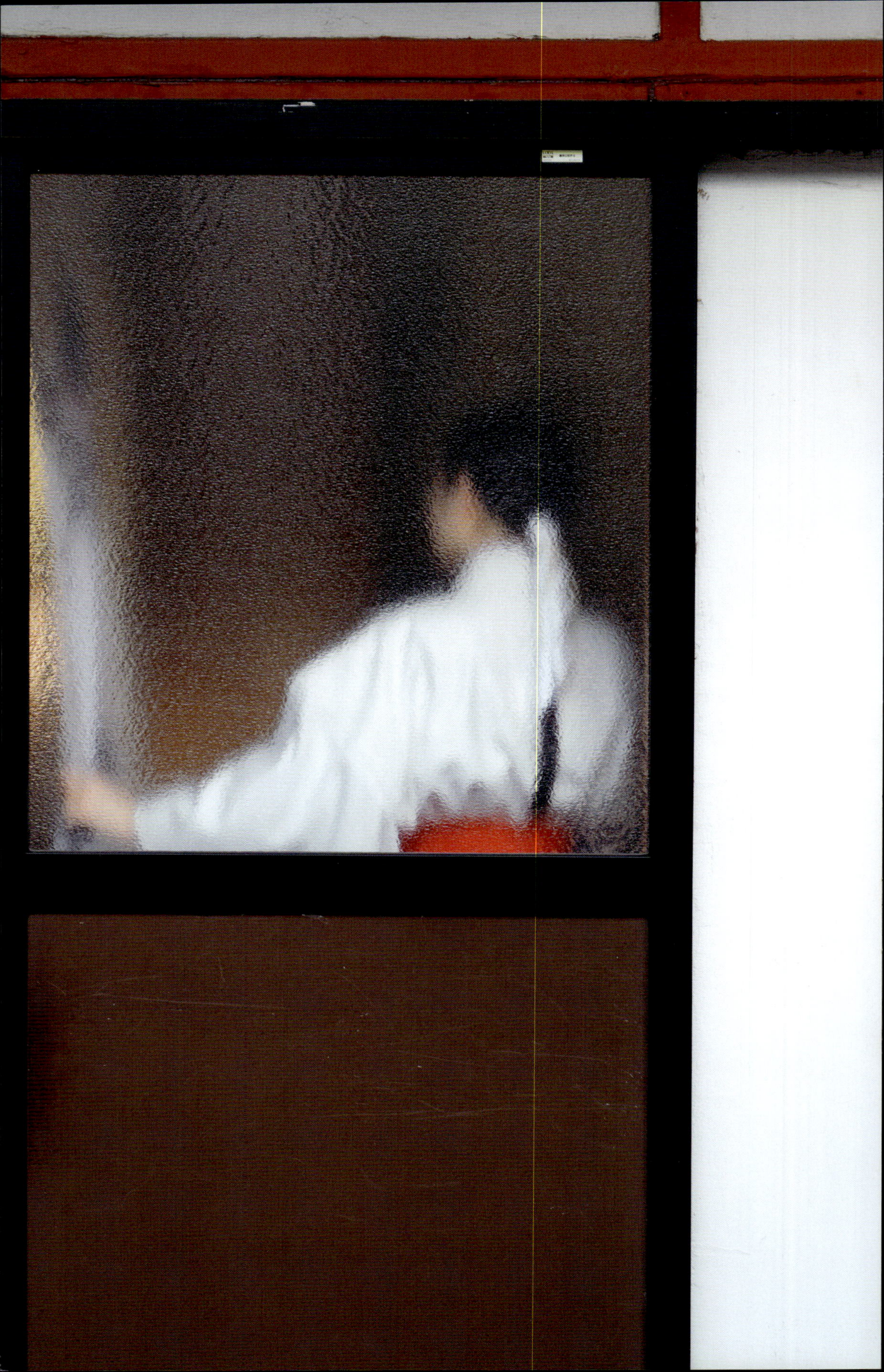

4

Die Seele einer Stadt

London fotografiert man nicht auf die gleiche Weise wie Porto, Peking oder Buenos Aires. Auch bei sorgfältigster Planung kann man sich das Tempo, die Farben, die Atmosphäre und das Licht einer Stadt vor der Reise nicht ganz genau vorstellen. Man muss sich also einfach überraschen lassen und die eigene Planung entsprechend anpassen.

Ein Städtetrip bietet immer genügend Raum für Improvisation! In diesem letzten Kapitel beschäftigen wir uns noch einmal mit den Besonderheiten einer Stadt, die einen gewissen Wiedererkennungswert haben. Dabei kann es sich um greifbare Objekte wie Straßen, Verkehrsmittel oder Gebäude handeln oder aber um immaterielle Dinge wie Begegnungen oder Gespräche.

Die Identität einer Stadt offenbart sich nicht nur in ihren berühmten Schauplätzen und Gebäuden, sondern auch in der Beziehung, die Sie zu ihr aufbauen: Diese Verbindung prägt Ihren subjektiven fotografischen Ansatz.

Um eine Stadt gefühlsmäßig zu erfassen, braucht man etwas Zeit. Man muss den Reiseführer beiseitelegen, das Smartphone ausschalten, nicht mehr ans Fotografieren, an die Uhrzeit, an das Licht denken. Manchmal ist das aufgrund der kurzen Dauer der Reise nicht möglich, aber selbst auf einem Wochenendtrip sollte man es zumindest versuchen. Je wohler Sie sich in einer Stadt fühlen, desto empfänglicher sind Sie für ihre Besonderheiten, ihre Gerüche und ihre Geräusche. Und das kann zur Inspirationsquelle für Ihre Bilder werden.

Exotik

Exotisch wirkt eine Situation dann, wenn sie sich von Ihrem eigenen Alltag unterscheidet. Dazu muss man nicht in die Ferne schweifen: Auch in den Städten in Ihrer Nähe können Sie auf kulturelle und fotografische Entdeckungsreise gehen. Natürlich halten spektakuläre Städte am anderen Ende der Welt viele Überraschungen bereit, aber Sie sollten Ihr kreatives Potenzial auch ein paar Kilometer von Ihrem Heimatort entfernt entfalten können.

4.1 Symbolträchtige Besonderheiten

Manche Städte haben besondere Charakteristiken – und hier sind nicht die klassischen Sehenswürdigkeiten (die man normalerweise im Vorfeld bereits recherchiert hat) gemeint wie beispielsweise der Eiffelturm, sondern schwer zu definierende Erkennungszeichen, die man meist erst nach und nach bemerkt. Manche springen aber auch sofort ins Auge, beispielsweise die Fluchttreppen in Tokio außen an den Gebäuden, die mir schon auf meiner Zugfahrt vom Flughafen in die Stadt aufgefallen waren. Ein wenig später entdeckte ich die Strommasten mit ihrem Kabelsalat – so etwas kann man nicht vorhersehen, aber jedem Besucher dieser Stadt wird dieses Phänomen auffallen. Ebenso prägnant sind beispielsweise die New Yorker Dampfrohre und die Palmen in Los Angeles.

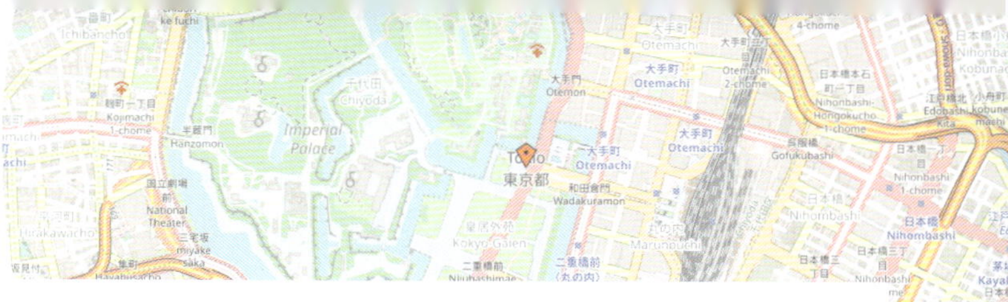

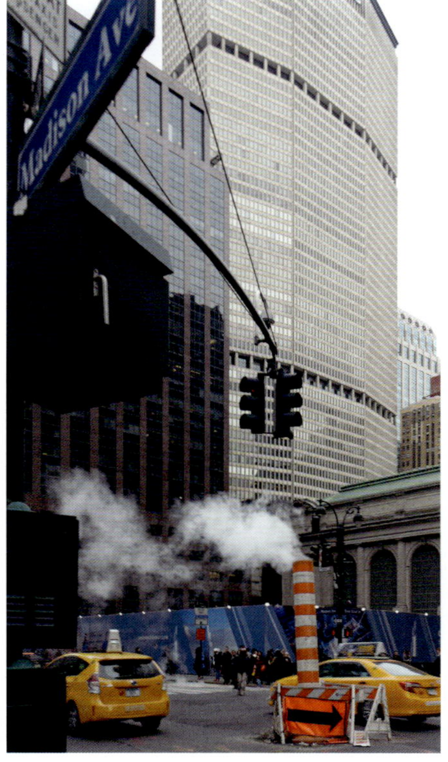

Dieses Bild wird zusammen mit meinen anderen Fotos dieser Reise präsentiert (nicht einzeln) und zeigt eine Reihe von New Yorker Erkennungszeichen: das Dampfrohr in der Mitte (der weiße Dampf vor dunklem Hintergrund zieht den Blick auf sich), die Wolkenkratzer, ein Straßenschild, die gelben Taxis. Eine ganze Serie mit Bildern von diesen Dampfrohren wäre ebenfalls denkbar gewesen.

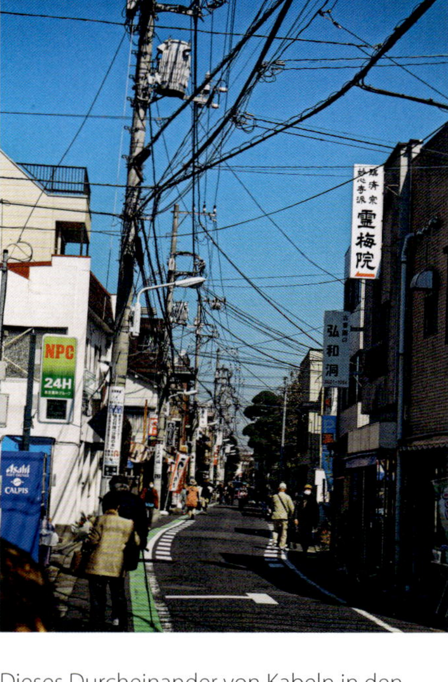

Dieses Durcheinander von Kabeln in den Straßen von Tokio hat mich anfangs in Staunen versetzt. Ich wollte eine ganze Fotoserie von diesen Leitungen machen und das Motiv auf unterschiedliche Weise ins Bild setzen. Dazu wählte ich einen Blickwinkel, bei dem sich die Stromkabel gut vom blauen Himmel abhoben.

Manche dieser Erkennungszeichen erschließen sich nicht sofort, wie z. B. die Seefrachtcontainer, die man mit Le Havre assoziiert, oder die oberirdischen Wasserrohre in Berlin.

Lassen Sie Ihrer Kreativität freien Lauf. Bilder von solchen Charakteristiken sollten auf einer Städtereise nicht fehlen, denn sie bereichern und ergänzen Ihre Dokumentation oder Ihr Reisealbum und verraten, wo Ihre Bilder aufgenommen wurden. Sie lassen sich aber auch als eigenständiges Motiv oder sogar für eine ganze Serie nutzen: Halten Sie nach ungewöhnlichen Blickwinkeln Ausschau, damit diese Erkennungszeichen bestmöglich in Szene gesetzt werden können.

4.2 Straßen

Eine Straße kann man entweder im Ganzen oder mithilfe von Details ins Bild setzen. (Das Fotografieren von Passanten kommt später noch in einem eigenen Abschnitt zur Sprache.)

Die allgemeine Atmosphäre

Auf den Straßen der Stadt findet ein Teil des sozialen Lebens statt: Dort bewegt man sich fort, verabredet sich, erledigt Einkäufe, geht zum Friseur, hält ein Schwätzchen. Straßen sind unerschöpfliche Inspirationsquellen.

Stadtautobahnen und enge Gässchen, moderne Straßen mit schnurgeraden Bürgersteigen und gepflasterte Wege mit Schlaglöchern, abschüssige Straßen, die eher an eine Treppe erinnern, und breite Einkaufsmeilen, weltberühmte Alleen und versteckte, unbekannte Gassen: Sie alle prägen das Stadtbild, auch wenn sie vielleicht auf den ersten Blick nichtssagend wirken.

Nehmen Sie Gesamtansichten der Straßen auf, die Sie überraschend, faszinierend oder ungewöhnlich finden. Je besser Sie die jeweilige Stadt kennen und verstehen, desto mehr werden Sie sich für weniger spektakuläre Straßen interessieren, denn auch sie sagen etwas über die besuchte Stadt aus. Aber wie kann man eine Straße wirkungsvoll ins Bild setzen?

- Aufnahmen von Häuserreihen sind ein Klassiker – ungewöhnliche Ausschnitte sind für solche eher beschreibenden Aufnahmen nicht unbedingt geeignet.
- Versuchen Sie auf jeden Fall, von der Mitte der Straße aus zu fotografieren (aber bringen Sie sich nicht in Gefahr).

Aufnahmen in Bodennähe können interessante Ergebnisse hervorbringen, wirken aber irgendwann langweilig. Fotos aus größerer Höhe – und wenn Sie nur die Kamera über ihren Kopf halten – sind jedoch immer ein Blickfang.

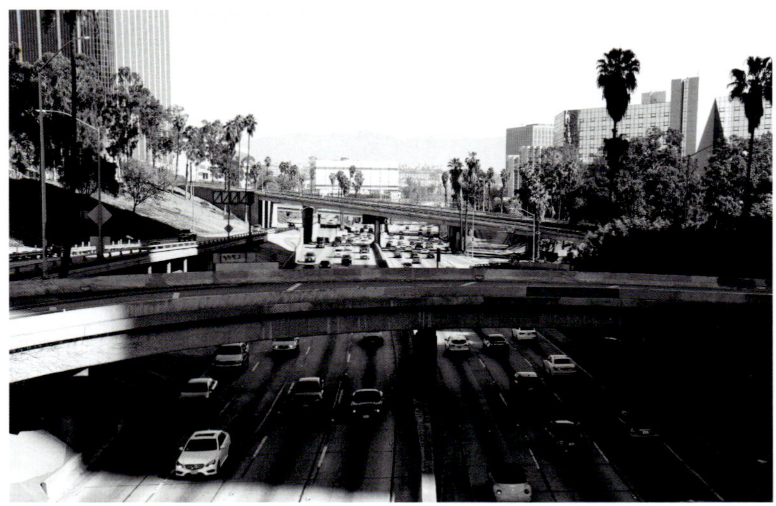

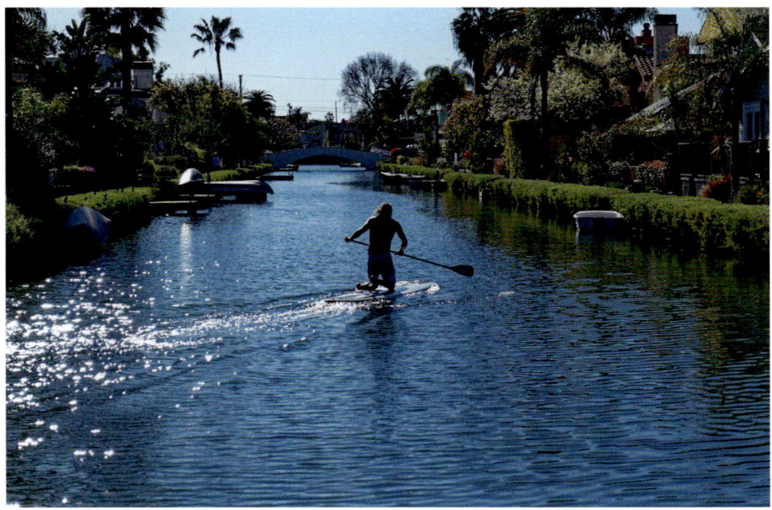

Zwei Facetten von Los Angeles, einer Stadt mit einem rechtwinkligen Netz von Straßen, die gleichzeitig Autobahnen sind – Los Angeles ist eine Autostadt (oben). Die Wasserwege des Viertels Venice (unten) erinnern zwar ein bisschen an die Kanäle von Venedig, wirken aber auf uns Europäer nicht minder breit und großzügig.

Drei unterschiedliche Ansichten der Nakamise-dori, einer langen Einkaufsstraße im Stadtteil Asakusa in Tokio. Das erste Foto, das in größerer Höhe von einem nahe gelegenen Gebäude aus aufgenommen wurde, zeigt eine Übersicht über diese Verkehrsader. Das zweite Bild, bei dem ich die Kamera über Kopf hielt, lässt uns in die Szene eintauchen. Das dritte Foto zeigt, dass man ohne einen höher gelegenen Kamerastandpunkt nur schwer erkennen kann, worum es sich handelt.

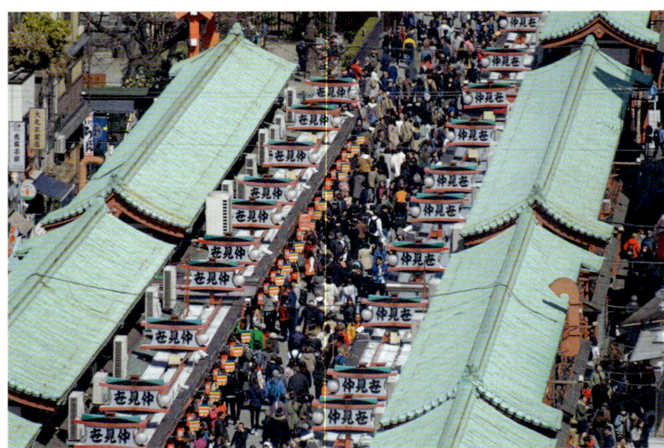

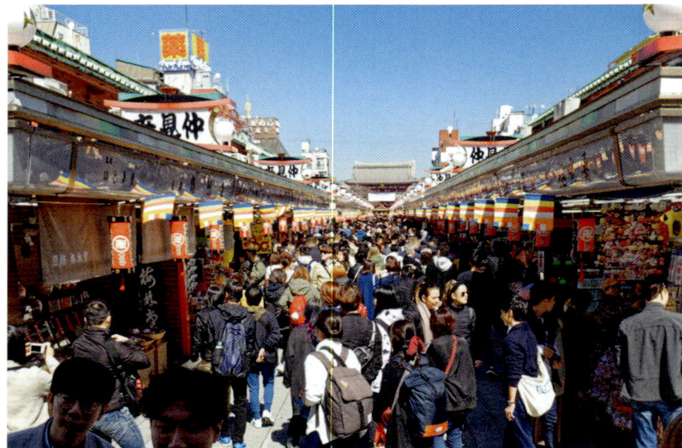

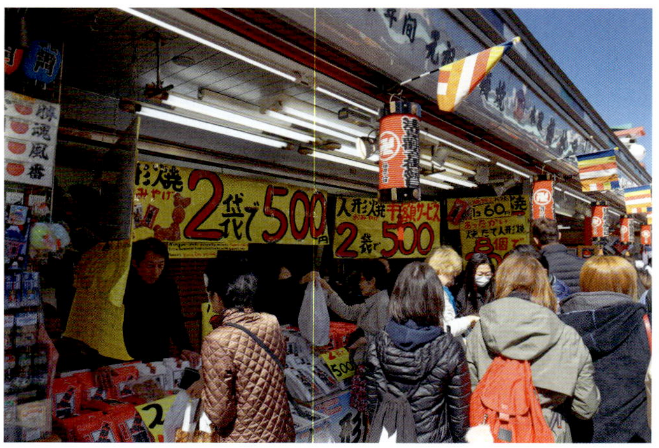

- Suchen Sie nach Straßen mit Gefälle: Von oben hat man häufig einen guten Überblick über die Gesamtszene und kann viele verschiedene Bildelemente in die Komposition einbeziehen.
- Fotografieren Sie abwechselnd im Hochformat, um eine Tiefenwirkung zu erzielen, und im Querformat, damit Sie so viele Informationen wie möglich integrieren können. Nutzen Sie Kurven, Kreuzungen, Plätze usw., um die Straßen auf vielfältige Weise darzustellen.
- Natürlich herrscht nachts eine ganz andere Atmosphäre auf den Straßen.

Die Bildwirkung von »allgemeinen« Aufnahmen von Straßen hält sich allerdings eher in Grenzen, es sei denn, der Ort selbst oder das Licht sind wirklich spektakulär. Trotzdem gehören solche Fotos einfach dazu, wenn man eine Stadt beschreiben und verstehen will.

4.3 Fassaden und Wände

Eine Straße definiert sich auch durch die Details an ihren Rändern: Schutzwände, Einfamilienhäuser, Lager, Fabriken, Mehrfamilienhäuser. Diese Konstruktionen lassen sich auf unterschiedliche Weise ins Bild setzen. An Fassaden denkt man dabei zuerst – mit ihrer Bauweise, ihren Schildern oder Farben weisen sie manchmal ganz subtil, manchmal aber auch ganz deutlich darauf hin, wo sie zu finden sind. Konzentrieren Sie sich auf die Besonderheiten der jeweiligen Fassade. Die Baumaterialien (Ziegel, Lehm, Stein) sind ein wichtiger Anhaltspunkt. Je besser Sie eine Stadt kennen, desto schneller bemerken Sie diese kleinen Hinweise. Suchen Sie auch an weniger offensichtlichen Stellen nach solchen Erkennungszeichen.

Manche Fassaden sind zwar nicht so typisch für die Region, können sich aber trotzdem fotografisch als wahre Goldgrube erweisen. Auch Baumaterialien, Zustand und Witterungseinflüsse erweisen sich zuweilen als faszinierende Motive. Andere Fassaden wiederum verraten etwas über die Geschichte der Stadt, beispielsweise Industriegebäude. Machen Sie unbedingt ein paar Aufnahmen, wenn Sie die Chance dazu bekommen. Mauern und Fassaden, die vom Abriss bedroht sind, haben ihren ganz eigenen Reiz. Fangen Sie als Zeitzeuge diese Konstruktionen zur Erinnerung ein. Auf alten Fotos wecken selbst unbedeutende Gebäude, die heute nicht mehr existieren, ein Gefühl der Wehmut. Manche davon stehen auch Jahre

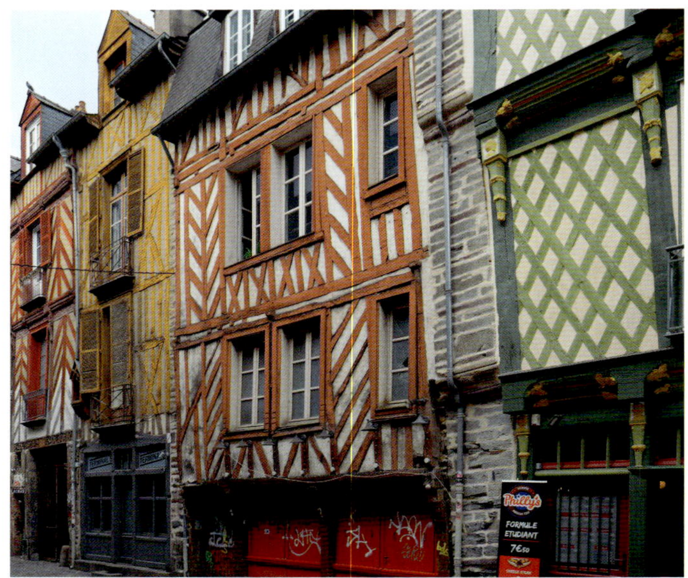

Diese Fachwerkfassaden sind typisch für die Altstadt von Rennes.

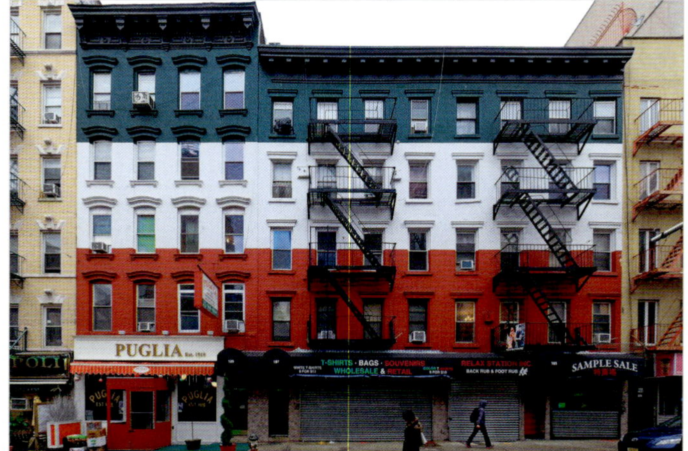

Die Farben der italienischen Flagge auf dieser Fassade und die Ladenschilder weisen auf das Viertel Little Italy in New York hin. Aber auch an der Ziegelsteinfassade und an den ausziehbaren Fluchttreppen aus Metall kann man das Viertel erkennen.

später noch, andere nicht, aber wenn Sie mit der Kamera Zeugnis davon abgelegt haben, verknüpfen Sie Ihre persönliche Geschichte mit der Historie der Stadt.

Wenn man Beleuchtung und Farben in der Umgebung geschickt nutzt, lässt sich die Stimmung auch mithilfe einer einfachen Wand wiedergeben. Mauern und Fassaden weisen eine Fülle von Farben, Strukturen und Formen auf. Konzentrieren Sie sich auf Details und lassen Sie Ihrer Kreativität freien Lauf.

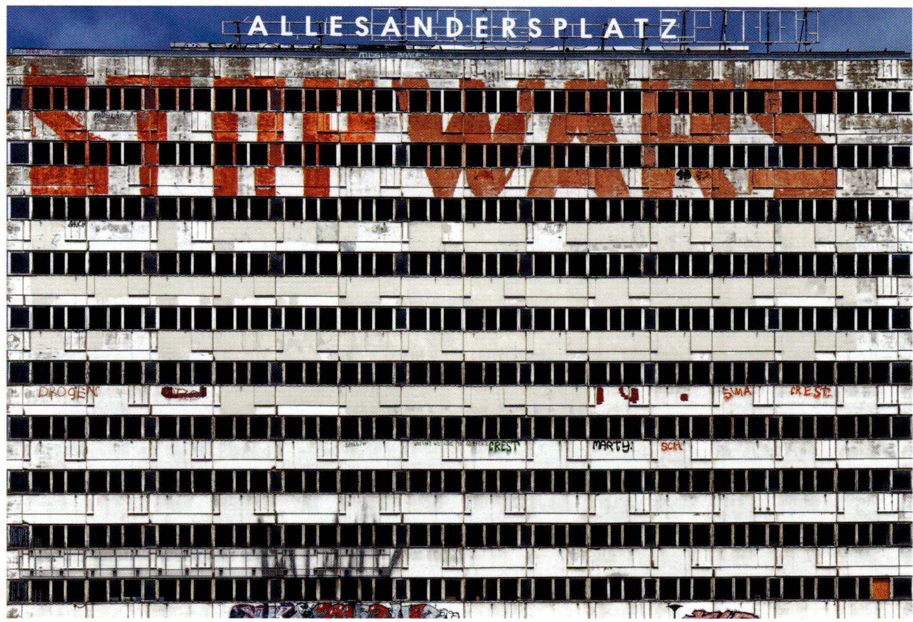

Dieser Plattenbau am Alexanderplatz in Berlin ist ein Überbleibsel aus der ehemaligen DDR. Sein aktueller Zustand bezeugt den Lauf der Zeit und den Einfluss der Politik auf bestimmte Bauten.

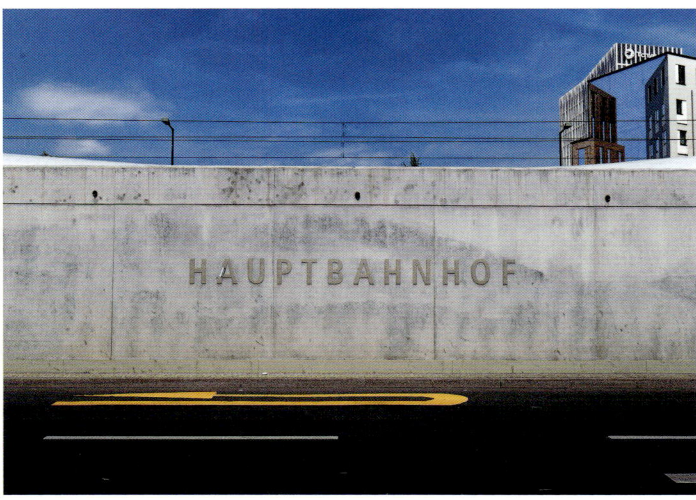

Mir gefiel die Atmosphäre, die von dieser einfachen Betonmauer am Straßenrand in Kombination mit dem Himmel und den Gebäuden im Hintergrund ausging. Dieses Foto sagt nicht jedem etwas, gibt aber meiner Ansicht nach eine Seite von Berlin wieder.

Ein klassischer Ansatz, der bei Aufnahmen von Straßen immer funktioniert, sind Fotos von Türen und Fenstern. Mit den faszinierenden Serien, die daraus resultieren, kann man beispielsweise einen Städtevergleich anstellen. Für mein privates Fotoalbum fotografiere ich immer ein paar Türen oder Fenster auf meine eigene Weise und verbinde dieses Motiv mit persönlichen Erinnerungen. Auch für Fotos ohne jeden Kontext und für Aufnahmen von Farben, Formen und Wiederholungen sind Fenster und Türen gut geeignet. Dieser Ansatz beruht allein auf ästhetischen Überlegungen. Mit den Ergebnissen vervollständige ich meine Serien.

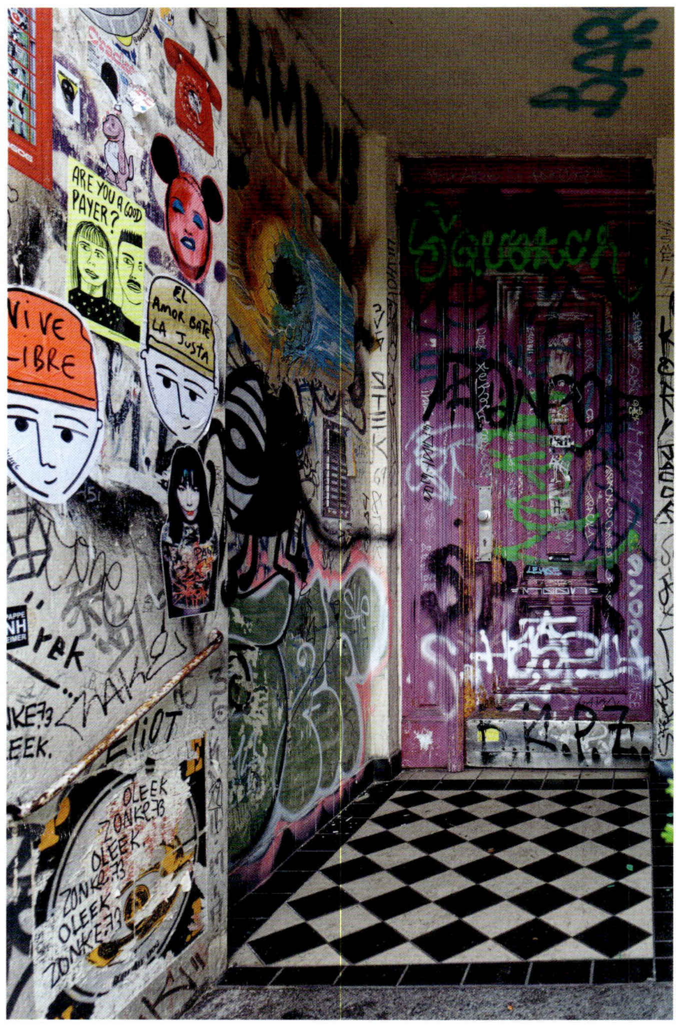

Diese Tür assoziiere ich sofort mit dem Berliner Stadtteil Kreuzberg, wo ein Großteil der Wände und Türen beschmiert ist. Das sieht nicht unbedingt schön aus, aber man erkennt deutlich, wo das Foto aufgenommen wurde.

Schauen Sie sich auch immer die Wände und Balkone einer Straße an. Zuweilen werden sie für Meinungsäußerungen und Unmutsbekundungen genutzt. Manche Innenstädte und Stadtviertel haben eine lange politische Tradition, die tief in ihrer Geschichte und Identität verwurzelt ist. Dies zeigt sich z. B. in Form von Transparenten, Plakaten oder Graffitis, die Sie dokumentarisch ins Bild setzen können.

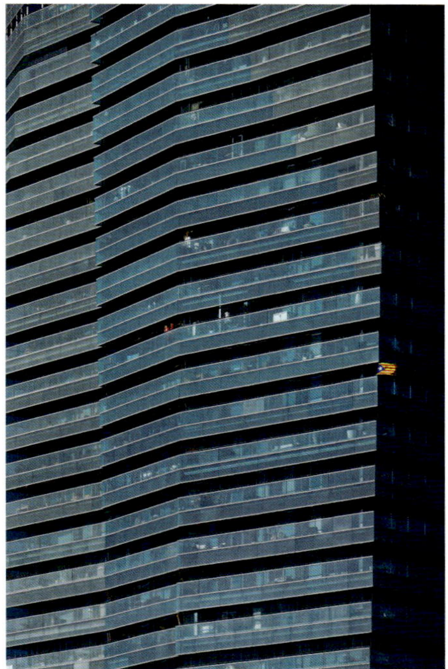

Dieses Gebäude in Barcelona hat keinen besonderen Reiz, aber die winzige katalanische Flagge rückt die Regionalpolitik und damit die Geschichte der ganzen Stadt in den Blickpunkt. Auf Fotos von Barcelona wird zwangsläufig auch die eine oder andere katalanische Flagge zu sehen sein.

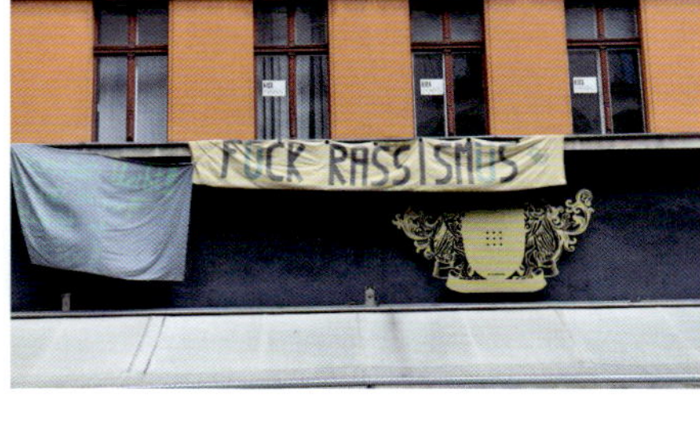

Auch dieses Foto entstand in Kreuzberg, einem politisch sehr aktiven Stadtteil von Berlin. An seinen Fassaden hängen viele Transparente.

Die Wände bieten auch Raum für künstlerischen Ausdruck. Street Art ist eine ganz eigenständige künstlerische Disziplin. Die Werke sind für alle zugänglich und unterscheiden sich hinsichtlich Stilrichtung, Größe und Entstehungsprozess. Manche Städte können sogar eine echte Street Art-Tradition vorweisen, beispielsweise Los Angeles, Berlin und Valparaiso. Andere versuchen, die Street Art dauerhaft im Stadtbild zu etablieren. wie etwa Grenoble.

Wann immer möglich, sollten Sie die Werke nicht direkt von vorn fotografieren (das ergibt vielleicht ein schönes Erinnerungsfoto, macht aber fotografisch nicht viel her), sondern in die Umgebung einbetten, aus einem anderen Blickwinkel zeigen oder zusammen mit einem Menschen ins Bild setzen.

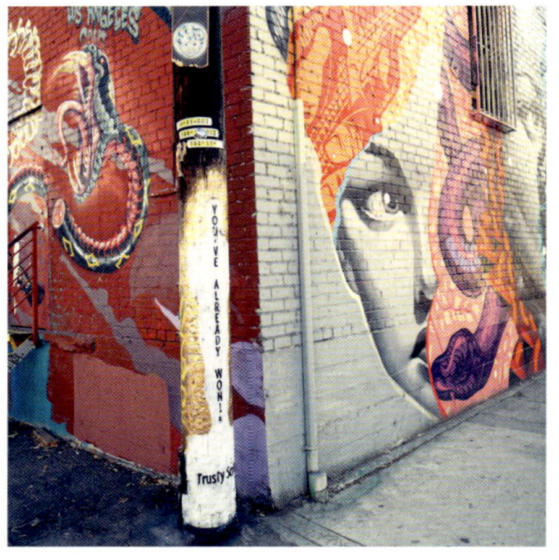

Durch die Abbildung dieser Ecke mit Malereien rechts und links und einem Fallrohr dazwischen brachte ich zum Ausdruck, wie ich diesen Ort wahrgenommen habe.

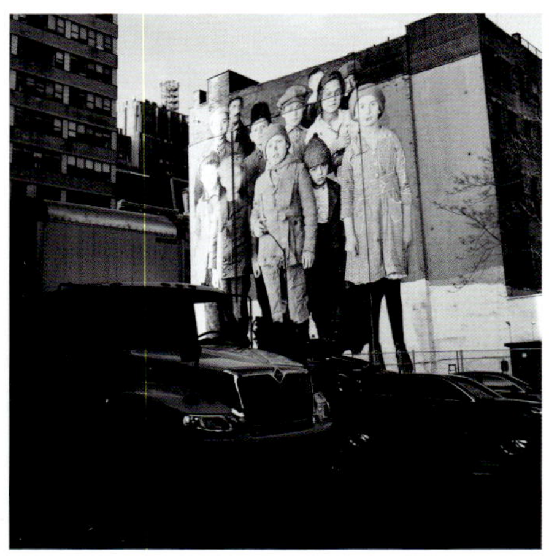

Ein Beispiel für die Einbettung von New Yorker Street Art in ihre Umgebung.

Wände dienen außerdem oft als Werbefläche. Die aufgemalten Werbebotschaften oder Werbeplakate lassen eventuell Ort oder Zeit erkennen und können fremdartig oder lustig wirken oder an alte Zeiten erinnern. Es lohnt sich auf jeden Fall, sie genauer zu betrachten.

Dieses Graffiti und die Reste einer alten aufgemalten Werbung in Brüssel bilden ein aussagefähiges Motiv.

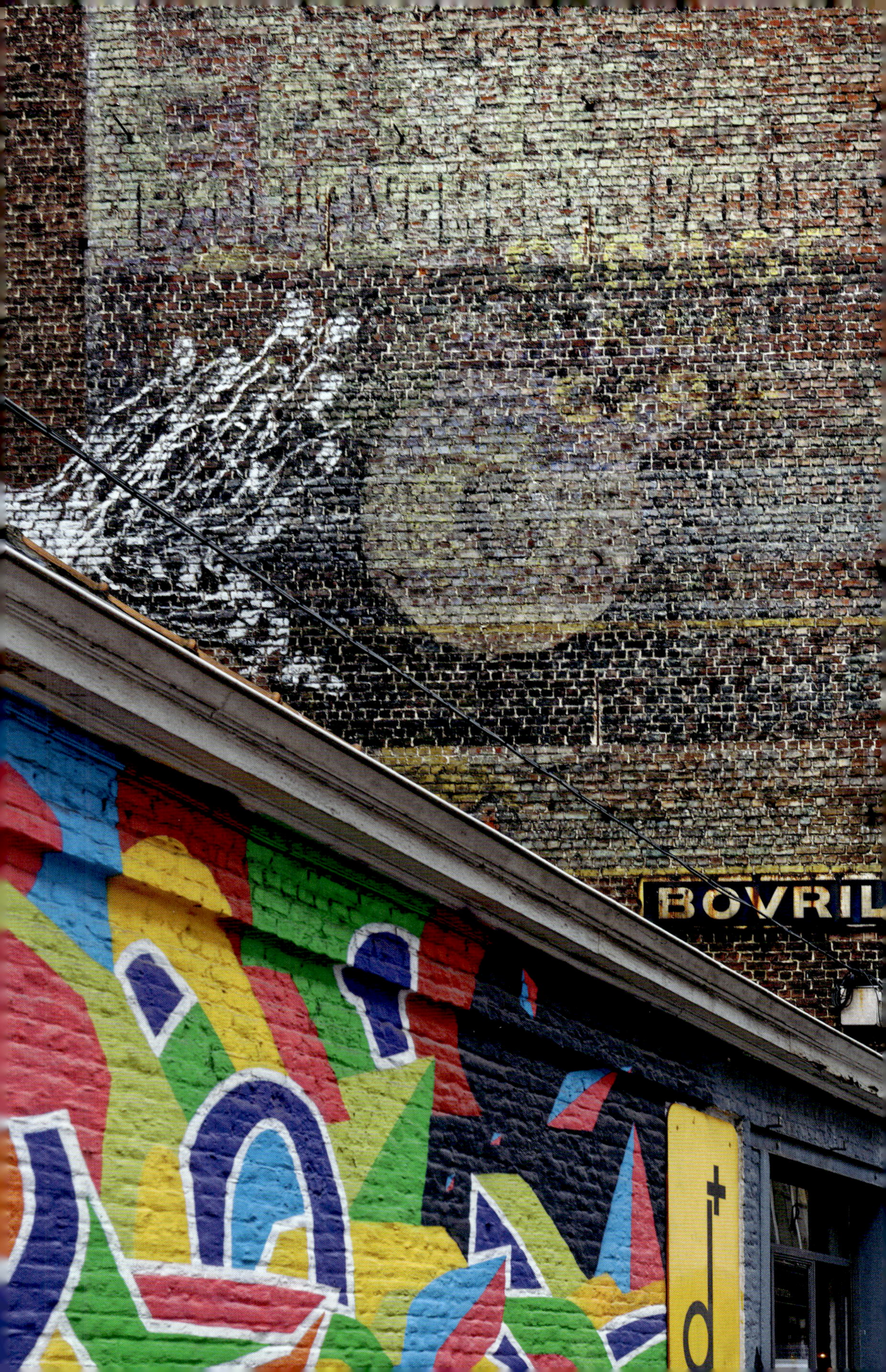
BOVRIL

Geschäfte

Geschäfte und andere Ladenlokale prägen ebenfalls das Stadtbild. Natürlich geht es an dieser Stelle nicht um die großen internationalen Ladenketten, die man in identischer Form in Nairobi, Cuzco und Amsterdam findet, sondern um alteingesessene Läden mit einem Schaufenster und einer Verkaufsfläche, die man nirgendwo sonst findet. Tipps zu Aufnahmen in Innenräumen finden Sie in Kapitel 3.

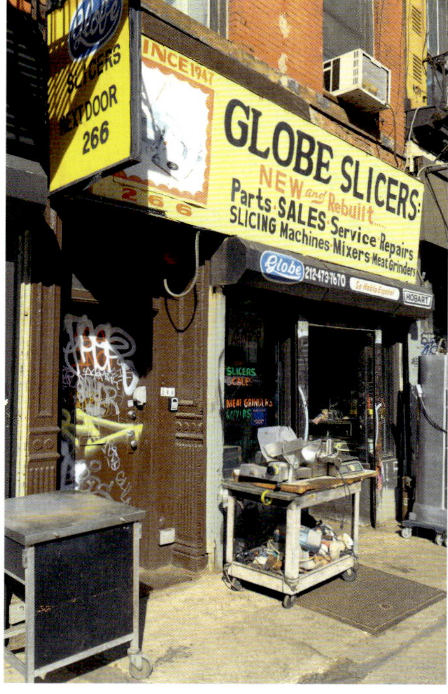

Abseits der touristischen Stadtzentren findet man erstaunliche kleine Läden wie dieses Fachgeschäft für Wurstschneidemaschinen in New York.

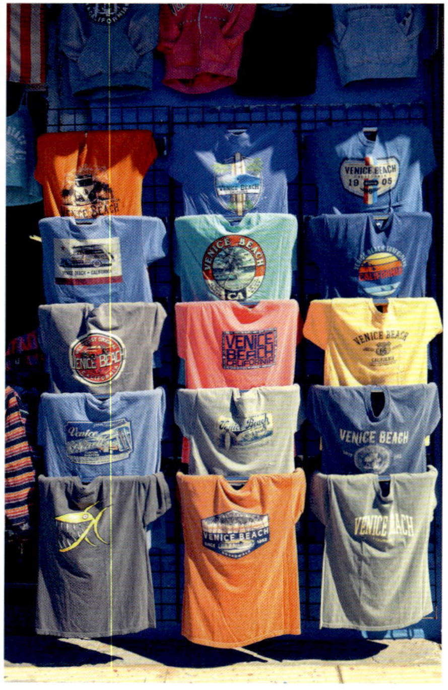

Diese bunten T-Shirts sind ein farbenfrohes Motiv, das sich zweifellos gut in einem Fotoalbum machen würde.

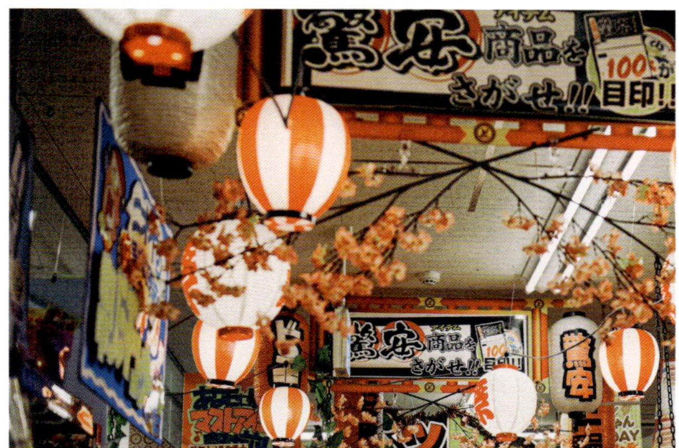

Dieser Supermarkt in Tokio lässt keine Zweifel daran aufkommen, wo man ist.

- Meiner Meinung nach kann man eine Stadt erst dann richtig verstehen, wenn man vor Ort einen Supermarkt besucht hat. In Hülle und Fülle findet man dort Hinweise auf die Gewohnheiten und Traditionen der Einwohner der Stadt. Viele Ansätze sind dafür denkbar, von der Nahaufnahme eines exotisch wirkenden Produkts über die grafische Darstellung der Warenregale bis hin zu Aufnahmen von Spiegelungen oder der allgemeinen Atmosphäre.
- Cafés, Restaurants und Bistros sind untrennbar mit dem täglichen Leben einer Stadt verknüpft. Sie tragen nicht nur wesentlich zur allgemeinen Atmosphäre bei, sondern sind auch wahre Goldgruben, wenn man die Einwohner einer Stadt porträtieren möchte.

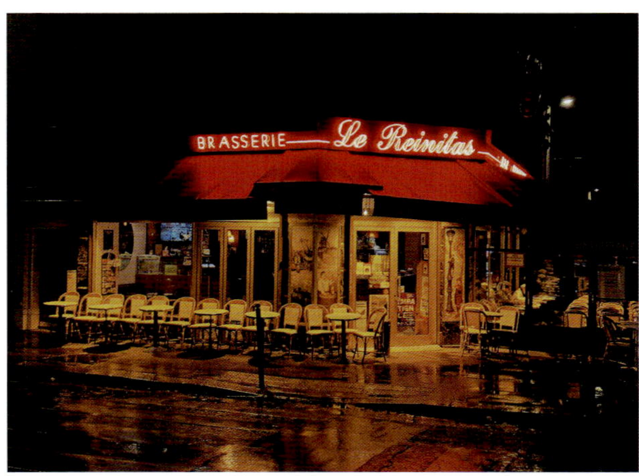

Die Atmosphäre in einem Pariser Bistro am frühen Morgen sagt oft mehr über die Stadt aus als ein Foto einer Sehenswürdigkeit. Achten Sie auf Kleinigkeiten, die eine Geschichte erzählen.

- Altmodische Schaufenster, leere Auslagen und alte Ladenschilder wirken auf einem Foto immer nostalgisch und verraten viel über die Entwicklung des Stadtlebens.
- Märkte sind bei Fotografen besonders beliebt, aber halten Sie auch abseits der ausgetretenen Pfade nach kleinen Tante-Emma-Läden Ausschau.
- Vielleicht überrascht Sie das, aber auch Andenkenläden halten viele schöne Fotomotive bereit.

Mit Aufnahmen der Produkte in den Schaufenstern in Kombination mit den Spiegelungen in der Scheibe können Sie eine Stadt auf ungewöhnliche Weise darstellen.

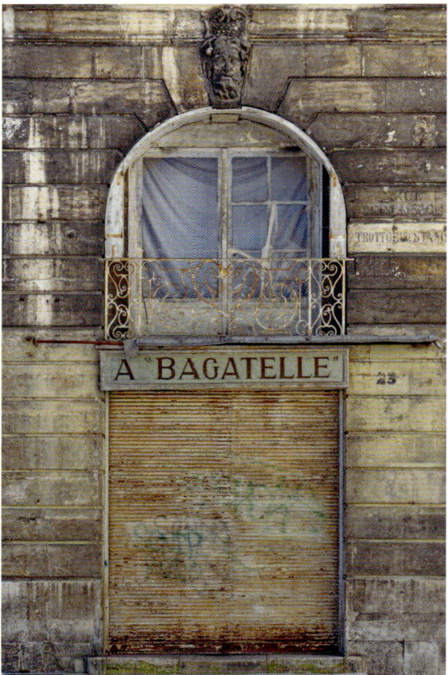

Ein zugenageltes Schaufenster (wie hier in Nancy) weckt Bedauern und macht uns bewusst, wie schnell die Zeit vergeht. Solche Aufnahmen sind niemals objektiv, aber oft sehr ästhetisch.

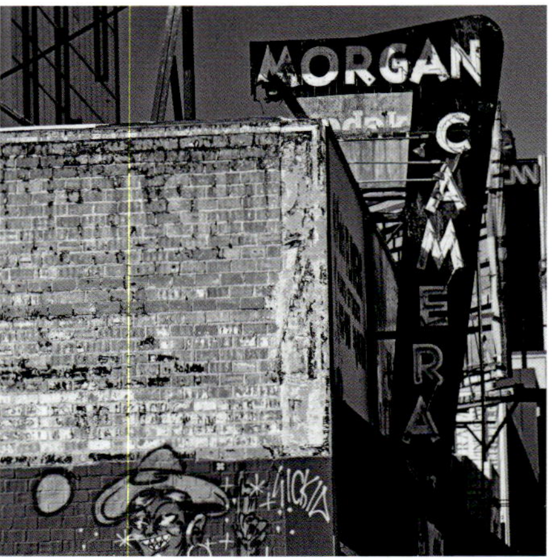

Diese alte Werbung mit ihrer abblätternden Farbe erinnert an die vergangene Blütezeit des Hollywood-Kinos. Da dieser Ort nur wenige Meter von dem Theater entfernt liegt, in dem die Oscars verliehen werden, hat er eine große Symbolkraft.

Stadtmöbel

»Stadtmöbel« (damit meine ich Bänke, Laternenpfosten usw.) und allgemein Verkehrs- und Hinweisschilder o. Ä. im Außenbereich sind vielfältige, allgegenwärtige Fotomotive. Die Fotos können Sie zur Ergänzung Ihrer anderen Bilder zeigen, zum Beispiel auf der ersten Seite eines Fotobuches, das Sie drucken lassen, oder neben anderen auffälligeren Bildern in einem Blog. Die Fotos erinnern an die Tausende von Details, die eine Stadt zu bieten hat.

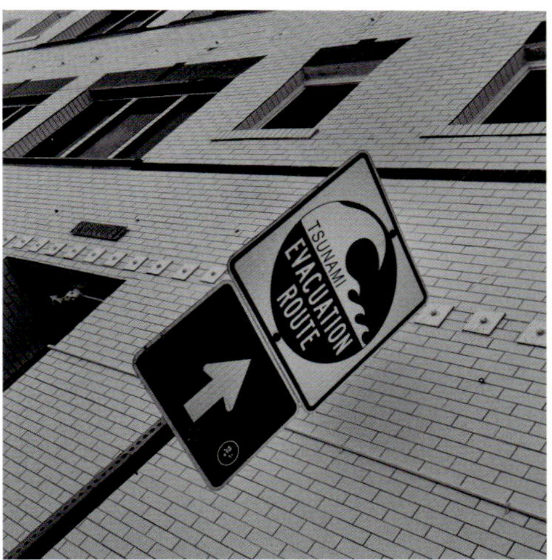

Dieses untrennbar mit Los Angeles verknüpfte Verkehrsschild erinnert daran, dass die Stadt nicht nur am Meer, sondern auch an der San-Andreas-Spalte liegt und daher bei Erdbeben von Tsunamis heimgesucht werden kann.

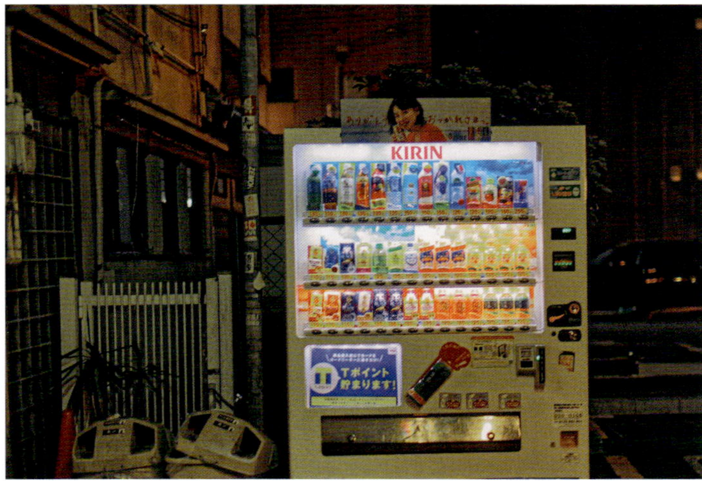

Getränkeautomaten mögen zwar sonst eher uninteressant für einen Fotografen sein, aber bei einer Reise nach Tokio sind sie unumgänglich.

Sie können diese Stadtmöbel mit ihren häufig kräftigen Farben und unterschiedlichen Formen einfach nur dokumentieren oder aber mit verschiedenen Formaten, Ausrichtungen und Ansätzen experimentieren. Diese Motive eignen sich auch für Fotoserien, entweder mit vertikaler (Laternenpfosten) oder horizontaler Ausrichtung (Bänke in unterschiedlichen Städten usw.).

Stadtmöbel können als eigenständiges Motiv oder innerhalb einer größeren Gesamtkomposition gezeigt werden wie diese Straßenlaternen in Mailand vor einem Gebäude aus Glas.

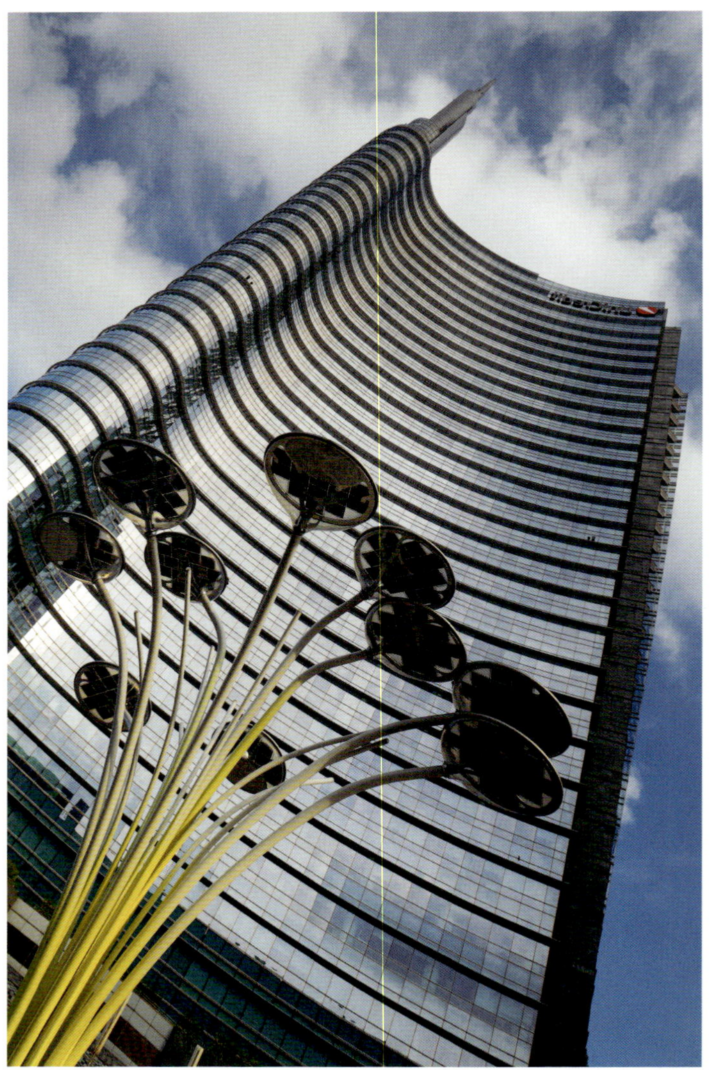

Ungewöhnliche Schauplätze

Auch Orte, an die man nicht sofort denken würde, können viel zur Bekanntheit einer Stadt und zu ihrer fotografischen Darstellung beitragen. Dazu gehören beispielsweise Parkplätze, Universitäten, Bibliotheken, Friedhöfe, Krankenhäuser und Stadien. Diese Schauplätze sind meist allein noch keine Reise wert, aber man sollte unbedingt vorbeischauen, wenn man sowieso in der Nähe ist.

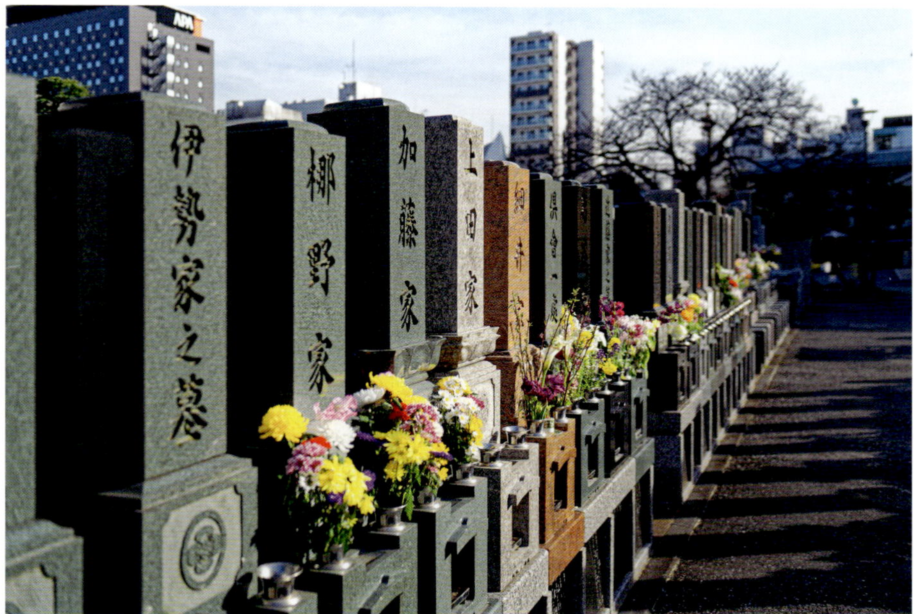

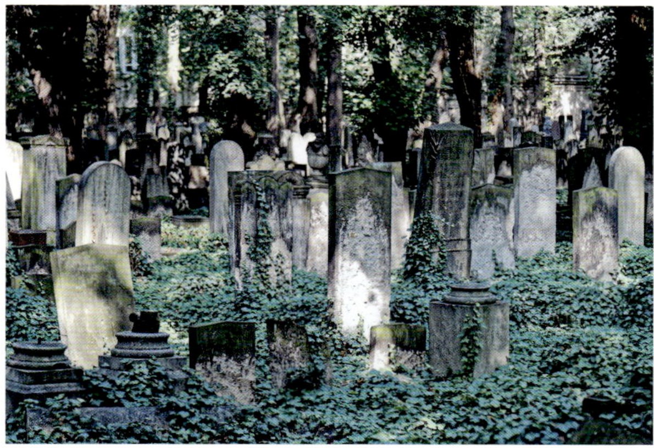

Auch Friedhöfe können die Identität einer Stadt prägen. Der Friedhof oben steht für die Strenge und Präzision von Tokio (zur Betonung der perfekten Aneinanderreihung nahm ich das Motiv von der Seite auf). Der jüdische Friedhof von Berlin (links) symbolisiert die Geschichte und gleichzeitig auch die romantische Seite der Stadt.

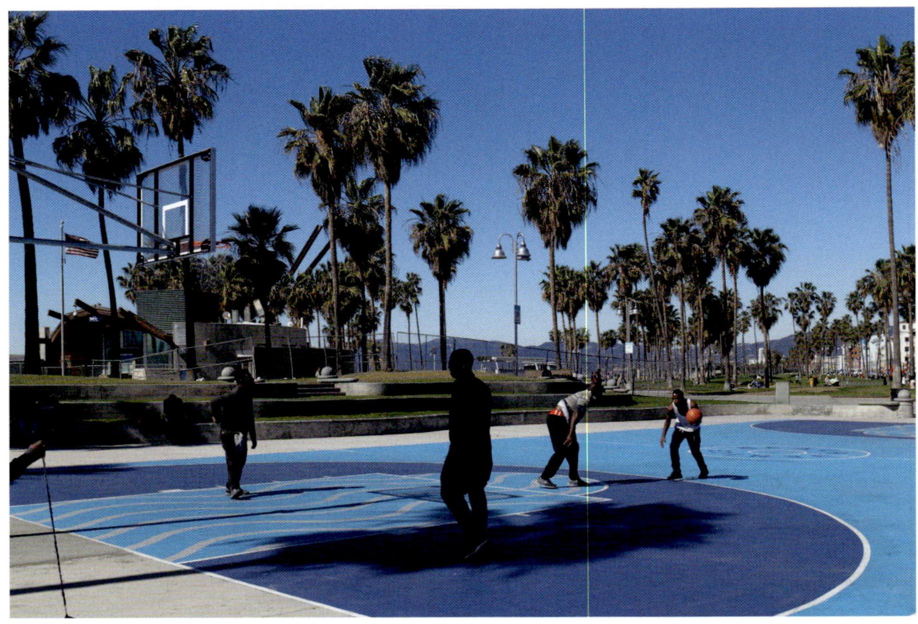

Symbole für die Quintessenz einer US-amerikanischen Stadt sind beispielsweise die öffentlichen Basketballfelder – oben mit Palmen und Sonnenschein in Los Angeles und rechts mit den charakteristischen Maschendrahtzäunen und Gebäuden in New York.

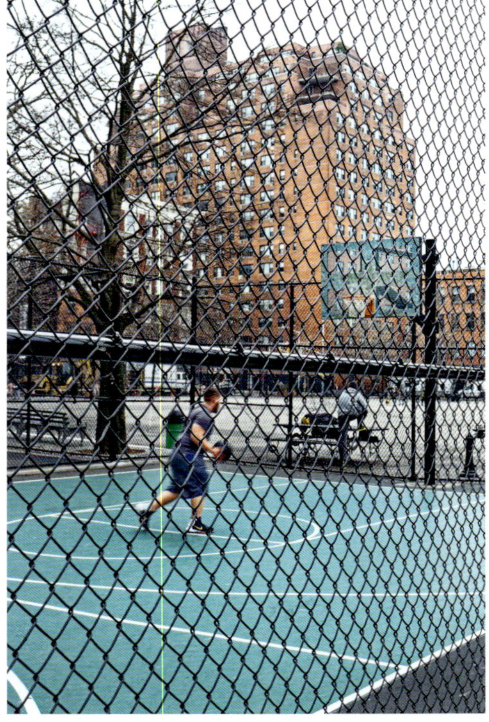

4.4 Verkehrsmittel

Verkehrsmittel gehören ganz einfach dazu, wenn man eine Stadt verstehen und fotografisch darstellen will – das trifft sich gut, denn danach müssen Sie sicherlich nicht lange suchen.

Öffentlicher Nahverkehr

Busse, U-Bahnen, Straßenbahnen: Öffentliche Verkehrsmittel sind eine fotografische Goldgrube. Manche Fahrzeuge sind besonders typisch bzw. sogar ein Erkennungszeichen der jeweiligen Stadt, z.B. die Doppeldeckerbusse in London. Der öffentliche Nahverkehr prägt ganz einfach das Stadtbild. Experimentieren Sie mit grafischen oder minimalistischen Ansätzen und bringen Sie die Farben der Verkehrsmittel vor einem neutraleren Hintergrund zur Geltung. Wählen Sie immer einen möglichst originellen Blickwinkel: Gehen Sie dazu in die Knie oder suchen Sie sich einen erhöhten Standpunkt.

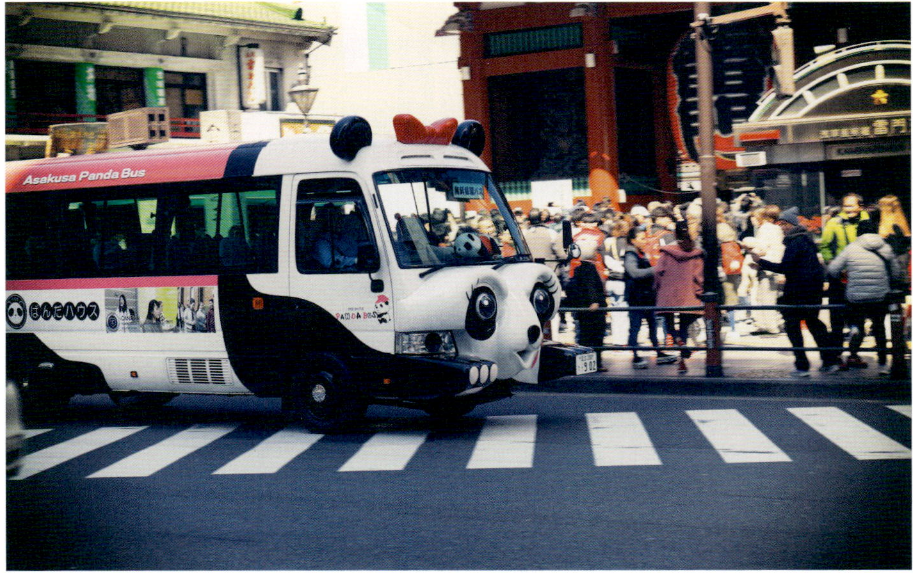

Wo sonst würde man einen als Panda verkleideten Bus vermuten als in Tokio? Mit einer leicht gedrehten Ansicht und einem hinten abgeschnittenen Fahrzeug, das ins Bild hineinzufahren scheint, sorgte ich für Dynamik.

Bei diesem Foto der Endstation einer New Yorker U-Bahn-Linie scheint die Kamera mitten auf den Gleisen zu stehen, was aber natürlich nicht der Fall war.

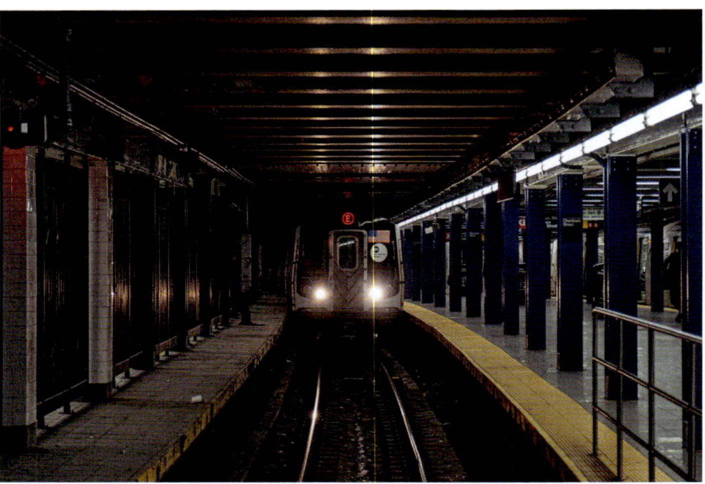

Eine lange Belichtungszeit (je nach dem gewünschten Effekt zwischen 1/125 s und 1/10 s) vermittelt einen Eindruck von Geschwindigkeit. Ohne Stativ sollten Sie sich gegen eine Wand oder einen Pfeiler lehnen.

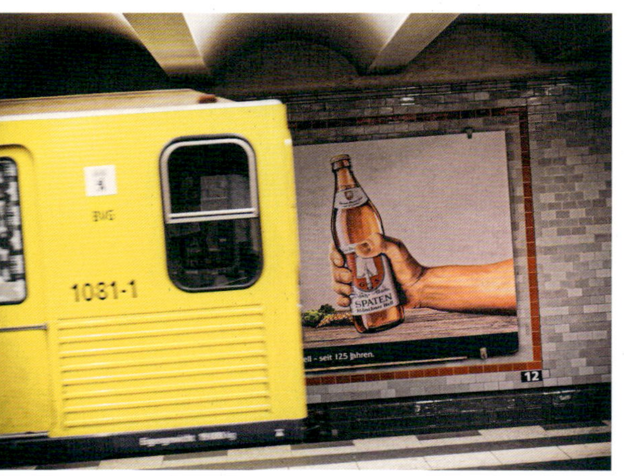

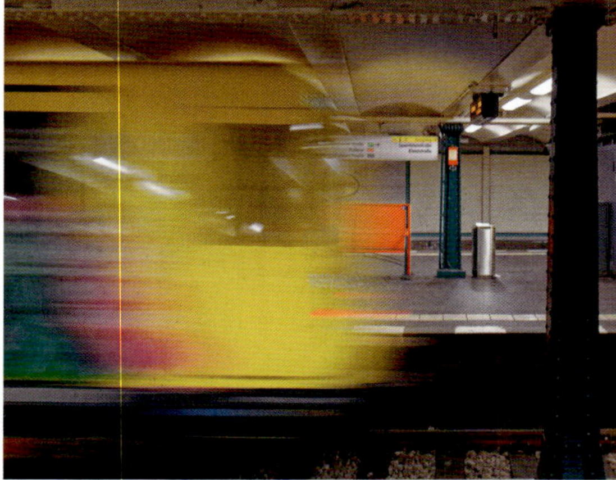

U-Bahn in Berlin. Links führte die Belichtungszeit von 1/125 s zu einer leichten Unschärfe, aber die Gesamtaufnahme mit der passenden Werbung im Hintergrund ist scharf. Rechts ist der Eindruck von Geschwindigkeit stärker und die kräftigen Farben des Waggons kommen besser zur Geltung. Aufgrund der Verschlusszeit von 1/10 s setzte ich mich mit meiner Kamera auf eine Bank und stützte meine Ellenbogen auf meinem Rucksack ab.

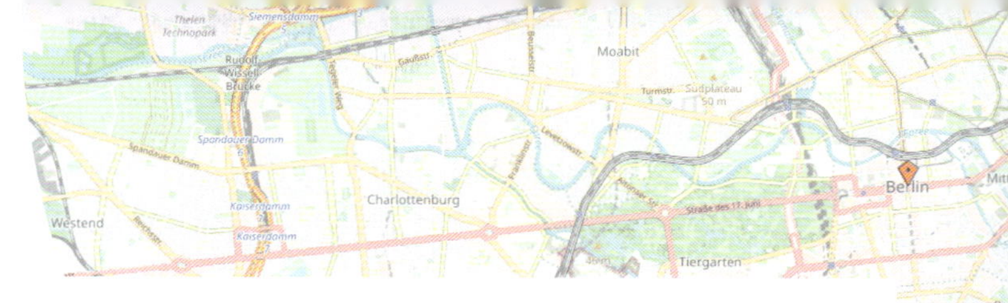

Auch die zum Nahverkehr gehörenden Einrichtungen bieten Motive in Hülle und Fülle, vor allem Innenräume. Zwar kann man sich auch an Bushaltestellen und an den Gleisen der Straßenbahn austoben, aber unschlagbar sind überdachte oder unterirdische Räume mit ihren unzähligen Farben, Schatten und Lichtinseln, Treppen und Durchgängen. Dort vergehen beim Fotografieren die Stunden wie im Flug. Problematisch ist häufig das schwache Licht (siehe Kapitel 3). Wenn Sie gerne mit Stativ arbeiten, sollten Sie bedenken, dass in den schmalen Gängen der U-Bahn oft nicht genug Platz ist und Sie vielleicht unangenehm bei den Sicherheitskräften oder bei anderen Passanten auffallen.

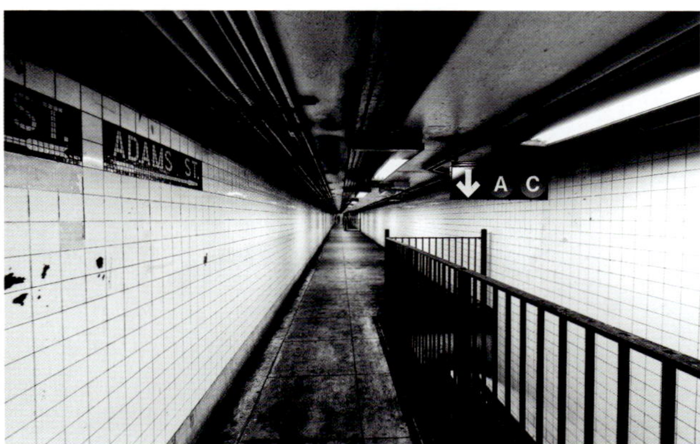

Bei dieser Aufnahme einer leeren U-Bahn-Passage von vorn liegt der Fluchtpunkt in der Bildmitte. Die Blende war weit genug geschlossen (f/8), um eine gute Schärfentiefe sicherzustellen. Die Darstellung in Schwarzweiß verstärkt den etwas beunruhigenden Effekt.

Andere Fahrzeuge

Auch andere Fahrzeuge, insbesondere Autos, können die Identität einer Stadt prägen. In manchen Fällen gehören Sie sogar zur DNA der Stadt wie in Los Angeles. Außerdem stehen bestimmte Automarken – wie etwa der Trabant für Ostberlin – symbolisch für eine bestimmte Stadt.

Mit Autos, Fahrrädern und Rollern lässt sich eine Komposition wirkungsvoll ergänzen. Spielen Sie auch hier mit dem Eindruck von Bewegung, indem Sie unterschiedliche Belichtungszeiten auswählen. Nutzen Sie auch die Technik des Mitziehens: Folgen Sie einem bewegten Objekt bei ausreichend langer Belichtungszeit mit der Kamera. Das Objekt wird dann scharf vor einem unscharfen Hintergrund abgebildet, und es entsteht ein Eindruck von Geschwindigkeit. Die Technik des Mitziehens kann immer dann eingesetzt werden, wenn bewegte Objekte im Spiel sind, aber die Umsetzung solcher Bilder ist anspruchsvoll und erfordert etwas Übung.

Setzen Sie ortstypische Fahrzeuge ins Bild, damit der Betrachter erkennt, um welche Stadt es sich handelt. Aber natürlich sind auch andere Autos ein Foto wert, wenn sie interessant genug sind.

Fahrzeuge mit ihren vielfältigen Farben und Formen lassen sich hervorragend nutzen, um grafische oder minimalistische Fotos aufzunehmen. Experimentieren Sie auch mit der Fülle von Spiegelungen auf Karosserien und Scheiben. Dabei werden Sie oft ganz erstaunliche Blickwinkel entdecken.

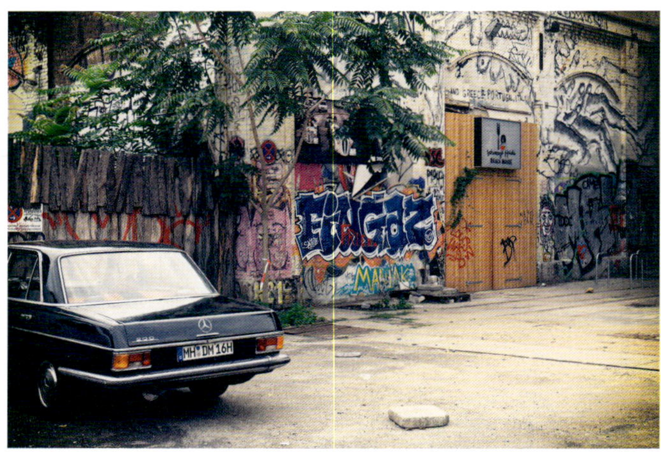

Beim Anblick dieses alten Mercedes vor Graffiti-bemalten Wänden fühlen wir uns sofort nach Berlin versetzt.

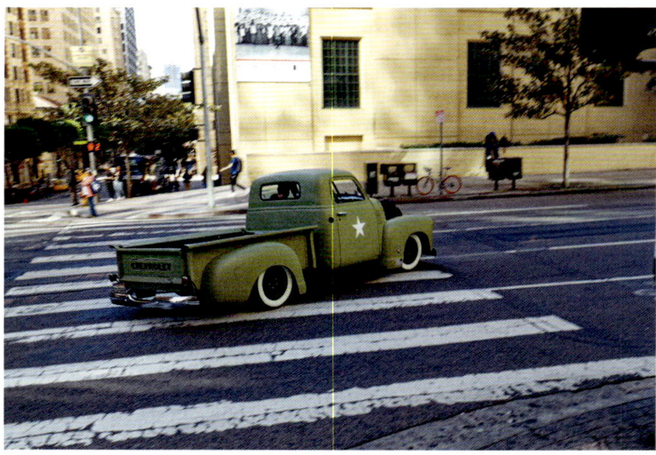

Bei dieser Aufnahme in Los Angeles habe ich die Kamera bei einer Belichtungszeit von 1/50 s mitgezogen: Das Fahrzeug erscheint scharf vor einem leicht unscharfen Hintergrund (es fuhr nicht besonders schnell), was einen Eindruck von Bewegung vermittelt.

4.5 Begegnungen

Auch die Einwohner prägen natürlich die Identität einer Stadt. Auf vielen Fotos, die Sie aufnehmen, wird man sie sehen – ob Sie dies nun wollen oder nicht. Die bewusste Einbeziehung von Menschen ist auf jeden Fall immer spannend.

Die Tipps in diesem Abschnitt sind natürlich auch wieder an die besonderen Anforderungen eines Städtetrips angepasst, d. h. an eine Reise, bei der man wahrscheinlich wenig Zeit hat und nicht allein ist. Es geht hier weder um die echte »Streetfotografie« (Buchtipp: *Streetfotografie* von Valérie Jardin), noch um »humanistische Fotografie«, sondern um das tägliche Leben in der Stadt, die Sie gerade besuchen. Nehmen Sie sich nicht zu viel vor: Sie werden sich nicht über Nacht in Henri Cartier-Bresson oder Vivian Maier verwandeln! Lassen Sie sich aber auch nicht entmutigen. Die Empfehlungen unten sollen Ihnen dabei helfen, Spaß am Fotografieren von unbekannten Menschen zu entwickeln.

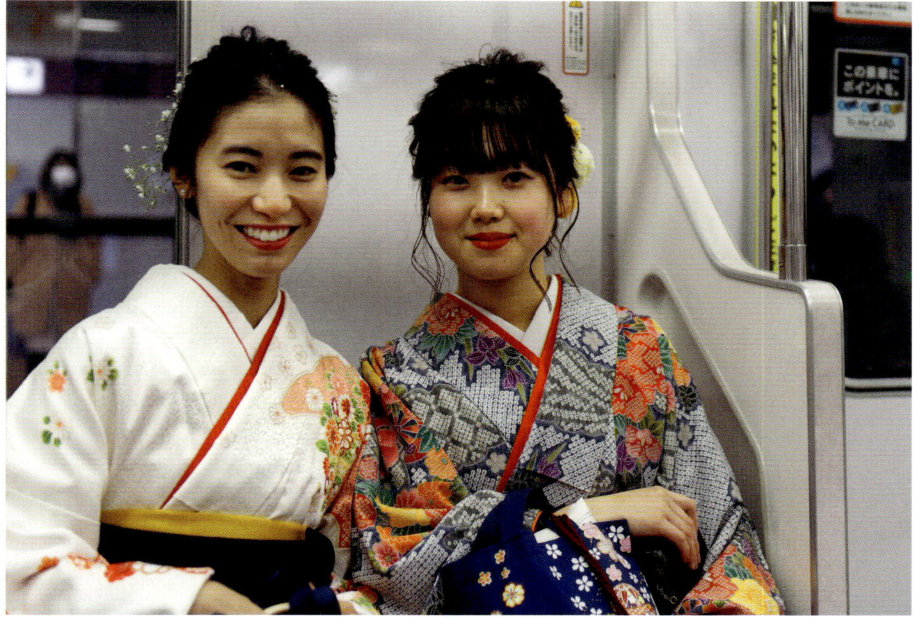

Nach einer Verständigung mit Blicken in der U-Bahn von Tokio posierten diese beiden jungen Damen gerne für die Kamera. Diese bereitwillige Zustimmung bekomme ich nicht immer, aber das akzeptiere ich dann einfach.

- Informieren Sie sich vorher, wie man sich am besten gegenüber der einheimischen Bevölkerung verhält, und tun Sie nichts, was diese Menschen stören könnte.
- Behandeln Sie sie mit Respekt.
- Halten Sie den Passanten nicht aus nächster Nähe ein riesiges Objektiv ins Gesicht – das kommt selten gut an.
- Bleiben Sie diskret bzw. gehen Sie nur mit Familienmitgliedern locker um: Das sorgt für eine entspannte Atmosphäre.
- Achten Sie bei der fotografierten Person auf kleinste Anzeichen von Zustimmung oder Ablehnung (Wie würden Sie an ihrer Stelle reagieren?).

Diesen Vater mit seiner Tochter in der Berliner U-Bahn mit ihren typischen Farben musste ich nicht um Erlaubnis bitten.

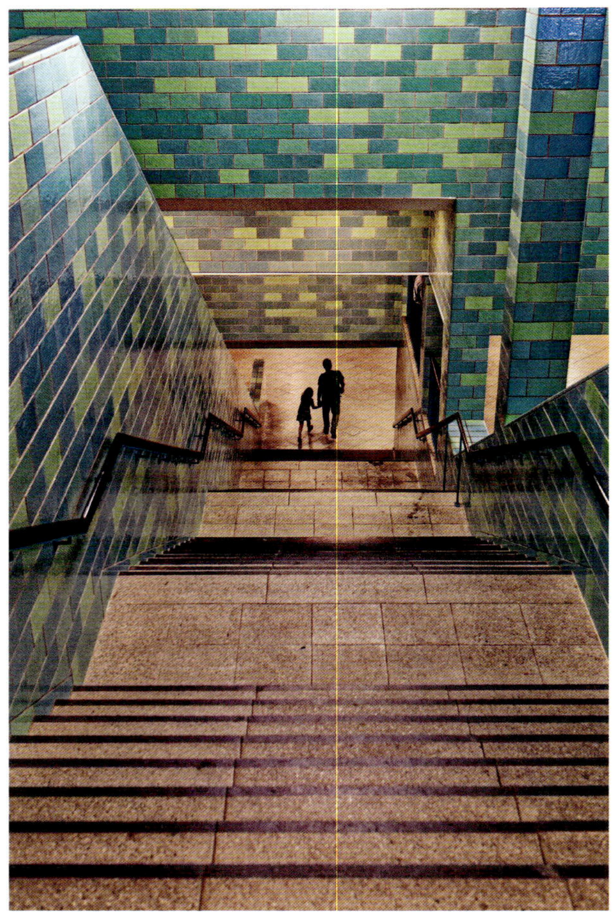

- Bleiben Sie beim Fotografieren von Kindern in der Stadt vorsichtig. Bei solchen Aufnahmen sorge ich immer dafür, dass man mich sieht: Wenn sich die Eltern gestört fühlen, werden sie ihren Nachwuchs schnell zu sich rufen; falls nicht, reicht es oft aus, einen Blick und ein Lächeln auszutauschen.
- Ein anderes heikles Thema sind Aufnahmen von notleidenden Menschen. Für solche Bilder braucht man Zeit und Talent. Es gibt nichts Schlimmeres als ein Foto eines Obdachlosen, aufgenommen »en passant« mit einem Teleobjektiv. Ein solches Thema ist nichts für einen Städtetrip, denn es erfordert Geduld, ehrliche Auseinandersetzung und Gespräche, die länger dauern als ein paar Sekunden.
- Ebenfalls vermeiden sollte man Fotos von Motiven, die für Touristen inszeniert werden, wie beispielsweise die falschen Soldaten am Checkpoint Charlie in Berlin.

Die Stadt als Kulisse

Fast reflexartig möchte man die Einwohner auf einer Städtereise innerhalb ihrer Umgebung, also innerhalb ihres Lebensraums zeigen. Versuchen Sie, die Verbindung zwischen einer Stadt und ihren Bewohnern sichtbar zu machen.

Die Aufnahme einer Stadtlandschaft wirkt lebendiger, wenn ein oder mehrere Einwohner zu sehen sind. Sobald Sie einen ansprechenden Blickwinkel gefunden haben, sollten Sie einfach abwarten: Es ist nur eine Frage der Zeit, bis ein Passant vorbeikommt. Die Menschen schauen meist, wohin sie gehen, und achten nicht auf den Fotografen am Wegesrand. Sie können also in aller Ruhe fotografieren. Die Größe der Abbildung von Passanten lässt sich durch eine Änderung der Aufnahmeabstände oder Brennweiten variieren.

Wenn es Ihnen auch noch gelingt, mit dem Foto eine Geschichte zu erzählen, dann haben Sie gewonnen!

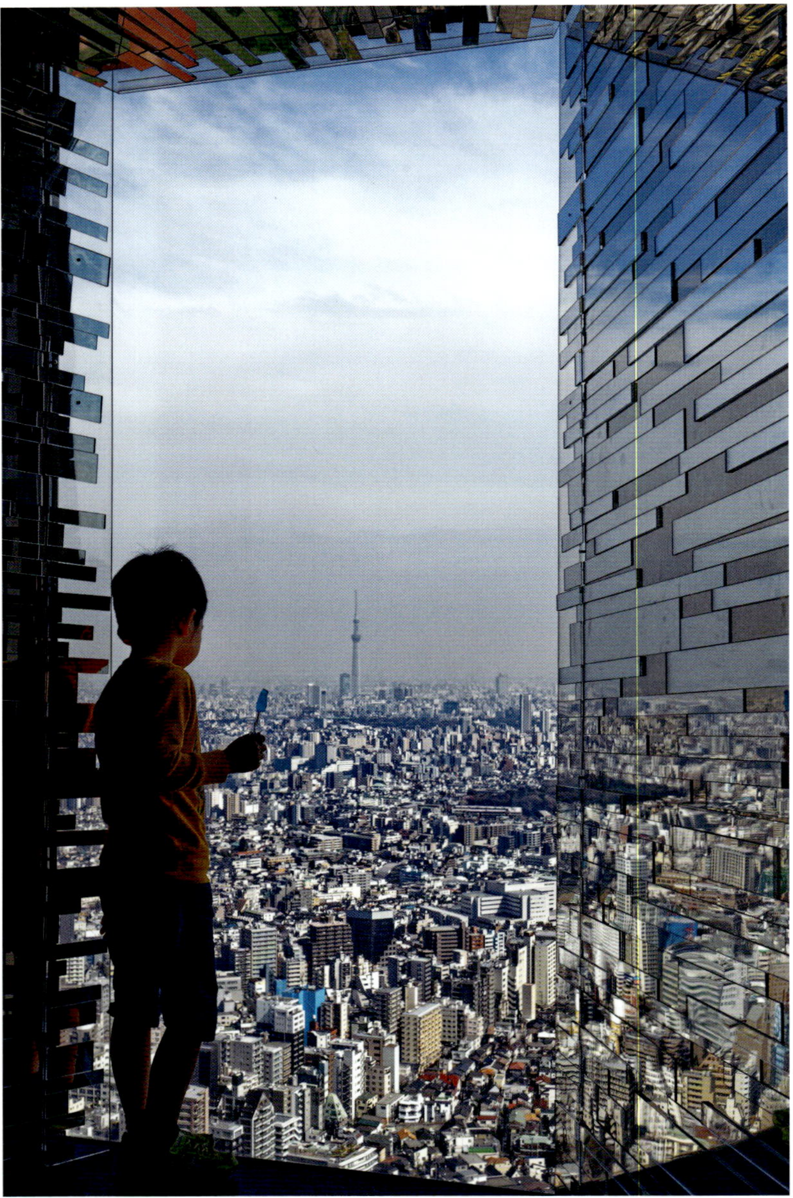

Dieses Fenster mit seinem grandiosen Ausblick auf Tokio hatte ich bei meiner Recherche gefunden. Ich konnte dieses Kind vier Mal fotografieren, bevor die Mutter kam und sich dafür entschuldigte, dass ihr Sohn ins Bild gelaufen war. Ich zeigte ihr die Fotos und erklärte ihr, dass die Anwesenheit ihres Sohnes ein echter Glückstreffer war. Mehrmals habe ich mich bei ihr dafür bedankt.

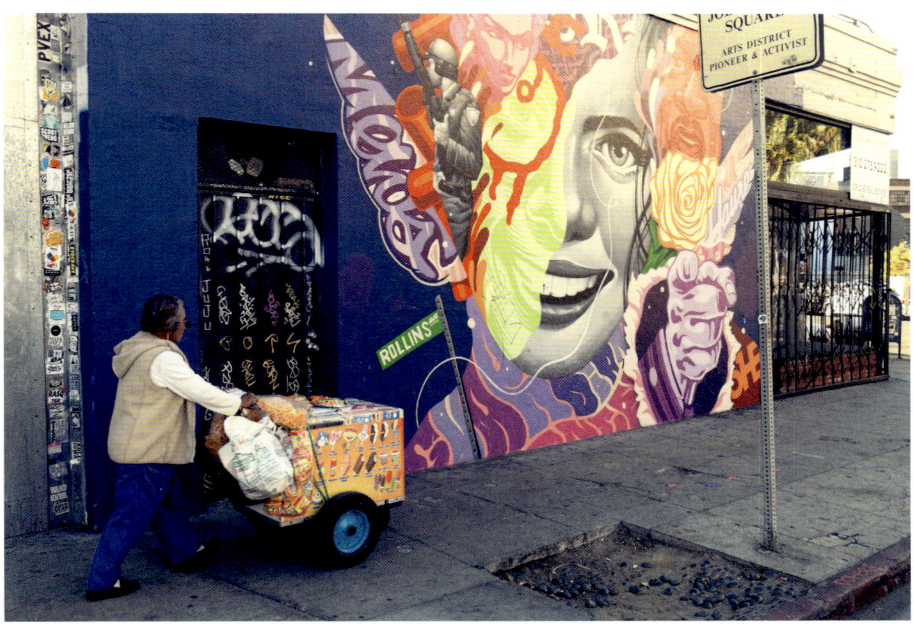

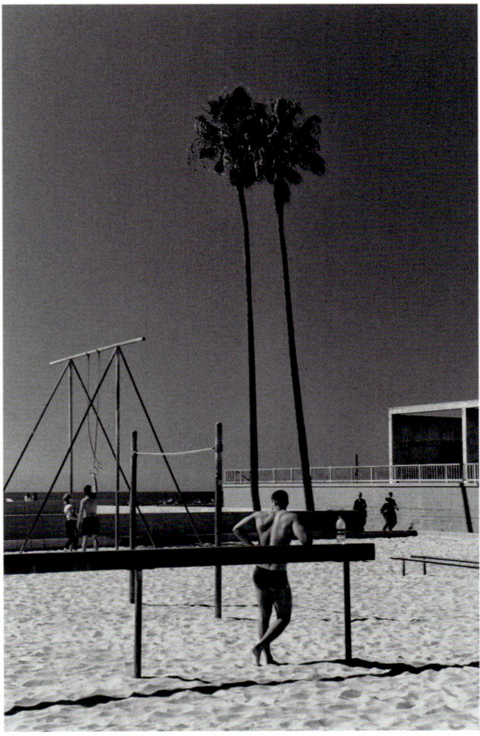

Diese beiden Fotos der Einwohner von Los Angeles bezeugen die Vielfalt der Stadt. Oben schiebt eine ältere Frau ihren Verkaufswagen an einem Wandgemälde im Art District vorbei (ein quirliger Stadtteil im Zentrum direkt neben den ärmeren Vierteln). Links lässt ein Mann seine Muskeln im Sonnenlicht spielen.

Ein weiterer Ansatz, der nicht besonders viel Mut erfordert, ist die Abbildung einer Person inmitten von typischen Merkmalen der jeweiligen Stadt. Die Methode ist die gleiche wie oben: Sobald Sie einen ausdrucksstarken Ausschnitt gewählt haben, warten Sie einfach ab, bis ein Passant ihren Weg kreuzt. Bleiben Sie drei oder vier Minuten dort stehen. Wenn niemand kommt, können Sie zumindest ein Erinnerungsfoto machen.

Auch Architekturfotos können übrigens durch die Abbildung von Menschen an Ausdruckskraft gewinnen. Die Ergebnisse wirken interessanter und zeigen, dass die Gebäude oder Monumente zum Leben der jeweiligen Stadt dazugehören. Damit das Foto eine sinnvolle zusätzliche Dimension erhält, sollten Sie nicht einfach nur einen Menschen und ein Gebäude zusammen ins Bild setzen: Die Verbindung zwischen beiden muss spürbar sein. Auch mit einer Silhouette lässt sich übrigens ein Eindruck von den Größenverhältnissen vermitteln. Die dargestellten Gebäude kommen dadurch oft besser zur Geltung.

Der Passant trägt zweifellos zur Bildwirkung dieser Aufnahme des Gebäudes Le Volcan in Le Havre bei.

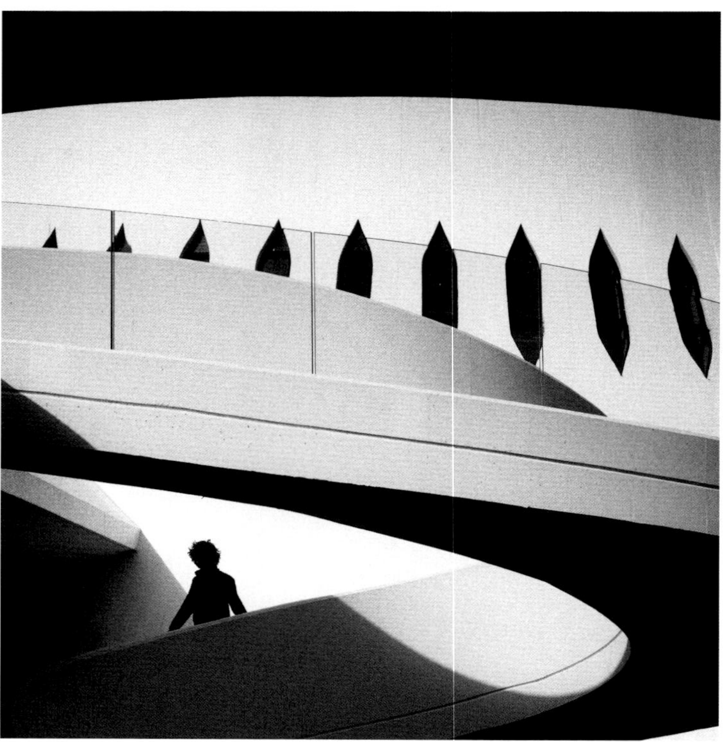

Aussagefähige Fotos der Bewohner einer Stadt

Manche Menschen bringen etwas von der Seele einer Stadt zum Vorschein. Das liegt möglicherweise am äußeren Erscheinungsbild, an gewissen Eigenheiten, an Kleinigkeiten oder an fast schon übertriebenen Verhaltensweisen, vor allem aus Sicht eines Durchreisenden. Beispielsweise sind die Bewohner einer Stadt am Mittelmeer häufig extrovertiert, während man in Asien oft in lächelnde Gesichter schaut. Die Menschen werden vom Klima, von der Geschichte und von aktuellen Geschehnissen geprägt – wenn Sie diese Einflüsse spüren, können Sie sie auf Ihren Fotos einfangen.

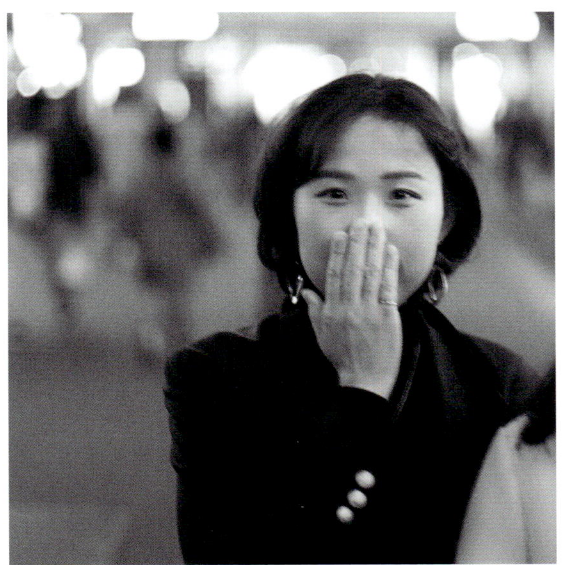

Ich stand neben dieser jungen Frau und fotografierte sie ganz offen. Daraufhin machte sie diese schüchterne Handbewegung, die so typisch für die Menschen in Tokio ist – eine Mischung aus Bescheidenheit und Lachen. Trotz der Unschärfe (recht lange Verschlusszeit aufgrund des schwachen Lichts am Ende des Tages) gefällt mir dieses Foto sehr gut.

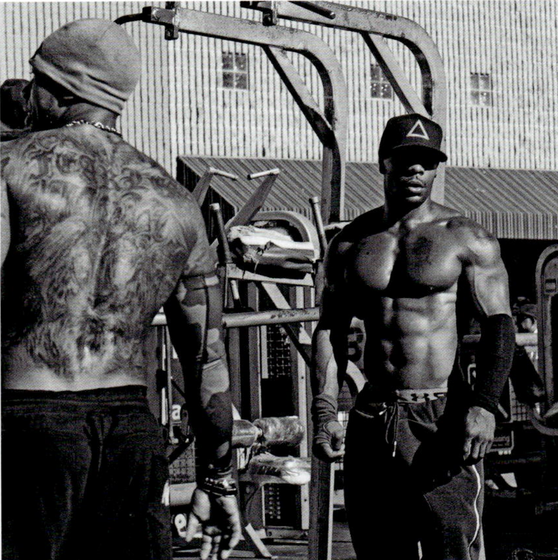

Der Muscle Beach im Viertel Venice von Los Angeles ist berühmt für solche tätowierten Muskelmänner.

Wenn Sie sich nicht trauen, die Einwohner direkt von vorn aufzunehmen, fotografieren Sie sie von hinten oder von der Seite oder zur Not aus der Ferne. Üben Sie die Menschenfotografie vor der Reise an Ihrem Heimatort, allerdings nur, wenn Sie sich wohl dabei fühlen (andernfalls sieht man das auf Ihren Bildern). Wenn Ihnen die Bilder nicht gelingen, sollten Sie sich aber nicht grämen: Es gibt eine Vielfalt von fotografischen Disziplinen – niemand zwingt Sie, ausgerechnet Menschen zu fotografieren!

Menschenmengen

Ich fotografiere nur selten größere Menschenansammlungen, aber wenn man die Gelegenheit dazu bekommt, dann sollte man sie auch nutzen.
Menschenmengen gehören zwar unweigerlich zum Stadtbild dazu, sind aber nur selten wirklich fotogen. Die resultierenden Bilder wirken unruhig und meist nicht sonderlich interessant – im Journalismus gelten allerdings natürlich andere Kriterien. Wenn man Glück hat, sagt eine Menschenmenge aber etwas über das Tempo und die Energie einer Stadt aus. Und als Tüpfelchen auf dem i kann man gleichzeitig auch ganz diskret einige Gesichtsporträts aufnehmen.

Unten die dichte, quirlige Menschenmenge auf den Ramblas in Barcelona, oben auf der nächsten Seite der geordnete Menschenstrom in den Gängen der U-Bahn von Tokio. Die Bilder machen die Unterschiede zwischen beiden Städten deutlich.

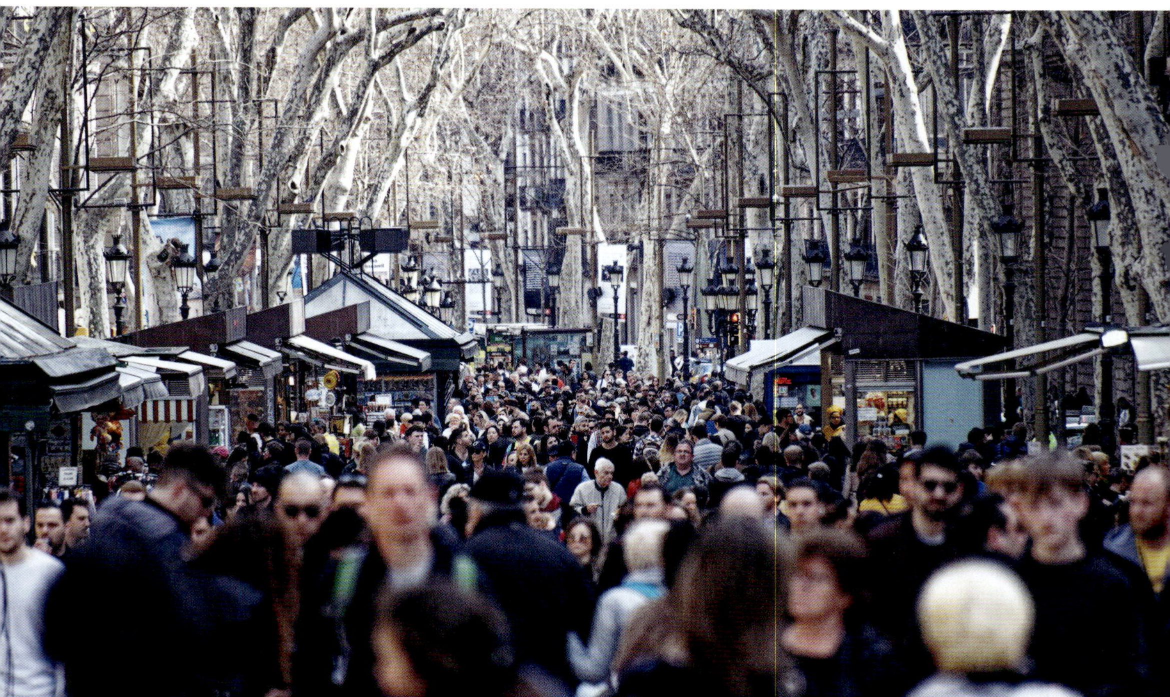

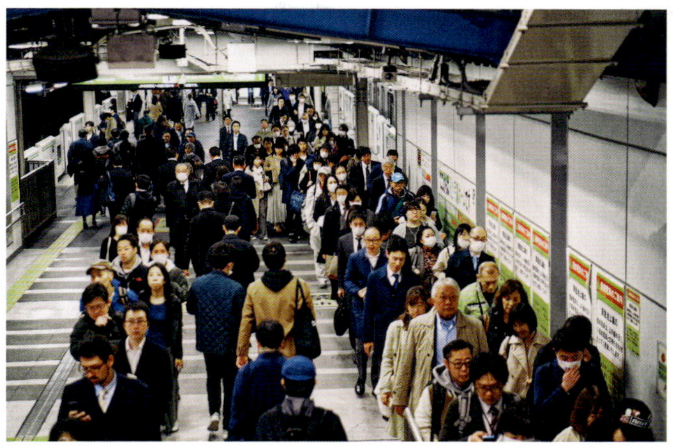

Berufstätige

Um die berufstätige Bevölkerung kommt man beim Fotografieren einer Stadt nicht herum. Polizisten, Verkäufer, Handwerker: Halten Sie nach Menschen in Uniform oder Berufskleidung Ausschau. Aber fotografieren Sie auch Leute in normaler Kleidung und setzen Sie Ihre Haltung und Handbewegungen ins Bild. Beschäftigen Sie sich mit landestypischen handwerklichen Tätigkeiten. Weniger »exotische« Aktivitäten können Sie innerhalb ihrer Umgebung zeigen.

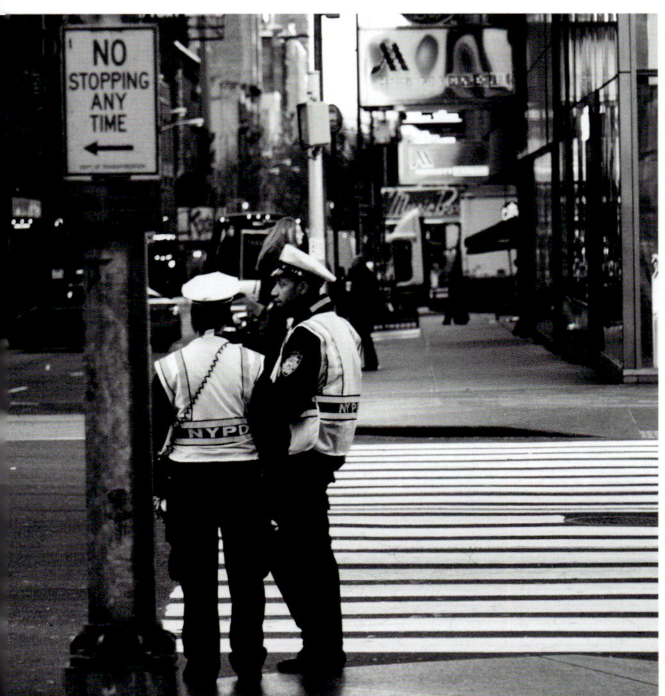

Die Uniform von Polizisten ist immer ein gutes Motiv. Wenn man auch noch die betreffende Stadt erkennen kann (an dieser Uniform und an der Umgebung), darf man sich die Gelegenheit nicht entgehen lassen.

Sie können die Polizisten unauffällig »en passant« fotografieren. Das ist nicht schwierig, denn sie sind beschäftigt und werden Sie wahrscheinlich nicht beachten. Außerdem stehen die Polizisten oft relativ still, sodass Sie Zeit genug haben, Ihr Bild sorgfältig zu gestalten und sich einen Ansatz zu überlegen. Auch wenn das Fotografieren von Menschen nicht zu Ihren Lieblingsdisziplinen zählen sollte, ist es eine gute Übung, eine fremde Person um ein Foto zu bitten. Häufig sind die Menschen stolz auf das, was sie gerade tun, und lassen sich recht gerne fotografieren.

In vielen Fällen reichen dazu ein Blickkontakt, ein Lächeln und ein Dankeschön aus.

Auch durch persönlichen Kontakt entstehen manchmal fotografische Gelegenheiten: Fotografieren Sie zum Beispiel jemanden, den Sie um eine Information gebeten haben (z.B. einen Mitarbeiter am Empfang). Häufig werden Sie zunächst eine lächelnde Ablehnung bekommen. Wenn Sie aber ein wenig nachhaken, können Sie die Person manchmal doch noch überzeugen. Zu viel Beharrlichkeit bringt allerdings auch nichts.

Neben Porträts sind auch Aufnahmen der Tätigkeit selbst interessant: Fotografieren Sie Hände, Werkzeuge, Bewegungen. Bis heute habe ich für solche Aufnahmen noch nie einen Korb bekommen (und häufig darf ich gleichzeitig auch noch ein Porträt fotografieren).

Märkte sind der perfekte Ort, um Fotos von Händen und Handbewegungen der Händler einzufangen.

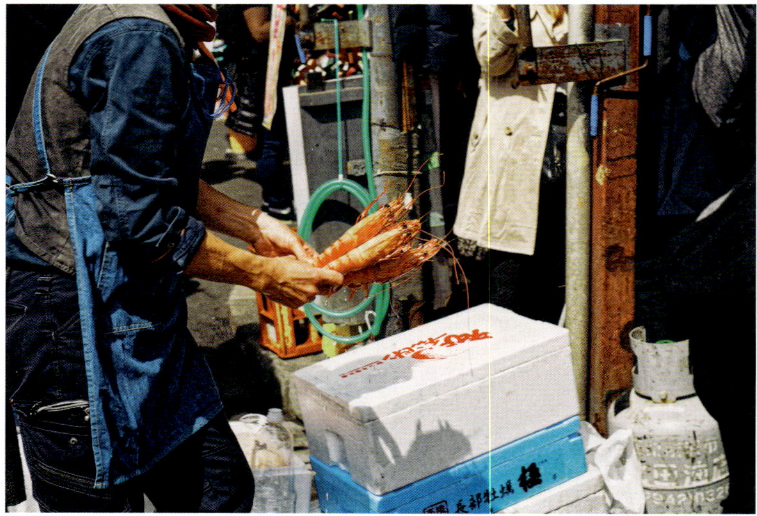

Feste und Feiern

Festliche Anlässe sind die ideale Gelegenheit für Porträtaufnahmen. Die lächelnden Menschen lassen sich meist gerne fotografieren. Den Veranstaltungskalender können Sie leicht recherchieren, entweder im Vorfeld im Internet oder vor Ort in der Touristeninformation. Oder man vertraut, wie ich, einfach auf den Zufall.

Umzüge, Stadtteilfeste, Sportveranstaltungen, kleinere öffentliche Feiern, Volksfeste und vieles mehr: Die Atmosphäre auf diesen häufig farbenfrohen Zusammenkünften ist immer ausgelassen. Da fällt es nicht schwer, die Zustimmung für die eine andere Porträtaufnahme zu bekommen oder spontane Fotos von Menschen zu machen. Häufig bitten die Gäste sogar selbst darum. Aber auch hier gibt es Menschen, die nicht fotografiert werden wollen, und das muss man respektieren.

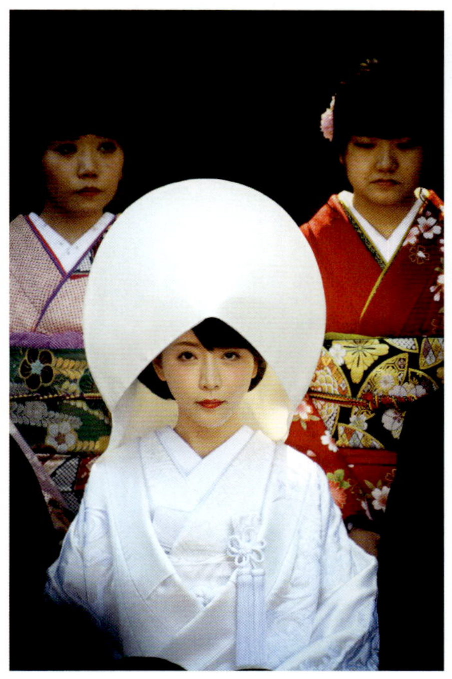

In Tokio finden viele Hochzeiten teilweise unter freiem Himmel statt. Davon profitierte ich bei dieser Aufnahme einer jungen Braut, die viel zu sehr mit dem Augenblick beschäftigt war, um sich an mir zu stören.

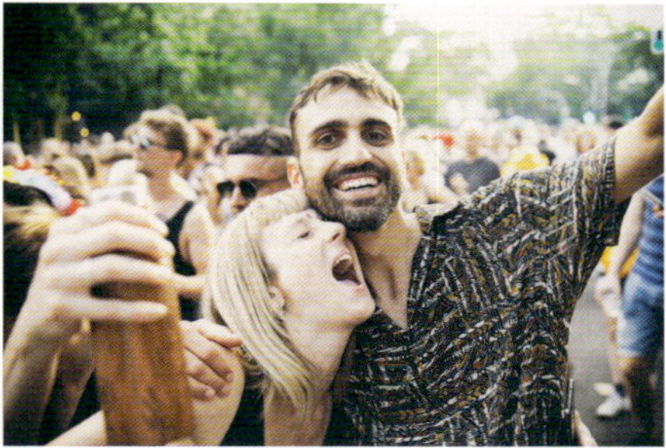

Die Christopher Street Day Parade in Berlin ist ein fröhlicher, extravertierter Umzug. Man braucht nur die Kamera vor das Gesicht zu halten, und die Teilnehmer lächeln dem Fotografen voller Begeisterung zu.

Nachtaufnahmen

Nachts kann man die Bewohner einer Stadt besonders gut fotografieren, denn sie sind entspannter und weniger in Eile, und es herrscht eine besondere Atmosphäre. Die Kneipen sind häufig voll, und die Beleuchtung in Kombination mit den Passanten bietet unerschöpfliche Möglichkeiten der Bildgestaltung und der Wiedergabe von Stimmungen.

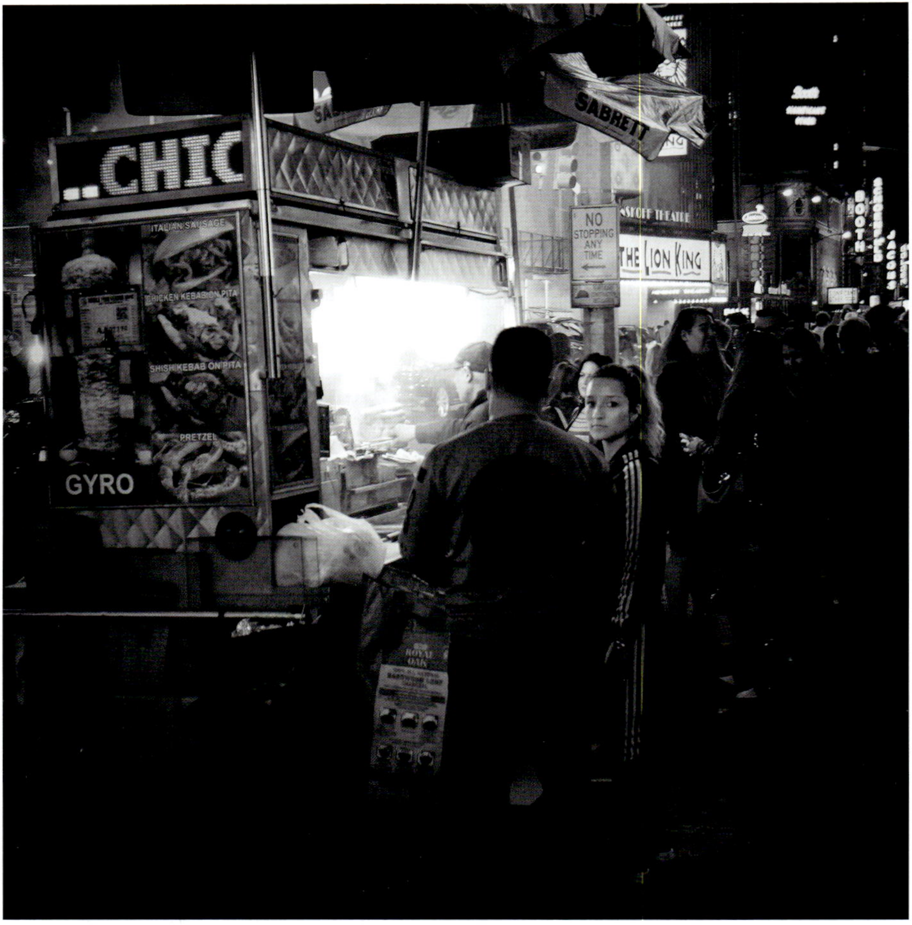

Wo könnte man Nachtschwärmer besser einfangen als in New York, in der Stadt, die niemals schläft? Dieses junge Mädchen wartete vor einem Food Truck. Der Erfolg des Fotos beruht auf der Beleuchtung des Imbisswagens.

Tipps zur Technik finden Sie in Kapitel 3 bei meinen Empfehlungen für Aufnahmen bei schwachem Licht. Die Belichtungszeit sollte nicht zu lang sein, damit die Passanten nicht unscharf wiedergegeben werden (außer dies ist gewünscht). Nutzen Sie die Schaufensterbeleuchtung und anderen Lichter der Stadt zur Ausleuchtung Ihrer Motive, um die nächtliche Stimmung abzubilden.

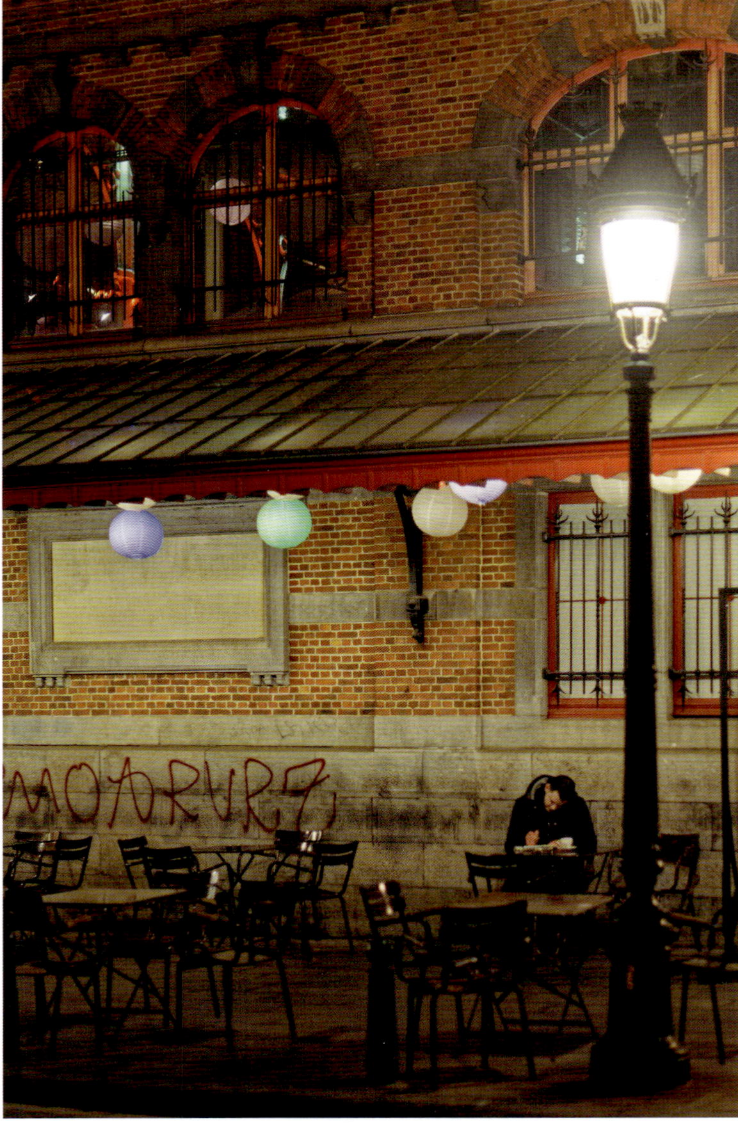

Dieser Mann, der einsam auf einer Terrasse in Brüssel im Lampenschein etwas schrieb, fiel mir natürlich auf. Tagsüber hätte eine ganz andere Atmosphäre geherrscht.

Grafische Aufnahmen mit Menschen

Auch mithilfe von Menschen im Bild können Sie eine Aufnahme grafisch gestalten. Ich selbst liebe diesen Ansatz und verfolge ihn ganz intuitiv. Daran könnte man bemängeln, dass die Fotos nichts mit dem tatsächlichen Leben der Menschen zu tun haben, aber auch ich zolle den Bewohnern einer Stadt mit meinen Bildern Tribut, nur eben nicht mit konventionellen Dokumentarfotos oder Porträts.

Zu den Strategien, die man verfolgen kann, zählt vor allem die Aufnahme von Silhouetten. Mit einer kleinen Silhouette im Bild lässt sich zum Beispiel ein Eindruck von der Größe eines Gebäudes vermitteln oder sogar eine Geschichte erzählen. Dieser Ansatz macht Gesichter und Kleidung unkenntlich, sodass man eine allgemeingültige Aussage über die Bewohner einer Stadt treffen kann. Die einfachste Methode, wirkungsvolle Silhouetten zu erzeugen, ist die Anordnung der Lichtquelle hinter dem Motiv. Wenn man nun zur Belichtung den hellen Bereich anmisst, dann wird die Person dunkel abgebildet. Dieses Gegenlicht kann künstlich oder natürlich, stark oder schwach sein. Hauptsache, es befindet sich gegenüber der Kamera. Eine helle, sonnenbeschienene Wand reicht beispielsweise schon aus.

Die allein schon spektakuläre Architektur dieses Mailänder Museums kam durch die Silhouette einer Besucherin noch besser zur Geltung.

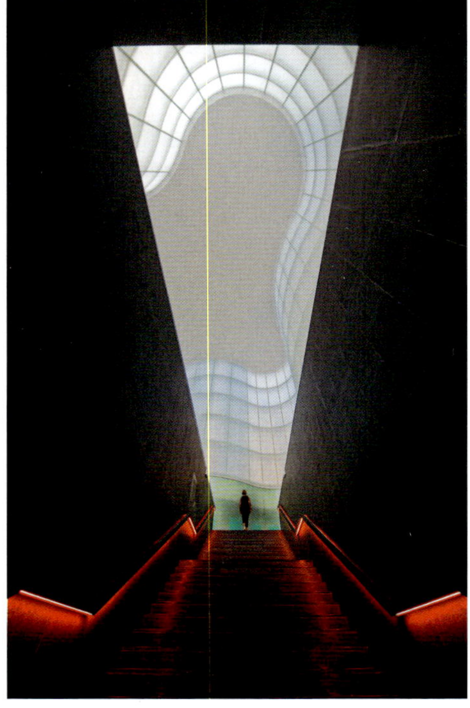

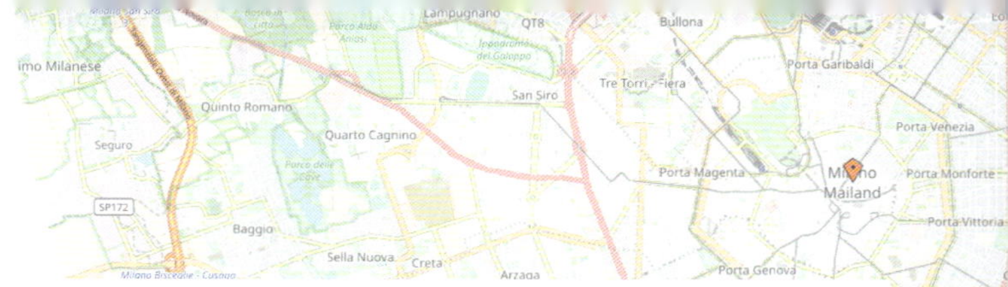

Die Fotografie der Schatten von Menschen funktioniert ebenfalls nach dem Prinzip Anonymisierung und Verallgemeinerung. Am Tagesanfang und -ende gelingen solche Bilder besonders gut. Halten Sie nach deutlich sichtbaren und ausreichend langen Schatten Ausschau, damit die Bildaussage verständlich bleibt. Die Schatten allein sind schon ein ansprechendes Motiv, aber setzen Sie sie auch zusammen mit den Silhouetten ins Bild, die sie erzeugt haben. Experimentieren Sie mit diesen Schatten und ihrer Umgebung oder sogar mit den Schatten anderer Objekte. Die Bildaussage sollte jedoch klar bleiben. Dabei kommen oft ungewöhnliche und überraschende Bildgeschichten über die Stadt und ihre Bewohner heraus.

Wie bei Architekturaufnahmen führt auch hier die Suche nach ausgefallenen, ungewöhnlichen Blickwinkeln zu inspirierenden Aufnahmen: Platzieren Sie die Kamera in Bodennähe oder in größerer Höhe und lassen Sie Ihrer Vorstellungskraft und Kreativität freien Lauf! Beobachten Sie die Menschen der jeweiligen Stadt genau und achten Sie dabei auf Details: Auch Kleidung, Gesten, Frisuren usw. sagen etwas über die Stadt aus, die Sie gerade besuchen.

Setzen Sie Ihre Ideen um, alles ist möglich: Stilisierungen, Vereinfachungen, minimalistische Aufnahmen.

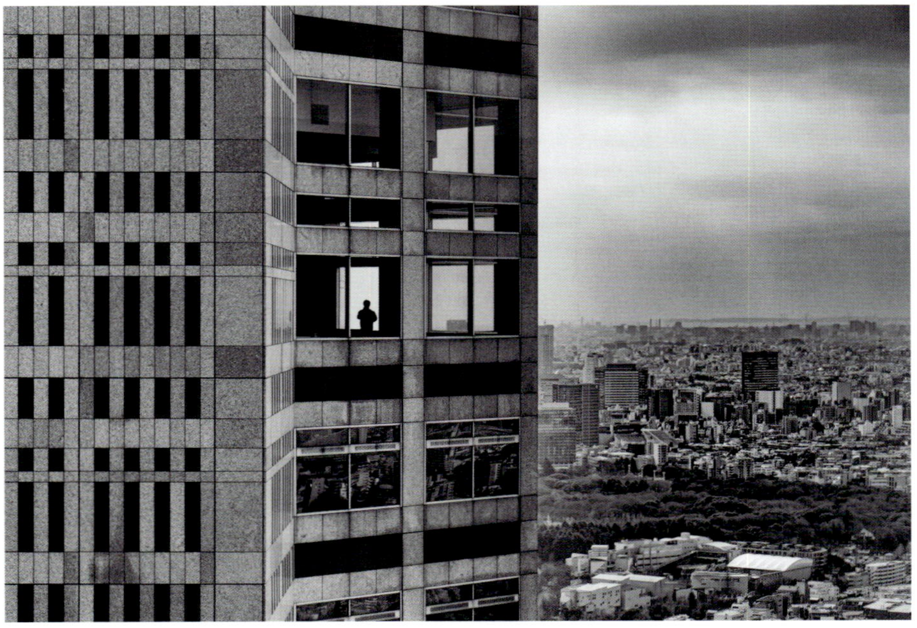

Diese Silhouette eines Angestellten der Stadtverwaltung von Tokio im 51. Stock trägt wesentlich zur Bildwirkung dieser Aufnahme bei und weicht ihre formale Strenge etwas auf.

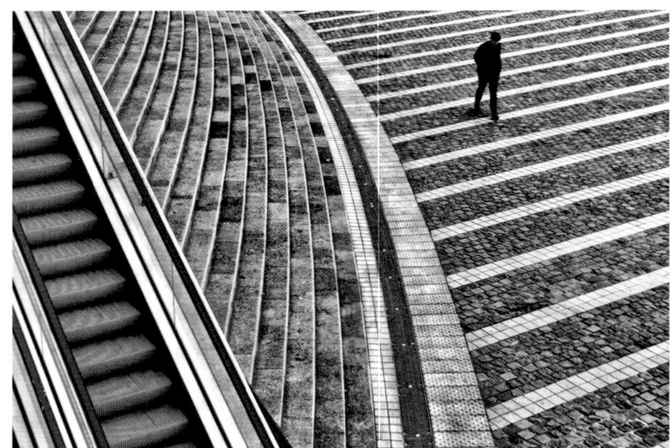

Ein erhöhter Standpunkt ermöglichte diese Aufnahme in Lüttich, die dank der Bodenmarkierungen, der Rolltreppe und der Sitzreihen sehr grafisch wirkt.

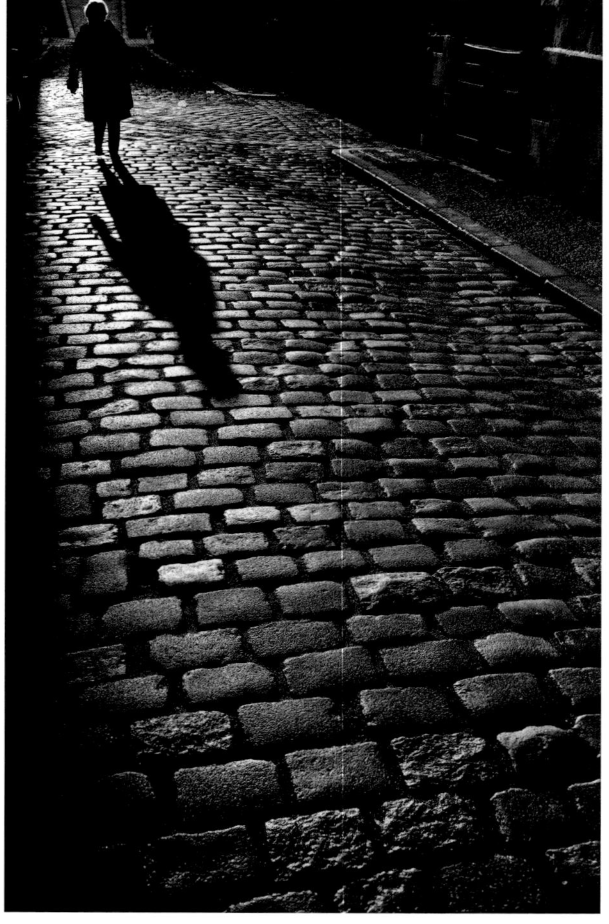

Das Spiel aus Licht und Schatten auf den Pflastersteinen in Nantes am frühen Morgen bringt mit geringsten Mitteln die Stimmung in einer Großstadt wirkungsvoll zum Vorschein.

Einfache Szenen des Alltags

Auf den ersten Blick scheint das Fotografieren von Alltagsszenen nicht schwierig. Kompliziert wird es aber, wenn man versucht, das Bild interessant zu gestalten. Im Internet sehe ich häufig Fotos, die das Leben auf der Straße zeigen sollen, aber einfach nur im Vorübergehen und ohne vorherige Überlegung »geknipst« wurden und keinerlei Bedeutung oder Bezug haben. Um den Alltag der Menschen einzufangen, reicht es nicht aus, irgendwann und irgendwie ein Bild zu machen. Gerade die Einfachheit verlangt dem Fotografen besondere Sorgfalt und eine gute Beobachtungsgabe ab.

An Motiven herrscht kein Mangel: unerwartete Situationen, Farbenspiele, Routinetätigkeiten. Aber der Fotograf sollte immer eine Absicht verfolgen. Zur Beschreibung des Alltags greift er einen kleinen Augenblick aus dem ganz normalen Leben heraus und verewigt ihn auf einem Foto.

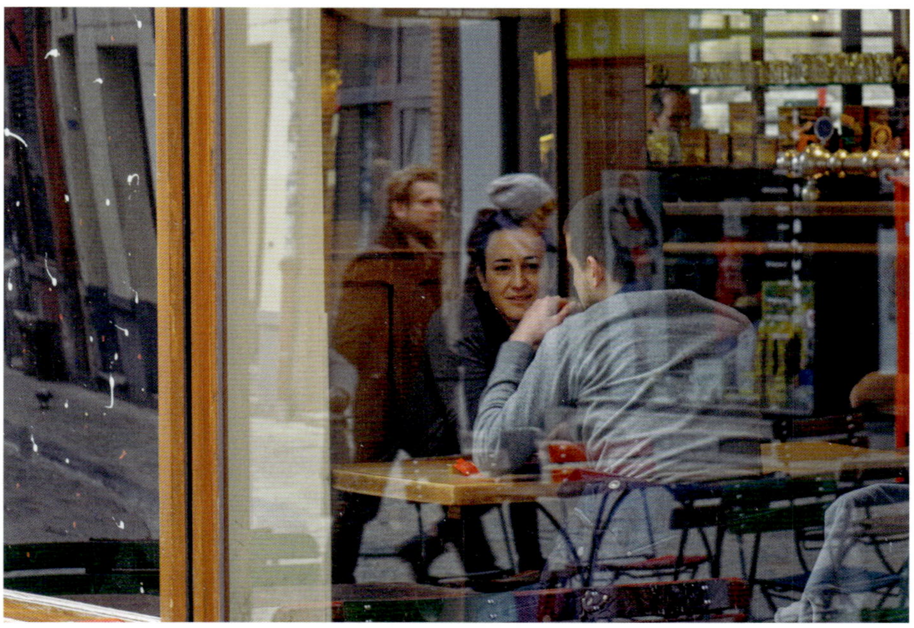

Brüssel ist eine Kneipenstadt. Als ich den Blick dieser am Tisch sitzenden jungen Frau einfing, hatte ich das Gefühl, mit einfachen Mitteln eine Aussage über diese Stadt treffen zu können.

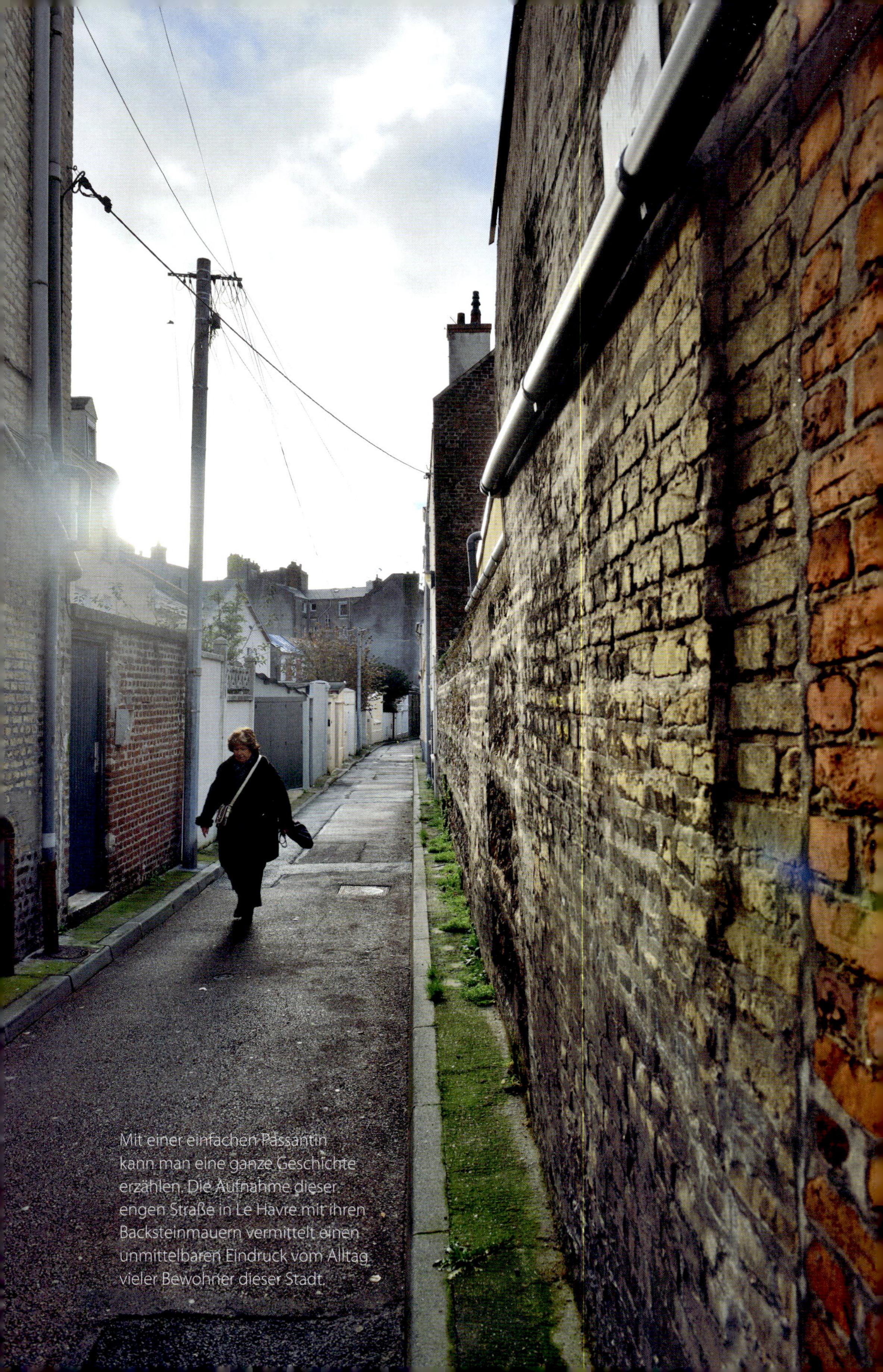

Mit einer einfachen Passantin kann man eine ganze Geschichte erzählen. Die Aufnahme dieser engen Straße in Le Havre mit ihren Backsteinmauern vermittelt einen unmittelbaren Eindruck vom Alltag vieler Bewohner dieser Stadt.

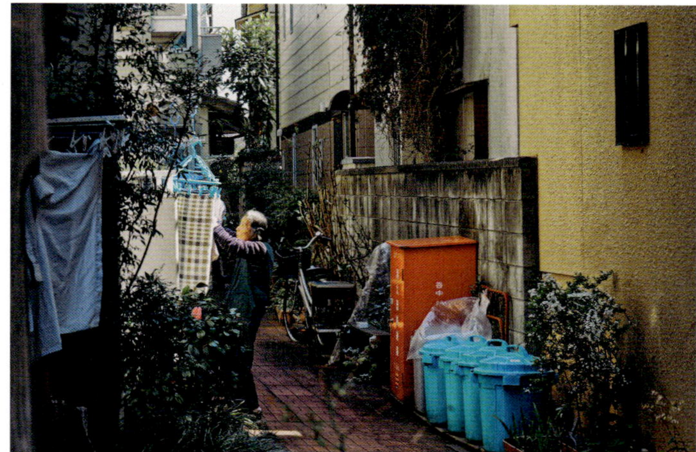

In dieser Gasse in Tokio stand eine alte Frau im Sonnenlicht und hing ihre Wäsche auf. Die Einfachheit der Szene wurde durch das wunderbare Licht und die Schönheit dieser Frau ergänzt.

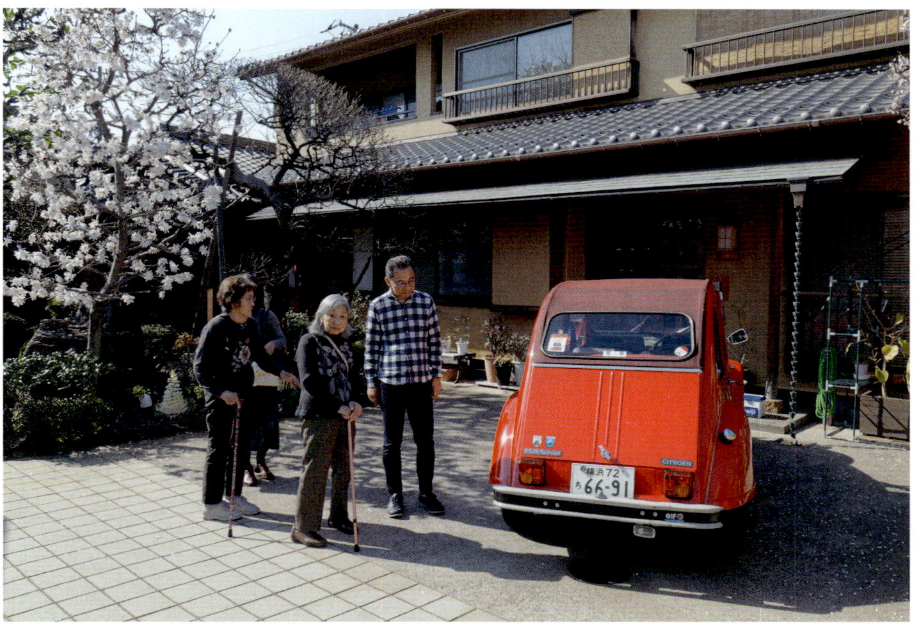

Diese Familie, die gerade mit einer Ente wegfahren wollte, entdeckte ich in einer Straße eines alten Stadtteils von Tokio. Ein solches Auto würde man an diesem Ort sicherlich nicht vermuten. Ich fragte die Familie, ob ich sie fotografieren dürfte, und sie stimmten mit lächelnden Gesichtern zu. An diese einfache Szene denke ich gerne zurück.

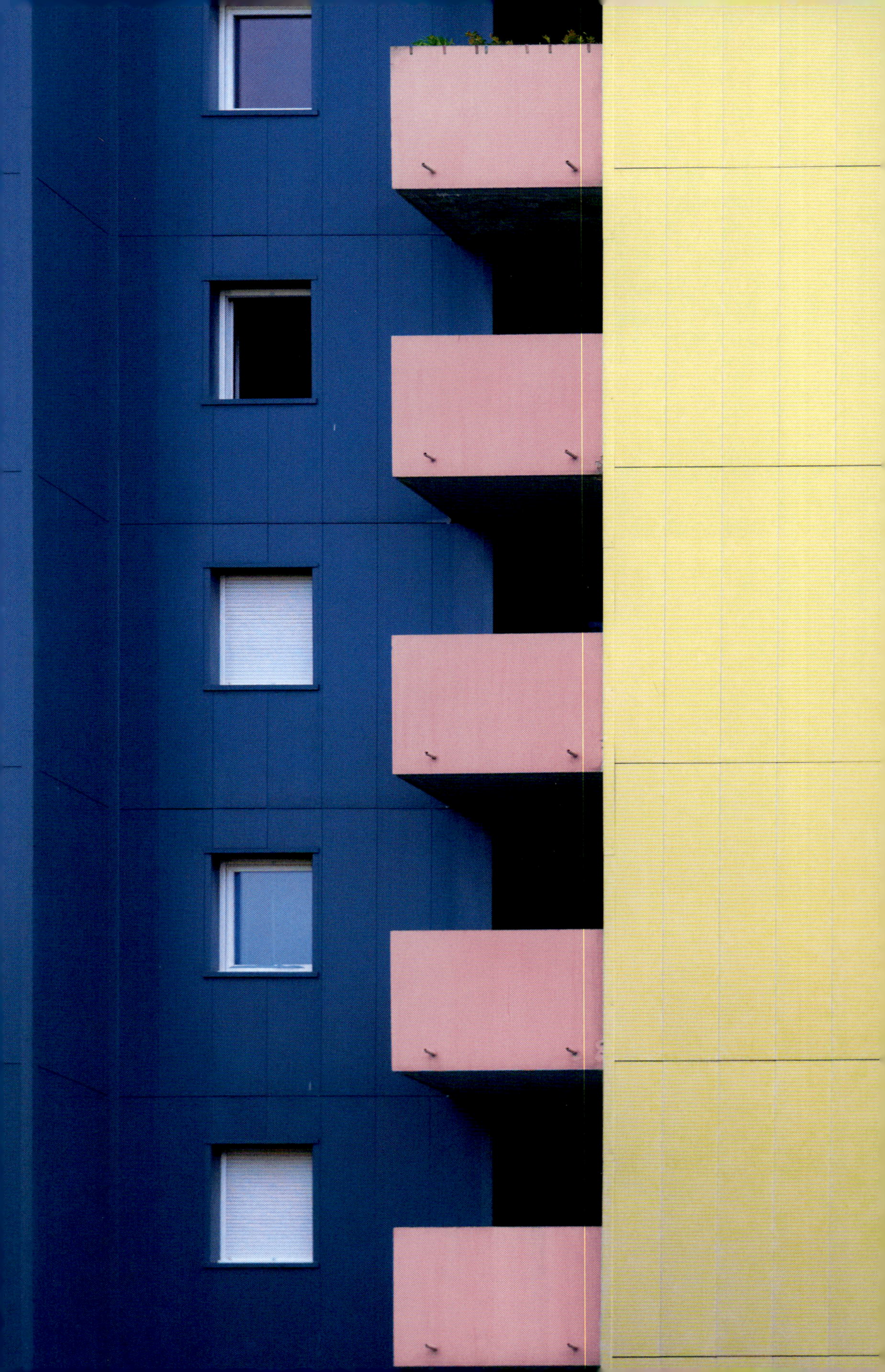

5

Nach der Reise

Die Reise ist vorbei. Vor Ihren Augen tanzen nach wie vor die Farben, Sie hören noch die Geräusche, und Ihr Kopf ist voll mit Erinnerungen. Auf Ihren Speicherkarten und Festplatten befinden sich unzählige Fotos.

Was machen Sie mit all diesen Bildern? Ein erster Tipp: Löschen Sie kein einziges, es sei denn, es ist komplett misslungen, unscharf oder schlecht belichtet. Alle anderen Fotos sollten sie behalten, denn man weiß nie, welches Bild Sie vielleicht für zukünftige Projekte brauchen. Sie würden später vielleicht bereuen, ein bestimmtes Foto gelöscht zu haben.

In diesem letzten Kapitel kann das komplexe (aber spannende) Thema »Bildauswahl« natürlich nicht abschließend behandelt werden. Allerdings möchte ich Ihnen einige Tipps und Tricks an die Hand geben, wie Sie Ihre Bilderflut nach Ihrer Rückkehr nach Hause in den Griff bekommen.

5.1 Eine erste Bildauswahl

Ich selbst sichte immer zuerst einmal alle Bilder – das würde ich Ihnen auch empfehlen.

Sobald Sie etwas Zeit und Muße haben, sollten Sie alle Ihre Fotos in Ihrem bevorzugten Bildbetrachtungsprogramm durchschauen. Ein solches Programm bietet die Möglichkeit, potenzielle Favoriten zu markieren: Denken Sie bei dieser ersten Auswahl nicht zu viel nach, sondern markieren Sie nur die Bilder, die sich wirklich vom Rest abheben. In diesem Arbeitsgang können Sie gleichzeitig die misslungenen Fotos löschen.

Die Auswahl, die Sie bei diesem Schritt treffen, ist die »Crème de la Crème« Ihrer Reisefotos. Gehen Sie diese Bilder noch einige Male durch, um die Auswahl zu verfeinern, und sortieren Sie die Fotos aus, die Ihnen etwas schwächer vorkommen als der Rest.

Die wenigen Fotos dieser ersten Auswahl sind Ihre allerbesten Bilder von der Reise.

5.2 Die weitere Bildauswahl

Bestimmung des Verwendungszwecks

Sobald die besten Bilder ausgewählt sind, sollten Sie Ihre Fotos nochmals sortieren und diesmal nach Verwendungszweck kategorisieren. Denn ohne einen solchen Zweck verzetteln Sie sich schnell und wissen nicht mehr, was Sie auswählen sollen.

Bilder fürs Familienalbum

Selbst wenn Sie auf Ihrem Städtetrip ambitionierte fotografische Ziele verfolgt haben, kommen vor allem bei einem Familienurlaub auch Bilder für eine Auswahl infrage, die die Stimmung auf der Reise wiedergeben, beispielsweise Porträts, die nicht unbedingt fotografische Highlights sind, aber viel Erinnerungswert besitzen. Wählen Sie rein gefühlsmäßig die Bilder aus, die Sie zum Lachen bringen oder Zusammengehörigkeit oder Emotionen vermitteln. Halten Sie sich bei der Nachbearbeitung zurück, denn sonst kommen Sie mit dieser Auswahl nie zum Ende und verlieren zu viel Zeit.

Ich selbst wähle solche Bilder sehr schnell nach meiner Rückkehr aus, wenn die Erinnerungen noch frisch sind.

Zur Präsentation dieser Fotos und der ergänzenden Texte können Sie Fotobücher drucken lassen oder kleine Bilderalben mit Fotos, Texten und Erinnerungsstücken kreieren. Es gibt auch viele einfache und kostenlose Möglichkeiten, im Internet ein Album zu speichern, das nur für Ihre Familie zugänglich ist. Für die Öffentlichkeit bestimmte Fotos können Sie z. B. in einem Blog präsentieren.

Ich persönlich finde ein ausgedrucktes Fotobuch bei weitem am besten: Man kann es gemeinsam durchblättern und in Erinnerungen schwelgen.

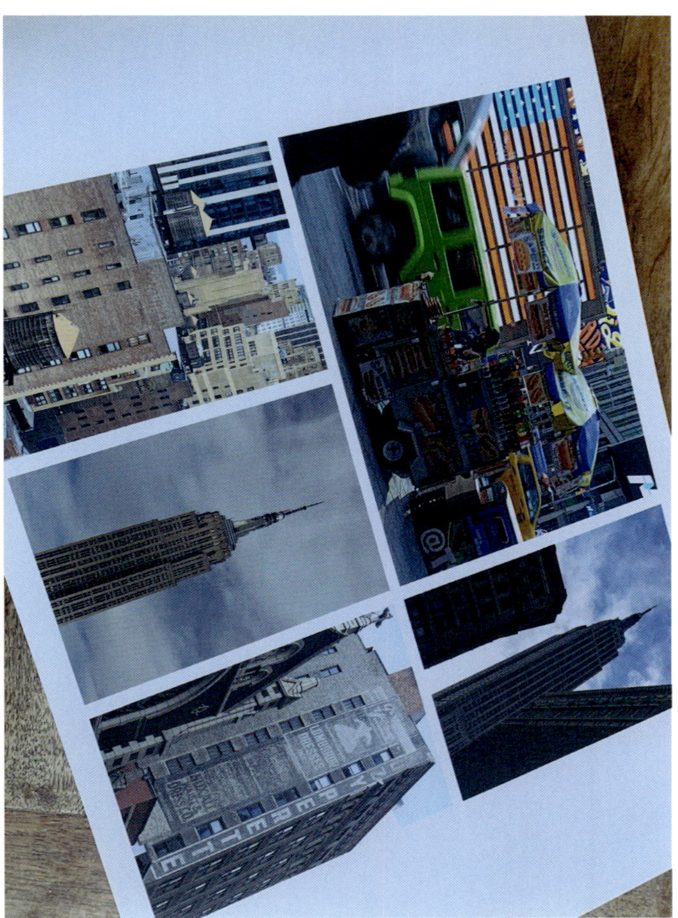

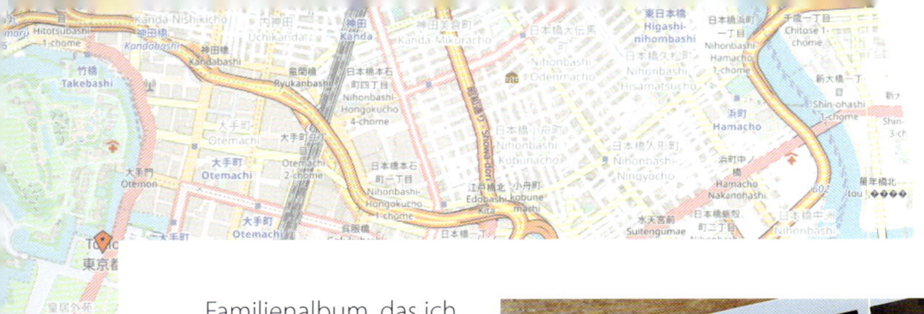

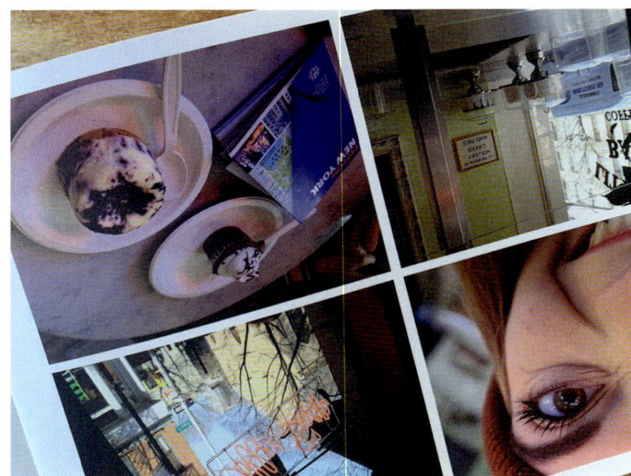

Familienalbum, das ich nach meiner Reise nach New York aus nahezu unbearbeiteten Fotos zusammengestellt habe und das nur für meine Familie interessant ist.

5.3 Das Fotobuch

In einem Fotobuch können Sie aber auch nur Ihre besten Bilder zeigen, die Sie bereits bei der ersten Auswahl markiert haben. Diese Fotos sind weniger persönlich, wurden sorgfältiger nachbearbeitet und werden mit der Absicht ausgewählt, wirklich nur das »Best of« der Fotos zu präsentieren.

Reihenfolge und Zusammenhang der Bilder ergeben sich meist schon aus dem geografischen Kontext. Ordnen Sie die Fotos Ihrer Reise nach zeitlicher Abfolge, Farbe oder Thema und zeigen Sie die besten davon auch einem breiteren Publikum, beispielsweise Arbeitskollegen, Mitgliedern Ihres Fotoclubs, Bekannten usw. Natürlich können Sie die Bildersammlung nicht nur als Fotobuch, sondern auch im Internet (über Facebook und Instagram), in einem Blog oder auf einer persönlichen Website präsentieren.

Ich selbst stelle die Fotos nach und nach in die sozialen Netzwerke ein und versuche dabei, nicht mehr als ein Bild pro Tag hochzuladen. Jeder muss jedoch selbst seinen Rhythmus finden, wenn eine solche Veröffentlichung gewünscht ist.

Auch die Zusammenstellung eines echten Scrapbooks (diesmal aber für ein breiteres Publikum) mit Texten, Zeichnungen, Fotos, Erinnerungsstücken (Eintrittskarten, Fahrscheine) macht Spaß, ist aber eine Kunst für sich.

5.4 Fotoserien

Auf Ihrer Städtereise haben Sie vielleicht schon mit Blick auf die Zusammenstellung einer Serie fotografiert. Die Bildauswahl sollte also bei diesen Bildern relativ leichtfallen.

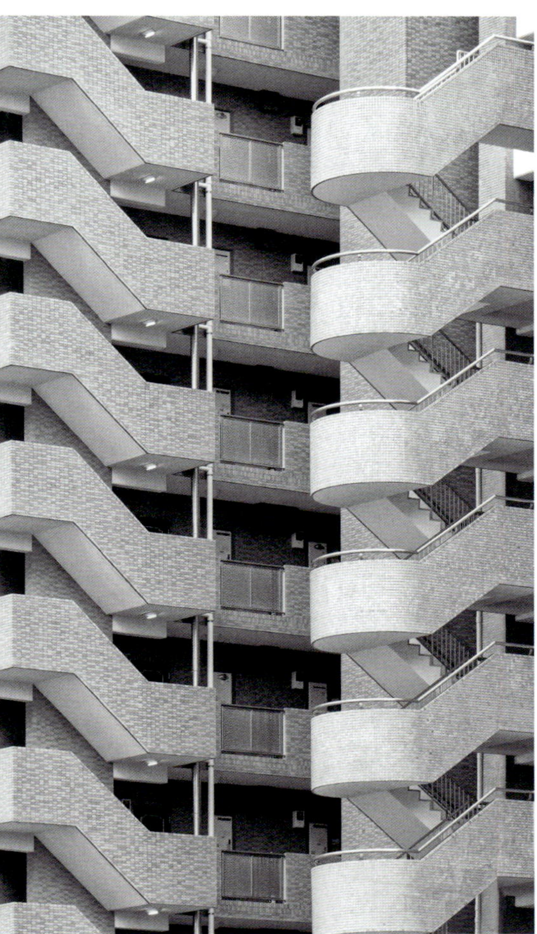

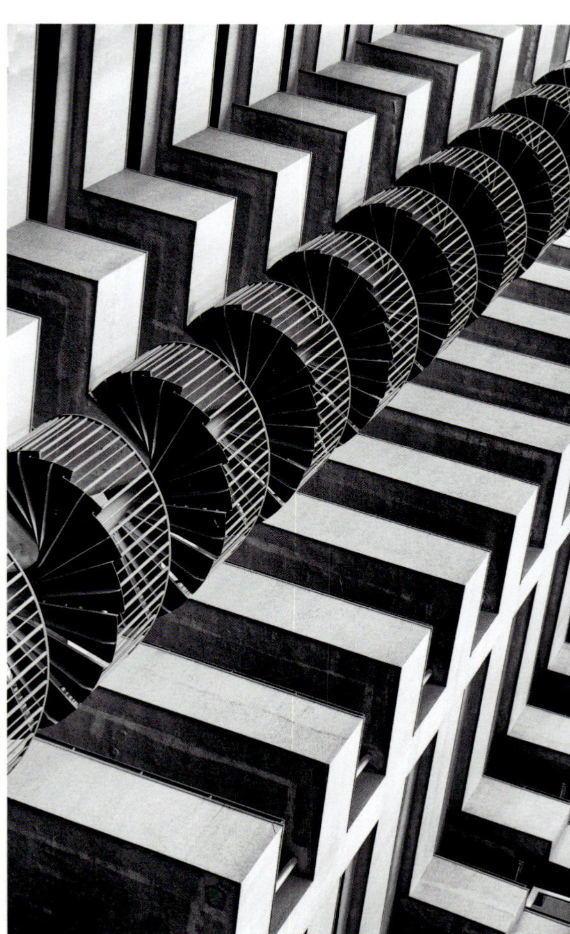

Serie mit Fotos der allgegenwärtigen Fluchttreppen außen an den Häusern in Tokio. Kurz nach meiner Ankunft hatte ich schon beschlossen, zu diesem Thema eine Serie zu machen.

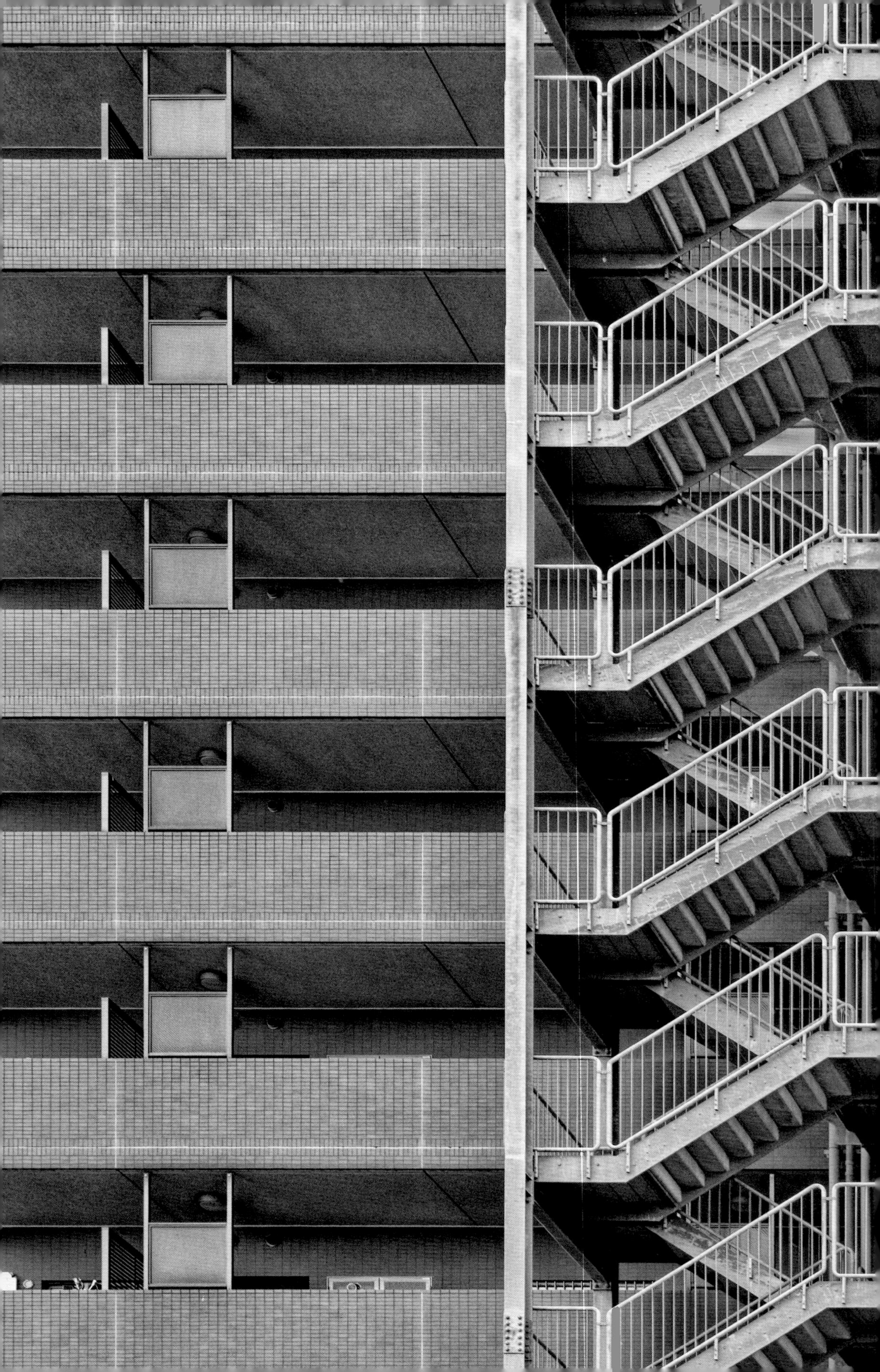

Häufig ergibt sich eine Fotoserie aber auch ganz automatisch: Wenn Sie Ihre Fotos mehrmals durchschauen, entdecken Sie vielleicht, dass Sie intuitiv zueinander passende Motive fotografiert haben. Aller Anfang ist schwer. Gehen Sie unvoreingenommen und mit offenen Augen durch die Welt: Schon nach kurzer Zeit wird sich eine bestimmte Richtung herauskristallisieren. Sobald das grobe Thema feststeht, können Sie sich auf die Fotos konzentrieren, die für diese neu entstehende Serie infrage kommen.

Stellen Sie einfache, grundlegende Dinge zusammen, aber trauen Sie sich auch an Fotoserien heran, bei denen Sie spontan und frei Stimmungen und Eindrücke einfangen. Experimentieren Sie mit Themen und Ansätzen. Eine meiner in Los Angeles aufgenommenen Serien besteht nur aus besonders farbenfrohen Bildern, eine andere nur aus stimmungsvollen Schwarzweißfotos. Obwohl diese Bilder im gleichen Zeitraum und in derselben Stadt entstanden sind, unterscheiden sie sich grundlegend voneinander und zeigen zwei ganz verschiedene, aber wirklichkeitsgetreue Gesichter von LA.

In Serien lassen sich einzelne Bilder zu bestimmten Themen auf harmonische Weise als Ganzes präsentieren. Vielleicht bilden sie sogar den Ausgangspunkt für ein Buch oder eine Ausstellung. In den sozialen Netzwerken erhalten sie viel mehr Aufmerksamkeit als eine Abfolge von unzusammenhängenden Bildern (weitere Informationen zum Thema finden Sie im Buch *Die Fotoserie* von Harald Mante).

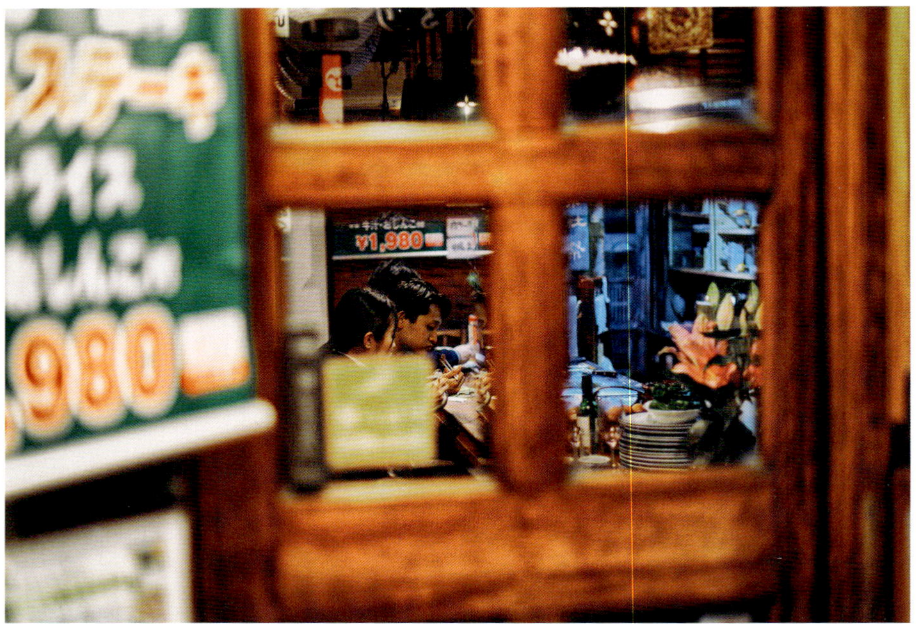

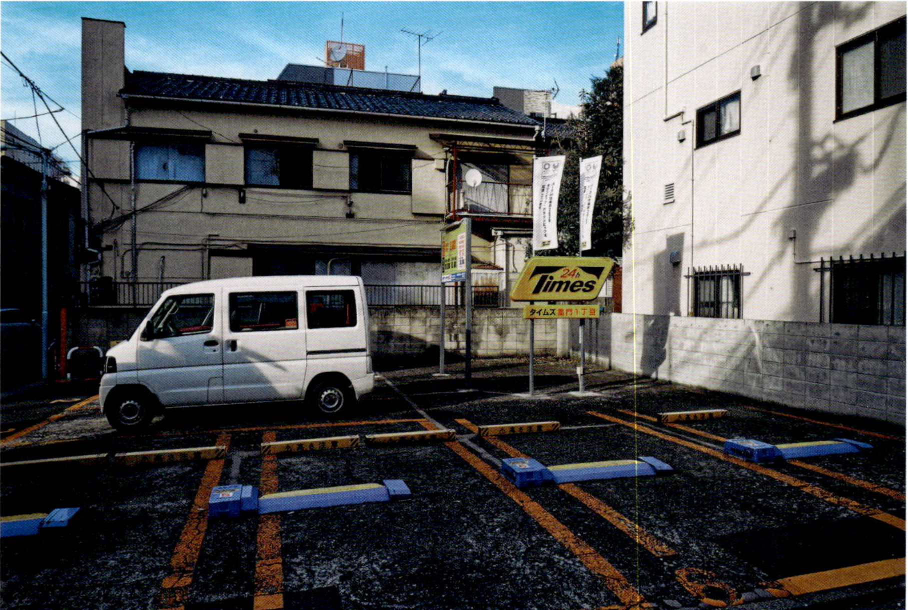

Eine weitere, auf der gleichen Reise nach Tokio aufgenommene Serie. Sie ist persönlicher und zeigt einige spontan eingefangene Szenen, die für mich den Alltag in der Großstadt widerspiegeln. Für diese Serie habe ich eine eigene Facebook-Seite erstellt, wo ich die Fotos mehrere Wochen hindurch veröffentlichte.

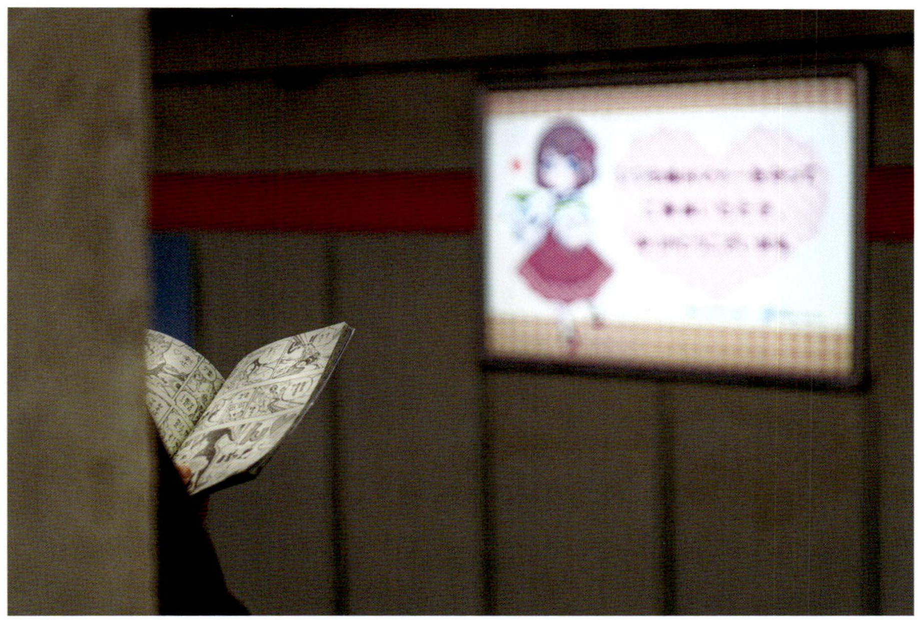

Und jetzt sind Sie an der Reihe! Hoffentlich zeigt Ihnen dieses Buch neue Wege, wie Sie Ihre nächste Städtereise vorbereiten und erfolgreich umsetzen können. Besuchen Sie doch auch meine Homepage (*ericforey.com*) oder meine Social Media-Accounts (*Éric Forey – Kala Photographie* auf Facebook, Twitter und Instagram). Dort können Sie weitere Beispiele meiner Aufnahmen von Städten sehen und vielleicht sogar einen Kommentar zu diesem Buch hinterlassen!

Index

C

D

E

F

G